SCORPIO

ELISA MEDHUS

VON DER ANDEREN SEITE

GESPRÄCHE ZWISCHEN
MUTTER UND SOHN

Aus dem amerikanischen Englisch
von Juliane Molitor

SCORPIO

Die Originalausgabe ist 2013 unter dem Titel *My Son and the Afterlife. Conversations from the Other Side* bei Atria Books/Beyond Words, a division of Simon & Schuster, Inc., New York erschienen.

MIX
Papier aus verantwortungsvollen Quellen
FSC® C014496
FSC
www.fsc.org

Umschlaggestaltung: Hauptmann & Kompanie Werbeagentur, Zürich, unter Verwendung des Originalentwurfs von Devon Smith und eines Fotos von © Kristina Braly
Bild im Innenteil: Robert Gigler

Satz: BuchHaus Robert Gigler, München
Druck und Bindung: GGP Media GmbH, Pößneck
ISBN 978-3-943416-62-6

www.scorpio-verlag.de

Für meinen Ehemann Rune Medhus –
den Fels in der Brandung – mit den liebevollsten Armen,
die ich in den dunkelsten Momenten meiner Trauer
so sehr gebraucht habe

INHALT

Teil 2: DIE KÖRPERLOSE SEELE

Teil 3: DER BLICK IN ANDERE DIMENSIONEN

VORWORT

von Erik Medhus (gechannelt von Jamie Butler)

Mein (irdisches) Leben habe ich nie wirklich für gewöhnlich gehalten. Und jetzt führe ich ein außergewöhnliches Leben im Jenseits und kann über meine Reise sprechen und alles erklären.

Auf der Erde fand ich keinen Lebensweg für mich, aber ich kann voller Dankbarkeit sagen, dass ich mich nun über meine Arbeit definiere. Trotz all des Schmerzes und des Leids, durch die meine/unsere Familie gegangen ist, weiß ich in meiner Seele: Mein Tod ist zur rechten Zeit gekommen. Ich habe meine naturwissenschaftlich denkende Mutter dazu gebracht, sich als Forscherin mit Trauer und Tod auseinanderzusetzen. Das wiederum hat sie veranlasst, Fragen zu stellen und herauszufinden, wie sie die Beziehung zu ihrem verstorbenen Sohn weiterführen könnte. Dadurch vermochte sie letztlich, uns beiden eine Stimme zu geben, mit der wir anderen helfen können, mehr über den Tod, das Jenseits, Selbstmord, Trauer und Kommunikation zu erfahren.

Ohne meine Mutter hätte ich all das nicht tun können. Mama, ich liebe dich so sehr. Danke, dass du mich nicht abgeschrieben hast, nicht einmal nach meinem Tod. Die Liebe besiegt alles.

Ich möchte auch dem Rest meiner Familie Danke sagen. Ich liebe euch mehr, als ihr ahnt. Ich begleite jeden eurer Schritte.

VORWORT

von Jamie Butler (Eriks Medium)

Im Sommer 2010 vereinbarte ich zum ersten Mal eine Sitzung mit Elisa Medhus. Ich zog mich in den ersten Stock meines Elternhauses in Florida zurück und wollte ein bisschen für mich sein. Das Einzige, was ich damals über Elisa wusste, waren ihr Name und ihre Telefonnummer. Nachdem sie angerufen hatte, tauchte der Geist eines jungen Mannes im Zimmer auf. Er schien etwa 18-jährig, war groß und dünn, und sein Haar wirkte ein wenig zerzaust. Wenn er mich ansah, starrten seine Augen direkt durch mich hindurch, aber die meiste Zeit huschten seine Augen im ganzen Zimmer umher, oder er ließ den Kopf etwas sinken und schaute auf den Boden. Er war unruhig, trug Jeans und T-Shirt und erzählte mir, er sei der Sohn der Anruferin.

Dann begann er, über seinen Tod zu sprechen – das machen Geistwesen oft. Ich finde, es hilft nicht nur den Hinterbliebenen zu erfahren, wie der von ihnen geliebte Mensch beurteilt, was er durchgemacht hat, sondern auch dem Geistwesen selbst, alles loszuwerden, indem es darüber spricht. Elisa hatte mir gesagt, sein Name sei Erik. Er fing dann an, mir zu erklären, dass er sich das Leben genommen habe.

Ich erinnere mich, dass ich im Verlauf der Geschichte mehrmals innehielt, denn mich als Mutter belastete es sehr, das alles anzuhören und zu channeln. Elisa nahm die Informationen mit

Fassung und sehr viel Liebe auf. Mich beeindruckte ihre Stärke, und ich empfand große Achtung vor ihr.

Erik fuhr fort zu erzählen, und als wir etwas vertrauter miteinander waren, streute er immer mal wieder einen Kraftausdruck in seine Rede. Ich kam regelrecht ins Stottern ob dieser ungehobelten Ausdrücke, begann nervös zu kichern und versuchte, mit den Frechheiten dieses jungen Mannes mitzuhalten. Elisa hielt inne und versicherte mir: Wenn dies ihr Erik war, dann war das auch die Sprache, die sie erwartet hatte. Sie ermutigte mich, ihn ebenso zu akzeptieren wie seine Wortwahl. So lernte ich Erik kennen.

Eriks Sprachrohr und sein Medium zu werden war unglaublich herausfordernd und aufschlussreich und erfüllte mich mit Demut. Ihn in seine neue Rolle hineinwachsen zu sehen und zu erleben, wie er andere mit Mitgefühl und der für ihn typischen Frechheit belehrte, veranlasste mich, über spirituelle Grenzen hinauszudenken. Ich bin so dankbar, ein Teil von Eriks Seelenfamilie geworden zu sein.

Ich spreche schon mein ganzes Leben lang mit Geistwesen, und oft finde ich in diesen Gesprächen mehr Trost als in den Gesprächen mit meinen irdischen Freunden. Für mich ist der Tod eine schöne Wiedergeburt, eine Rückkehr zu unserem wahren Wesen. Der Tod bedeutet nicht das Ende, sondern ist ein Neubeginn. Und diese Perspektive an andere Menschen weiterzugeben gehört zu einem der wichtigsten Aspekte meiner Arbeit.

Meine Überzeugungen sind nicht neu, aber die Entwicklung, dass sie verstanden und in unser tägliches Leben integriert werden, ist in der Tat neu für uns. Meine Absicht ist es, die Botschaften von Erik und anderen wunderbaren »Geistführern« so zu übersetzen, dass die Informationen annehmbar, verständlich und von Nutzen sind. Ich hoffe, dies ist mir gelungen.

EINLEITUNG

Als Mutter ist es sehr schmerzlich zu erleben, wenn sich die eigenen Kinder quälen. Für mich als Ärztin verstärkte sich dieser Schmerz noch dadurch, dass ich nichts hatte tun können für meinen Sohn Erik, der täglich mit Dämonen zu kämpfen gehabt hatte, die ihm erbarmungslos zusetzten. Er litt nicht nur unter Lernschwierigkeiten und einem Tourette-Syndrom, sondern auch unter einer bipolaren Störung, einem scheußlichen Monster, das ihn in die dunkelsten und tiefsten Höhlen schleppte, aus denen er letztendlich nicht mehr aufgetaucht war.

Eine bipolare Störung kann eine tödliche Krankheit sein, und in Eriks Fall war sie es. An einem schönen Herbsttag fand ich ihn tot auf seinem Stuhl sitzend, nachdem er sich ein 45-Kaliber-Hohlspitzgeschoss durchs Gehirn gefeuert hatte. In diesem Moment teilte sich mein Leben in ein »Davor« und in ein »Danach«. Ich versank nicht nur in Trauer und Verzweiflung, sondern stürzte auch in ein Vakuum ohne irgendein Glaubenssystem, das mir hätte eine Antwort auf das geben können, was zur wichtigsten Frage meines Lebens werden sollte: Wo ist mein Sohn?

Als Ärztin mit naturwissenschaftlichem Hintergrund, erzogen von zwei Atheisten, hatte ich keinerlei Ahnung, wo ich mit meiner Suche beginnen sollte. Ich wusste noch nicht einmal, ob es irgendetwas gab, wonach ich suchen konnte.

Also tat ich, was ich am besten konnte. Ich wandte mich der Naturwissenschaft zu und verschlang Hunderte von Büchern und Berichten von Quantenphysikern und Vertretern der theoretischen Physik sowie von Menschen, die ein Nahtoderlebnis hinter sich hatten. Ich prüfte Doppelblindversuche, die mit channelnden Medien durchgeführt worden waren, und durchforstete wissenschaftliche Studien zum Überleben des Bewusstseins nach dem Tod. Schon vor Eriks Tod hatte ich mich immer gefragt: »Ist das Leben mehr als das, was in der beschränkten dreidimensionalen Wirklichkeit vorhanden ist, die wir mit unseren fünf Sinnen wahrnehmen können?« Wenn wir uns in unserem Glauben auf das beschränken, was uns von den materialistischen Wissenschaften und den meisten großen Religionen eingetrichtert wurde, dann bleiben so viele Phänomene ungeklärt. Warum beschreiben manche Medien so unheimlich genau? Warum erzählen manche Kinder so spannende Geschichten aus früheren Leben? Warum lassen sich manche Nahtoderlebnisse so schwer als wahnhaft abtun? Mein naturwissenschaftlicher Hintergrund ließ mich immer skeptisch gegenüber spirituellen Dingen sein, aber ich war auch mit dem Prinzip von »Ockhams Messer« vertraut: Die plausibelste Antwort ist die, die am meisten erklärt und am wenigsten vermutet. Ich finde, an das Überleben des Bewusstseins nach dem Tod zu glauben widerspricht diesem Prinzip nicht. Möglicherweise war die Welt am Ende doch keine Scheibe.

Warum hegen Menschen wie ich gegenüber dem Spirituellen und Paranormalen einen solchen Argwohn? Wir sind skeptisch, weil wir etwas nur dann als »real« ansehen, wenn wir es mit unseren Sinnen beobachten können oder mittels eines Messinstruments, das die Information direkt an unsere Sinnesorgane weitergibt. Thomas Campbell, Kernphysiker und Autor von My Big TOE (Theory of Everything), erklärt, dass wir uns ganz ähnlich verhalten wie unsere Darmbakterien. Nach unserem Wissen ist das Brot, das zu uns herunterkommt, Manna vom Himmel. Wir (als Bakterien) wissen nichts über die Aussaat der Samen, die Bewässerung, die Fruchtfolge, die Düngung und Schädlingsbekämpfung, die

Ernte, die Brotherstellung und den Transport zum Markt. Aber all das hat dennoch einen Einfluss auf uns als Bakterien.[1]

Außerdem gibt es da draußen so manches, was existiert und uns alle beeinflusst, obwohl wir es nicht mit unseren Sinnen wahrnehmen können. Bezüglich anderer Dimensionen, einschließlich der, in der mein Sohn sich befindet, könnte es sich um etwas Ähnliches handeln. Aber ein großes Schiff ändert seinen Kurs nur sehr langsam, wie der Philosoph Arthur Schopenhauer bemerkt haben soll: »Alle Wahrheit durchläuft drei Stufen. Zuerst wird sie lächerlich gemacht oder verzerrt. Dann wird sie bekämpft. Und schließlich wird sie als selbstverständlich angenommen«.[2]

Als aufgeschlossene Skeptikerin, mittlerweile mit wissenschaftlichen Studien (einschließlich Forschungen über channelnde Medien) zur Stützung meiner Hypothese versehen, machte ich mich auf die Suche nach einem fähigen Medium, das meinem Sohn eine Stimme verleihen konnte. In Jamie (Butler) fand ich, was ich gesucht hatte. In unseren Sitzungen erfasste sie Eriks respektlose Persönlichkeit ganz genau, dabei war die Chemie zwischen den beiden sehr speziell wie zwischen einer älteren Schwester und ihrem lästigen kleinen Bruder.

Unter Zuhilfenahme der Informationen aus diesen Sitzungen begann ich meinen Blog: *Channeling ERIK: Conversations with My Son in the Afterlife*. Zunächst diente der Blog als Ventil für meinen Kummer und gewährte mir die Möglichkeit, die Beziehung zu meinem Sohn fortzusetzen. Aber als sich immer mehr Mitglieder einstellten, war ich erstaunt, wie viele Menschen Trost in meinen täglichen Beiträgen fanden. Manchen hat der Blog das Leben gerettet. Buchstäblich.

Schließlich begannen die Blogmitglieder und ich, Erik Fragen zu stellen, und die Antworten darauf erfüllten uns mit Trost und

---

1 Thomas Campbell: *My Big TOE. The Complete Trilogy.* Huntsville, AL: Lightning Strikes Books 2007. S. 118.

2 Es ist nicht gesichert, ob dieses Zitat wirklich von Arthur Schopenhauer stammt, obwohl es ihm seit den 1950er-Jahren zugeschrieben wird. In jedem Fall ist es eine kraftvolle Botschaft.

Hoffnung. In diesem Buch beschreibt Erik den Sterbeprozess, die Beschaffenheit des Jenseits, die Fähigkeiten und Aktivitäten einer körperlosen Seele, das Schicksal von Selbstmördern, die Bedeutung des menschlichen Lebens, der menschlichen Erfahrung und noch vieles mehr. Was das Thema Selbstmord angeht, spricht sich Erik entschieden dagegen aus. Immer und immer wieder beteuert er, dass die Probleme nicht enden, wenn man sich das Leben nimmt, denn sie begleiten einen weiterhin. Darüber hinaus hinterlässt man eine Welt voller Trauer, die den eigenen Schmerz nur noch verstärkt.

Wie sehr ich das bestätigen kann.

Erik wäre wohl der Erste, der zugeben würde, dass er nicht das Orakel von Delphi ist. Er war ein unvollkommenes menschliches Wesen und hatte, wie viele von uns, mit seinem eigenen Drachen zu kämpfen. Er ist immer wieder gestrauchelt und gescheitert. Aber vielleicht gerade wegen seiner Schwächen bringt er großes Verständnis für die Erfahrung des menschlichen Daseins auf. Er weiß, wie es ist, bis zum Hals in einem großen Elendsloch zu stecken und sich mit eigenen Kräften wieder daraus befreien zu wollen. Er weiß auch, wie es ist, keine Hoffnung mehr zu haben und aufzugeben, weil man glaubt, das Leben sei den Schmerz und die Rückschläge nicht wert. Aber diese Irrungen und Wirrungen gewähren uns eine andere Form von Weisheit – eine, die viele von uns angesichts ihrer eigenen Bedrängnis gut verstehen können. Abgesehen davon, hat Erik, wie jung und unvollkommen er auch gewesen sein mag, etwas zu sagen, das sich anzuhören lohnt. Denn er ist einer von uns.

Für mich als Ärztin war das Schreiben dieses Buches eine heilsame Erfahrung. Das Heilen ist mir in Fleisch und Blut übergegangen, und indem ich anderen helfe, heile ich auch meine eigenen Wunden. Als Mutter habe ich durch das Schreiben dieses Buches eine wichtige Lektion gelernt: Der Tod bedeutet nicht das Ende einer Beziehung. Liebe kennt keine Grenzen, nicht einmal den Tod.

Ich lade Sie dazu ein, Erik und mich auf diese Reise zu begleiten. Betrachten Sie dieses Buch als Reiseführer ins Jenseits – als eine

Art Handbuch, in dem Sie bestimmte Kapitel je nach Bedarf immer und immer wieder nachlesen können. Manchmal werden Sie weinen. Manchmal werden Sie lachen. Manchmal werden Sie staunend innehalten. Manche von Ihnen sind Hinterbliebene wie ich. Andere möchten die Angst vor dem Tod überwinden. Und manche sehnen sich vielleicht danach, einen Blick über den Tellerrand zu werfen, um die Bedeutung von Leben und Tod zu begreifen.

Was auch immer Ihre Motive sein mögen, gemeinsam werden wir die Bedeutung des Menschseins erforschen, das Wesen des Sterbens, den Beweis und die Architektur des Jenseits, das Überleben der Seele und des Bewusstseins und die Physik dahinter. Wie ich werden sich viele von Ihnen als Skeptiker auf die Reise machen. Ich hoffe jedoch, dass wir die Reise gemeinsam im friedlichen Erkennen beenden.

Über dieses Buch

Während eines großen Teils meiner Reise von der Skeptikerin zur Glaubenden brauchte ich Antworten von der »anderen Seite« – in Form von Gesprächen mit einem, von dem ich zunächst nicht wusste, ob er überhaupt existierte: meinem Sohn. Ein großer Teil dieses Buches besteht aus den Abschriften dieser Gespräche mit Erik, die von seinen channelnden Medien Jamie Butler und Kim O'Neill unterstützt wurden. »Wer gewarnt ist, kann sich rüsten«. Daher möchte ich noch erwähnen, dass Erik in diesen Gesprächen ganz er selbst ist, einschließlich seines typischen »Jargons«. Machen Sie sich also auf eine manchmal sehr bunte Umgangssprache gefasst, wenn er seine Meinung kundtut.

Ich lade Sie zu unseren Sitzungen und Gesprächen ein, die Erik, Jamie, Kim und ich führten – zu informativen, gelegentlich respektlosen, herausfordernden, oft sehr intimen, manchmal herzzerreißenden und immer aufschlussreichen Gesprächen. Ich ermutige Sie, dieses Buch nach eigenem Ermessen zu benutzen – als Nachschlagewerk, in dem Sie nur besonders relevante Abschnitte oder interessante Einzelheiten herauspicken, oder als traditionelles Leseerlebnis von Anfang bis Ende. Mein Ziel ist es, Ihnen mit diesem Buch einen vollständigen Führer zum Thema Tod und Jenseits zu liefern – ein Kompendium, auf das Sie sich immer wieder berufen können.

Zwischen Skepsis und Glauben

Von zwei Atheisten erzogen zu werden war in vielerlei Hinsicht, als würde man den Geist in einen Eisenkasten ohne Fenster oder Türen stecken. Das hatte einerseits durchaus seine Vorteile. Ich musste nichts denken, nichts hinterfragen. Mein Verstand beschränkte sich auf den Zwei-Wege-Strom aller Ideen, die mit dem Leben nach dem Tod zu tun hatten. Andererseits gab mir diese Prägung keinerlei Werkzeuge an die Hand, mit denen ich dieses Thema hätte erforschen können.

Im Laufe meines Lebens sind mir viele Beispiele für die Existenz eines Lebens nach dem Tod begegnet, dabei haben meine Zweifel die Robustheit meines Eisenkastens auf den Prüfstand gestellt. Beispielsweise bin ich zufällig auf eine Fernsehsendung zu den vielen unheimlichen Visionen und Vorhersagen von Edgar Cayce gestoßen, einem amerikanischen Medium und Gründer der Association for Research and Enlightenment. In der *New York Times* habe ich einen faszinierenden Artikel über ein junges Zwillingspaar gefunden, das unerklärlicherweise der alten Sprache Aramäisch mächtig war. Weiter hörte ich in den Nachrichten einen Bericht über eine Frau aus Seattle, die nach einem Herzinfarkt ein Nahtoderlebnis gehabt hatte. In einem angeblich außerkörperlichen Zustand bemerkte diese Frau einen Tennisschuh, dessen Schnürsenkel unter der Ferse gebunden waren und der auf einem Sims in der dritten Etage des Krankenhauses lag. Genau dieser Schuh wurde später vom Krankenhauspersonal eben an der Stelle entdeckt, welche die Frau beschrieben hatte.

Trotz der unheimlich genauen Vorhersagen einiger Medien, die ich nicht erklären konnte, trotz der scheinbar unbestreitbaren Berichte derer, die ein Nahtoderlebnis hinter sich hatten, und trotz der außerordentlichen Geschichten, die Kinder über frühere Leben erzählten, blieb ich beharrlich engstirnig. Und aufgrund dieser Voreingenommenheit mokierte ich mich über andere. Wenn Leute beispielsweise über Energieheilung, Rückführung in frühere Leben oder Geistkommunikation sprachen, tat ich sie als New-Ager oder versponnene Freaks ab oder hatte plötzlich Wahrsager vor meinem inneren Auge, die sich über Kristallkugeln beugten. Manchmal schmerzte mich dieser engstirnige Lebensstil auch unmittelbar. Nach Eriks Tod waren die ersten Worte, die mein Vater an mich richtete: »Es tut mit leid, Elisa, aber er wird zu Staub zerfallen.« Wie sehr ich mir da wünschte, dass er unrecht hätte.

Ich bin schon mehr als ein halbes Leben lang als Internistin tätig, staatlich geprüft vom American Board of Internal Medicine (ABIM), und arbeite seit Jahrzehnten in meiner eigenen Praxis. Biologie, Biochemie, Pharmakologie, Pathologie, Physiologie und andere Zweige der Naturwissenschaften bilden praktisch einen Teil meiner DNA. In der Tat sitzt die Naturwissenschaft so fest in meinen Genen, dass ich annahm, da sei kein Raum mehr für das, was ich als »Unsinn« ansah. Diese Betrachtungsweise diente aber nur dazu, den Eisenkasten der Skepsis noch weiter zu verstärken. Und die Tatsache, dass ich meinen verstorbenen Sohn mit keinem meiner fünf Sinne wahrnehmen konnte, stellte eine zusätzliche Herausforderung gegenüber allem dar, was ich während meiner Ausbildung gelernt hatte. Konnte ich denn meine gesamte Identität als Wissenschaftlerin, Ärztin und Skeptikerin neu definieren?

Doch nachdem Erik gestorben war, fing er an, bei Familienmitgliedern und Freunden aufzutauchen. Erik besuchte sie in klaren, intensiven Träumen und spielte ihnen sogar mutwillige Streiche. Es hatte den Anschein, als beehre er jeden außer mir mit seiner Anwesenheit. Ich war eifersüchtig, denn immerhin war ich seine Mutter. Ich hätte diese Leute als komplett verblendet abtun können, aber ich wusste, sie waren nicht verrückt, besonders mein Mann nicht. Er ist so rational und geistig gesund wie kaum ein anderer. Diese Erfahrungen, gepaart mit meinen umfangreichen

Forschungen, waren der Beginn meines inneren Tauziehens zwischen argwöhnischer Skepsis und Überzeugung.

Ich war immer kritisch gegenüber Ärzten eingestellt gewesen, die sich nach dem Lesen der Laborberichte ihre Meinung zur Diagnose eines Patienten bildeten, noch bevor sie mit ihm gesprochen oder ihn untersucht hatten. Ich war stolz darauf, dass ich mir einen offenen Geist bewahrt hatte, während ich meinen Patienten zuhörte und auf meine eigene Intuition vertraute. Als ich meine Skepsis rund um die Vorstellung eines Lebens nach dem Tod zu hinterfragen begann, überlegte ICH: »Möchte ich wirklich zu den Leuten gehören, die darauf bestehen, dass die Erde eine Scheibe ist?« Dennoch weigerte ich mich, alles stillschweigend hinzunehmen. Ich klammerte mich an meinen Unglauben wie eine zähe Bulldogge, denn zu glauben, nur um dann widerlegt zu werden, hätte bedeutet, Erik noch einmal zu verlieren. Das hätte ich nicht ertragen.

Als meine Trauer allmählich abzuklingen begann, bekam auch ich endlich Besuche von Erik und erlebte seine Streiche. Später erfuhr ich, dass tiefe Trauer eine dichte Wand darstellt, welche die Kommunikation mit dem Verstorbenen schwierig, wenn nicht gar unmöglich macht. So hat meine Reise von der Engstirnigkeit zu einer vorsichtigen, aber aufgeschlossenen Skeptikerin begonnen, und alles, was dafür nötig war, war ein wenig vertrauender Glaube. Jetzt besitzt mein Eisenkasten Fenster und Türen. Abgesehen davon, dass natürlich jeder daran interessiert ist zu erfahren, ob es nach dem Tod weitergeht, haben engstirnige Skeptiker, wie ich früher einer war, oft zu große Angst, um der Forschung, ihrer Intuition oder der Spur eines Beweises zu vertrauen. Würden sie die Wahrheit herausfinden, dann könnte das für sie einen Paradigmenwechsel von enormem Ausmaß bedeuten. Ich weiß das. Ich habe es erlebt. Es braucht Mut und Kraft zu vertrauen, zu glauben und ganz offen zu sein. Jetzt, endlich, habe ich all das. Ziel dieser Reise ist es, das, was ich auf dem Weg gefunden habe, mit denen zu teilen, die einen ähnlichen Weg gehen.

Von ERIK: Ein Plädoyer gegen Selbstmord

Durch meinen Tod habe ich erkannt: Man kann auf die vielen Fragen des Lebens nicht nach einer einzigen Antwort suchen und dabei annehmen, sie werde jedem gerecht. Selbst Dinge, die wir für ziemlich konstant halten, wie etwa die Zeit, sind es nicht. Was ich über das (irdische) Leben erfahren habe, ist, dass wir als Menschen unter schwierigen Umständen zusammenkommen, um wieder zu lernen, was Liebe ist. Liebe zu sich selbst, zu anderen, zu unserer ganzen Umgebung, zu Tieren, Pflanzen und unbelebten Dingen ... Die Liste lässt sich fortsetzen. Alles, was auf der Erde ist, kann geliebt werden und Liebe empfangen.

Indem wir zu lieben lernen, lernen wir, andere nicht zu verurteilen. Wir lernen, widerstandsfähig zu sein und den Schmerz des Lebens und den anderer Menschen durch uns hindurchfließen zu lassen. Wir lernen, das Leben so anzunehmen, wie es ist, ohne den »ganzen Scheiß« praktisch dazu zu zwingen, dass er geschieht. Wir bestimmen darüber, was wir sein können. Der Rest ist ein starkes und noch zartes Gewebe aus Energie, das sich um uns alle herum webt. Wenn wir beschließen, diese Energie zu ignorieren, wird uns dieses Gewebe ersticken.

Ich stelle mich hier nicht hin und entschuldige den Selbstmord, auch bin ich nicht einer, der behauptet, Selbstmord sei etwas für Schwächlinge. Ich behaupte auch nicht, es sei ehrenhaft, Selbstmord zu begehen. Ich sage nur, Selbstmord ist ein Weg aus dem Leben. Er ist ein Selbstausdruck, und zwar ein sehr klarer. Er besagt: »Ich bin durch.« Selbstmord ist eine persönliche Entscheidung, und es steht niemandem zu, die Person zu verurteilen, die sich dazu entscheidet. Wir alle sind auf der Suche nach Liebe, nicht nach Verurteilung. Im Nachhinein erkenne ich, welch große Bedeutung der Lebenskampf auf der Erde besitzt. Ich möchte diejenigen, die über einen Selbstmord nachdenken oder die Selbstmord für eine Lösung halten, ermutigen, davon Abstand zu nehmen. Erfahren Sie, wie es ist, geliebt zu werden. Das endgültige Ziel besteht darin, das eigene Leben wirklich zu leben und Liebe hier auf der Erde zu erfahren. Alles, was wir tun können, ist, unser persönlich Bestes zu geben. Schränken Sie sich dabei nicht ein.

TEIL 1

ERIKS LEBEN, SEIN TOD UND DAS LEBEN DANACH

1. ÜBER ERIK

Erik wurde am 21. September 1989 um drei Uhr nachmittags geboren. Er begrüßte die Welt, ohne auch nur ein Wimmern von sich zu geben. Statt angesichts der hellen Lichter und der kühlen Luft ein Protestgeschrei anzustimmen, erschien er mit seiner Umgebung einverstanden und nahm alles zufrieden hin. Bis zu seinem zwölften oder 13. Lebensjahr war er ein fröhlicher Junge.

Erik besaß als Kind ein gutes Auge für Schönes. Er bewunderte Frauen und scheute sich nicht, ihnen Komplimente zu machen für ihre Haare, ihre Augen oder ihre Kleidung. In der Vorschule machte er mehreren Lehrerinnen sogar einen Heiratsantrag. Wenn er mit seinen Klassenkameraden eine Wanderung unternahm, blieb er immer wieder stehen, um hier eine Blume, da ein Insekt und dort ein Unkraut zu bestaunen – sehr zum Leidwesen seiner Lehrer. Erik hatte auch ein Faible für jede Art von Machogehabe, und er bewunderte militärische Uniformen mit allem Drum und Dran. Er liebte Motorräder, Motocross – alles, was mit Motoren zu tun hatte. Er arbeitete gern an Motoren, reparierte die Autos seiner Freunde, installierte Stereoanlagen und Hebebühnen für sie. Erik war also ziemlich beliebt. Er warf sich gern in Schale, zog »Papas Anzüge« an (ein Begriff, den Erik als Kind für Businessanzüge geprägt hatte), und in den Monaten vor seinem Tod zeigte er sich oft ohne jeden Grund in Anzug und Krawatte: Er war wirklich fast schon ein richtiger Mann.

Gemäß seiner männlichen Vorlieben war Erik auch an allen Sportarten sehr interessiert, denen sein Vater nachging: Motorradrennen, Motocross, Skifahren und andere Aktivitäten, die mich als Ehefrau und Mutter oft ganz fest die Augen schließen und innerlich vor Angst beben ließen. Aber da er eher schwerfällig war so wie ich, und Rune, mein Mann, ein sehr beschützender Vater, hatte Erik nie die Gelegenheit, sich in dem Maße todesmutig zu zeigen, wie er es vielleicht gewollt hätte. Ich denke, seine Behäbigkeit wies darauf hin, dass sich Erik, genau wie ich, im Geistigen wohler fühlte als im Physischen.

So männlich sich Erik auch gab, er war im Grunde doch ein höchst sensibler Junge. Er wusste instinktiv, wann Menschen eine Umarmung brauchten oder ein freundliches aufmunterndes Wort. Schon im Alter von neun Monaten klopfte er uns tröstend auf den Rücken, sobald wir ihn in den Arm nahmen, um ihm Trost zu spenden! Erik wollte nie jemanden beunruhigen. Ich erinnere mich an einen Tag, als er zwei oder drei Jahre alt war und ich ihn aus der Praxis des Kinderarztes nach Hause geholt hatte, Oberschenkel und Arme voller Pflaster über den Einstichen verschiedenster Impfungen. Es war ein harter Nachmittag für den kleinen Kerl gewesen. Aber als sein Vater ihn fragte, wie er sich fühle, antwortete Erik mit einem Lächeln auf dem verweinten Gesicht: »Super.«

Je älter er wurde, desto mehr blühten Eriks Charme und Charisma auf. Sein Lachen konnte einen ganzen Raum erhellen. Fremde gab es für ihn einfach nicht. Er redete munter mit jedem, den er traf. Und obwohl Erik viel über sich selbst und sein Leben sprach, war er noch viel besser darin, anderen Fragen über ihr Leben zu stellen. Er war ein Meister darin, mit viel Geduld und Mitgefühl zuzuhören. Er reichte denjenigen die Hand, von denen er annahm, sie hätten wie er zu kämpfen. Ich weiß gar nicht mehr, wie viele »Straßenkinder« er mit nach Hause brachte, damit sie von einer Mama bekocht werden und sich im Kreis einer Familie wohlfühlen konnten. Eriks Verspieltheit war ansteckend. Er war gern ein bisschen albern, spielte Streiche und dachte sich wunderbare Witze aus, die alle zum Lachen brachten. Doch keiner seiner Witze oder Streiche war abfällig oder gemein – sie waren alle augenzwinkernd und liebenswert.

Im Vergleich zu vielen Gleichaltrigen in unserem Milieu pflegte Erik geradezu edle Vorlieben. Er war alles andere als verwöhnt. Vielmehr war er dankbar für alles, was er hatte, und sagte das auch oft. Er teilte gern und liebte es, anderen etwas zu geben. Seine Familie und seine Freunde waren ihm ganz besonders wichtig. Erik gehörte nicht zu den kleinlichen Menschen mit falschem Stolz. Er besaß ein großes Herz und war schnell bereit, sich zu entschuldigen, selbst bei seinen Geschwistern, wenn er etwas gesagt oder getan hatte, was andere verletzte.

Aber Erik hatte andererseits auch sehr zu kämpfen. Er litt unter Lernschwierigkeiten, was die Schule für ihn zu einem unliebsamen und oft kaum zu bewältigenden Unterfangen machte. Obwohl wir viel Verständnis für ihn aufbrachten und ihn stets ermutigten, untergruben die akademischen Defizite sein Selbstwertgefühl. Klassenkameraden und sogar einige gedankenlose Lehrer sagten ihm ins Gesicht, er sei »dumm«. Erschwerend kam hinzu, dass er unter dem Tourette-Syndrom litt und dass ihn seine merkwürdigen Ticks und Manien zur Zielscheibe unfreundlicher Bemerkungen werden ließen. Während seiner mittleren Schuljahre musste ich mit ansehen, wie dieses fröhliche, charmante, liebevolle Kind begann, mir immer fremder zu werden. Erik legte sich allmählich eine harte Schale zu, um sich vor einer grausamen Welt zu schützen. Er lächelte seltener und war in der Schule in etliche Schlägereien verwickelt.

Damit begann die Finsternis. Sie schlich sich in sein Leben wie eine giftige Infektion und saugte das Licht aus seinem Herzen und seiner Seele. Doch diese Dunkelheit stellte keinen wirklichen Gegner für die Liebe in ihm dar.

Dazu will ich Ihnen eine Geschichte erzählen, die seine Herzenswärme perfekt auf den Punkt bringt: Seine Schwester Michelle hat sie uns erst vor Kurzem erzählt. Sie und Erik waren einander so nah und ähnlich, dass sie Zwillinge hätten sein können. Michelle hatte als Teenager ein paar tragische Romanzen erlebt. Als sie 18 war, traf sie Chris, die »Liebe ihres Lebens«, und gelobte schon ein oder zwei Wochen später, ihn zu heiraten. Diese Ankündigung machte meinen Mann und mich nicht gerade glücklich, denn Chris ... Nun, Sie kennen vielleicht diese Jungs, die mit dreißig immer noch bei den Eltern wohnen, die ganze Nacht Xbox spielen, kiffen, tagsüber Skateboard fahren und Bier trinken. Wären das nur schon alle seine Ambitionen gewesen, dann säße er mittlerweile nicht hinter Gittern. Ich denke, 18-jährige Mädchen verfügen manchmal nicht über das allerbeste Urteilsvermögen.

Nach Auflösung der Verlobung schüttete Michelle Erik ihr Herz aus, während die beiden zusammen im Auto unterwegs waren. Sie weinte, weil mit dieser Trennung für sie eine Welt zusammenbrach. (Mein Mann und ich hatten deswegen auch Tränen vergossen, aber eher solche der Erleichterung.) Kaum hatte Michelle zu weinen begonnen, weinte Erik mit ihr. Er hielt ihre Hand, und sie schluchzten gemeinsam, bis sie zu Hause waren. Es wirkte fast so, als sei er das Opfer dieser Trennung geworden. Brach jemandem das Herz, brach auch Eriks Herz. Litt jemand, der ihm wichtig war, unter Schmerzen, empfand auch er Schmerzen. Welchen Mut brauchte es doch, die Schmerzen oder die Trauer anderer mitzufühlen oder mitzutragen. Das Gewicht der eigenen Probleme mit sich herumzuschleppen war schon bedrückend genug. Was war das für eine schwere Last für einen heranwachsenden, lieben, sensiblen Jungen.

Mit 15 wurde bei Erik eine bipolare Störung diagnostiziert, und er musste regelmäßig Medikamente nehmen. Trotz wöchentlicher Sitzungen bei einem Therapeuten und einem Psychiater fiel Erik in eine tiefe Depression. Ich glaube, er suchte Trost in Drogen und Alkohol, weil ihm das einerseits half, seine harte Schale aufrechtzuerhalten, und weil es andererseits seine Schmerzen linderte. Als Eltern taten wir alles, was wir konnten, um ihm zu helfen, mit sich leichter ins Reine zu kommen. Wie bei all unseren fünf

Kindern verging kein Tag, an dem wir ihm nicht sagten, wie sehr wir ihn liebten und wie dankbar wir waren, ihn in unserem Leben zu haben. Irgendwann schien es Erik etwas besser zu gehen. Er hörte auf, Drogen und Alkohol zu konsumieren, und ließ sich zum Schweißer ausbilden. Doch als ihm das Glück scheinbar immer noch verwehrt blieb, entwickelte er einen unersättlichen Hunger nach materiellem Besitz, um die Leere auszufüllen: eine Stereoanlage für seinen Pick-up, ein neues Schweißgerät, eine Ausrüstung für eine neue Sportart oder ein Hobby oder ein neues Fahrrad. Als ihm das Geld ausging, verpfändete er fast alle seine Besitztümer für den nächsten »Schuss«. Dabei sehnte er sich auch sehr nach Freundschaft.

Leider war sich Erik auch der Tatsache bewusst, dass viele seiner »Freunde«, wenn er sie anrief, den Telefonhörer sofort auflegten, sobald sie merkten, dass er in der Leitung war. Viele hielten ihn für seltsam und verschroben, und infolgedessen fühlte er sich oft sehr einsam. Welche Ironie des Schicksals! Ausgerechnet Erik, der sich stets so liebevoll um andere kümmerte, ob sie nun Freunde, Bekannte oder Fremde waren, und der nicht gezögert hätte, jedem sein letztes Hemd zu schenken. Oft hatte er problematische Freunde in seinem Alter mit nach Hause gebracht, weil sie dringend ein anständiges Essen und einen Platz zum Schlafen brauchten. In den 20 Jahren, die er hier auf der Erde verbracht hatte, habe ich ihn nie ein kritisches oder abfälliges Wort über eine andere Person sagen hören. Aufgrund seiner eigenen Probleme war er vielleicht einer der Menschen, der am meisten mitfühlte und am wenigsten über andere urteilte, den ich je kennengelernt habe.

Erik wurde von vielen missverstanden, denn er kam manchmal sehr heftig und ruppig rüber. Er wurde von Ticks und einer Sucht nach Zigaretten gequält. Doch unter all diesen äußeren Schalen war er ein ungeschliffener Diamant. Wenige waren freundlicher, wenige liebevoller als er. Wenige so einfühlsam und wenige ähnlich bereit, sich für andere aufzuopfern. Manchmal fühlte ich mich als der einzige Mensch auf der Welt, der Eriks wirkliche Seele wahrnahm. Es war ein sehr einsames Gefühl. Das begann sich erst zu ändern, als ich nach seinem Tod die folgende liebevolle E-Mail von einer seiner Freundinnen erhielt:

Liebe Frau Dr. Medhus,

mit großem Respekt und aufrichtigem Beileid nehme ich die Einladung zu Ihrer Freundesliste [bei Facebook] an. Ich habe oft an Ihren Sohn Erik und Ihre Familie gedacht und gebetet, dass Sie jeden erdenklichen Trost finden mögen angesichts des ungeheuerlichen Verlusts durch seinen frühen Tod.

Meine letzte Erinnerung an Erik war bei »Starbucks«, wo ich drei Jahre lang arbeitete und wo ich auch Erik kennenlernte.

Er war mir von den Highschool-Schülern, die täglich ihre Nachmittage bei uns verbrachten, wirklich der liebste gewesen – und das besagt eine Menge. Ich hatte damals kein Verständnis für viele ihrer jugendlichen Verhaltensweisen und Einstellungen (und manchmal habe ich sie noch heute nicht). Erik verhielt sich anders als die meisten von ihnen, und ich freute mich immer, ihn zu sehen. Er hatte stets ein Lächeln auf den Lippen und sorgte für Ruhe, wenn die Jugendlichen sich danebenbenahmen und mich und die anderen Gäste nervten. Wir hielten oft ein Schwätzchen an der Bar oder auf der Terrasse.

Als er kurz vor seinem Tod in den Laden kam, machte er einen sehr reservierten Eindruck und schien nicht wie gewohnt er selbst zu sein (zumindest war er nicht so, wie er sich sonst mir gegenüber verhielt).

Ich gab ihm einen Drink auf Kosten des Hauses, und wir unterhielten uns ein bisschen. Ich war zwar etwas besorgt, muss aber leider sagen, dass ich die Veränderung, die ich an ihm bemerkte, darauf schob, dass er eben einen schlechten Tag oder eine schlechte Woche hatte. Ich dachte: »Er wird darüber hinwegkommen.« Er fragte mich, ob ich seine Freundin auf Facebook sein wolle, und ich sagte nur allzu gern Ja. Er setzte mich noch am gleichen Tag auf seine Freundesliste. Nur wenige Tage später erhielt ich die Nachricht von seinem Selbstmord. Ich wünschte, ich hätte mehr auf meinen Instinkt gehört und versucht, Erik wirklich zu erreichen. Er war ein großartiger Junge.

Ich habe angefangen, Ihren Blog zu lesen, und es ist inspirierend und bewegend zu glauben, dass er noch irgendwie mit uns in diesem irdischen Bereich weilt und über seine Freunde und seine Familie wacht. Obwohl er auf der anderen Seite seinen Frieden gefunden hat, möchte ich Sie wissen lassen, dass ich immer noch oft für Ihre Familie bete!

Ich wünschte, ich hätte Ihnen noch viel mehr zu bieten, aber dies ist leider das Einzige, was ich im Moment geben kann. Bitte lassen Sie Erik, wenn Sie ihn das nächste Mal besuchen, wissen, dass ich in Liebe an ihn denke und ihn ebenfalls vermisse. Mögen Sie seine Gegenwart oft spüren und mögen Ihre Erinnerungen an ihn Balsam für Ihr gebrochenes Herz sein.

Hochachtungsvoll,
Amber

Als ich diesen Brief las, konnte ich einfach nur noch weinen. Meine Tränen waren Tränen der Dankbarkeit und der Freude, aber auch der Trauer darüber, dass Erik nie realisiert hatte, wie sehr er der Liebe würdig gewesen war. All das zeigt nur einen sehr kleinen Ausschnitt dessen, was Erik war – und ist. Er hatte seine Fehler, wie wir alle, aber sie verblassen angesichts seiner vielen wunderbaren Eigenschaften.

2. ERIKS TOD

Dann kam dieser schreckliche Dienstag, und es folgten die Ereignisse, die mein Leben in zwei Teile zerrissen: das wunderbare »Davor« und das unerträgliche »Danach«. Erik machte an diesem Tag einen stabilen und glücklichen Eindruck. Im Verlauf der letzten Monate hatte er endlich Freunde gefunden, denen er vertrauen konnte, Freunde, die ihn so liebten wie er sie. Meine Schwester Teri aus Kalifornien war zu Besuch gewesen, und sie, zwei meiner Töchter und ich hatten vor, irgendwohin zum Mittagessen zu gehen. Ich fragte Erik, ob er sich uns anschließen wolle, aber er lehnte ab und sagte, er bleibe lieber zu Hause, um ein bisschen zu »chillen«. Er fragte, wie lange wir fortbleiben würden, und ich antwortete ihm, wir wären in ungefähr einer Stunde wieder zurück.

Wir waren gerade fünf Minuten unterwegs gewesen, als ich den schlimmsten Anruf meines Lebens erhielt. Maria, unsere Haushälterin, die sich um Erik gekümmert hatte, seit er 16 Monate alt war, rief an und sagte, sie habe ein »lautes Geräusch« gehört und nun große Angst. Obwohl es für mich keinen Grund gab, irgendetwas zu vermuten, wusste ich instinktiv, was passiert war. Ich fragte sie, ob das, was sie gehört hätte, wie eine Pistole geklungen habe, und sie antwortete: »Ja.« Ich bat sie, nach oben zu gehen und nach Erik zu sehen, und sie tat es. Der Schrei, den ich nur wenige Augenblicke später hörte, hat sich wohl für immer in mein Gedächtnis gebrannt – ein Schrei, der den Beginn eines Albtraums markierte, aus dem wir erst tränenreiche Monate später wieder aufwachen sollten; ein Schrei, der unsere Hoffnungen zusammen mit unserem Gefühl der Unverwundbarkeit zunichtemachte. Er kennzeichnete den Beginn unseres emotionalen Zusammenbruchs und machte uns allesamt zu Hysterikern.

Wir waren in wenigen Minuten zu Hause – Minuten, die mir eher wie Jahrzehnte vorkamen. Ich hatte Angst, nach oben zu gehen und mich dem zu stellen, wovon ich wusste, dass es die tragische Wahrheit war, aber als Ärztin musste ich sicher sein, dass er wirklich tot war. Was, wenn er noch einen Puls hatte? Vielleicht konnte ich eine Herz-Lungen-Wiederbelebung durchführen und ihn retten. Aber als ich meinen Sohn da in seinem Schreibtischstuhl sitzen sah, leblos, mit offenen Augen und einer offensichtlichen Schusswunde am Kopf, war klar, dass er für immer gegangen war und nicht wieder zum Leben erweckt werden konnte. Nur wenige Tage später stellte ich fest, dass er Dinge aus seinem Besitz verpfändet und einen 21 Jahre alten Freund gebeten hatte, eine Pistole für ihn zu kaufen. Aus purer Verzweiflung warf ich mich in seinen Schoß und heulte wie eine verwundete Wolfsmutter, die um ihr Junges trauert. Es fühlte sich an, als schwebte ich über meinem Körper und schaute von oben auf diese zerbrochene Schale einer Frau, deren Hände voll waren vom Blut ihres eigenen Kindes.

Die folgenden Tage waren die reinste Folter. Keine Mutter sollte ihr Kind begraben und noch viel weniger eine Tatortputzkolonne engagieren müssen, die den Teppichboden aus dem Zimmer reißt und sämtliche Tapeten von den Wänden löst. Es ist so unfassbar, dass es nur dieser einen unglückseligen Entscheidung bedarf, den Abzug um ein paar qualvolle Millimeter zurückzuziehen, um eine »Atombombe« in unserer Familie hochgehen zu lassen. Unsere ganze Familie wurde in eine neue Welt der Trauer, der Fassungslosigkeit, der Wut und der Schuldgefühle katapultiert. Von mir als Mutter schien das alles einen noch größeren Tribut zu fordern. Es fühlte sich an, als sei die körperliche Verbindung, die seit 20 Jahren und neun Monaten zwischen uns bestanden hatte, derart gewaltsam auseinandergerissen worden, dass ich starke Schmerzen in jedem Teil meines Körpers und meiner Seele spürte. Sie drangen bis in jede Zelle hinein, verzerrten jede Erinnerung und spukten durch jeden Gedanken.

Monatelang fiel es mir sogar schwer, kurz vor die Tür zu gehen, um Post und Zeitung hereinzuholen. An den meisten dieser Tage sehnte ich mich nach dem Tod, in der Hoffnung, Erik vielleicht noch einmal in meinen Armen zu halten. Die Trauer hatte mich fest im Griff, und ich vergaß vollkommen, dass ich mit meinem Schmerz nicht allein war. Mein Mann, meine vier anderen Kinder, unzählige Verwandte und enge Freunde litten ebenfalls. Ich musste mich bewusst anstrengen und sie dazu auffordern, ihre Last mit mir zu teilen, sich an meiner Schulter auszuweinen oder sich bei mir anzulehnen, wie wenig Kraft mir selbst auch geblieben war. Nach Monaten des blinden Stolperns durch diese unbekannte und grausame Dunkelheit beschloss ich, es gut sein zu lassen. Genug war genug.

Mein Sohn war zwar tot, aber ich war immer noch seine Mutter. Ich wollte die Beziehung nicht nur überleben, sondern auch wieder aufblühen lassen. Damit begab ich mich auf gefährliches Terrain, wo Antworten unklar und schwer zu erhalten sind und wo die Enttäuschung in jeder dunklen Ecke lauert. Irgendwie musste ich den Mut finden, die entscheidenden Fragen zu stellen: Warum hatte er sich das Leben genommen, wo es doch so viel gab, für das es sich zu leben gelohnt hätte? Wie war der Tod für ihn? Wo ist er jetzt? Was ist er jetzt? Gibt es ein Leben nach dem Tod, und wenn ja, wie ist es? Ich war entschlossen, (die) Antworten zu finden.

3. ERIKS BESUCHE: TRÄUME, BOTSCHAFTEN UND STREICHE

Nach Eriks Tod stürzte ich samt meiner ganzen Familie in einen Zustand der Taubheit. Wir wurden von einem Schmerz erschüttert, der so tief war, dass uns jede Minute wie eine Ewigkeit vorkam. Die Beerdigung zu arrangieren – von der Wahl eines Sargs, über die einer Grabstätte bis hin zu der Festlegung, welche Kleidung er in seinem ewigen Schlaf tragen sollte – glich einer Tortur. Jede Entscheidung erschien grausam und kaum zu bewältigen. Ich wollte mich eigentlich nur in eine Ecke verkriechen und weinen. Ich war so dankbar für Runes innere Stärke. Auch er litt Qualen, aber die Gesellschaft verlangt ja, dass der Mann die Ohren steif hält und sich da irgendwie selbst durchwurstelt. Männer sind eher die stillen, vernachlässigten Trauernden – die verwundeten Krieger, die jedoch genauso viel Unterstützung und Trost brauchen wie Frauen.

Mitten in dieser Tragödie und all diesem Durcheinander erschien Erik dreimal, um uns Trost zu spenden, und damit begann unsere Reise, auf der wir mit ihm im Jenseits kommunizierten. In der zweiten Nacht nach seinem Tod kam er in einem ungewöhnlich lebhaften Traum zu meinem Mann. In dem Traum standen sie beide neben Runes neuem Ford F-350, einem Pick-up, auf den mein Sohn in seiner kindlichen Begeisterung sehr stolz gewesen war. Und Erik sagte in freudiger Erregung: »Mir geht's wunderbar!

Ich bin so leicht und frei. Es ist ein unglaubliches Gefühl. Hier, Papa, fühl mal.« Als Erik die Hand nach den Händen seines Vaters ausstreckte und sie berührte, wurde Rune von einem Gefühl der intensiven Euphorie überwältigt, die ganz anders war als irgendeine Empfindung, die er je zuvor gehabt hatte.

Es war ein Gefühl der Freude, der Liebe, des Trostes, der Leichtigkeit und der Freiheit, das mit unserer begrenzten menschlichen Sprache einfach nicht beschrieben werden kann. Nach einer Weile ließ Erik Runes Hände los, beugte sich zu ihm und sagte: »So habe ich mich davor gefühlt.« Da spürte Rune die tiefe Verzweiflung und Dunkelheit, die Erik so lange gequält hatten. Die Welt fühlte sich schwer und abweisend an. Durch diesen Traum wusste Rune, dass Erik ihm mitzuteilen versuchte, es gehe ihm gut und er sei in der Tat zum ersten Mal seit Jahren glücklich. In diesem Moment setzte der Heilungsprozess in unserer Familie ein.

Beim zweiten Mal, als sich Erik nach seinem Tod bemerkbar machte, geschah es gegenüber seinem Großvater José. Lassen Sie mich vorausschicken, dass mein Vater nie wirklich an ein Leben nach dem Tod geglaubt hat. Für ihn war klar: Stirbt der Körper, stirbt auch die Seele. Wir zerfallen alle einfach zu Staub. Es gibt keine Unsterblichkeit, keinen Gott und keinen Himmel. Doch drei Tage nach dem Tod meines Sohnes rief mich mein Vater an, um mir zu sagen, dass Erik zu ihm gekommen sei. Ich konnte an seiner Stimme erkennen, dass er ziemlich erschüttert war. Er sagte, Erik sei ihm erschienen, während er hellwach gewesen sei. Er habe sich in den vier- oder fünfjährigen Erik verwandelt, sei auf den Schoß seines Großvaters gekrabbelt und habe sich an seine Brust geschmiegt.

Mein Vater spürte ohne jeden Zweifel, dass Erik wirklich da war. Er spürte die Wärme seines kleinen Körpers und die Liebe, die von seiner Präsenz ausging. Ein paar Sekunden später schaute Erik zu seinem Großvater auf und zitierte ein spanisches Sprichwort, das übersetzt etwa »Aller guten Dinge sind drei« lautet. Eriks Besuch rüttelte an den Grundfesten der Überzeugungen, die mein Vater jahrzehntelang gehegt hatte. Und was die Bedeutung des Sprichworts anging, fragte ich mich, ob Erik vielleicht meinen Vater und meine Mutter – beide in ihren 80ern – auf ihren eigenen Übergang ins Jenseits vorbereiten wollte. Vielleicht wollte er damit aber nur die Besuche ankündigen, die er demnächst vorhatte.

Der dritte Besuch fand ein paar Wochen nach Eriks Tod statt. Meine älteste Tochter Kristina erzählte mir von diesem interessanten Erlebnis – ein Ereignis, das den Nachweis für Eriks wachsendes Geschick in Sachen Energiemanipulation erbrachte. Als Medizinstudentin hatte Kristina bis spät in die Nacht gelernt. Erik zu Ehren hatte sie neuerdings ein kleines Ritual entwickelt: Beim Lernen zündete sie stets eine Kerze an und stellte sie auf den Schreibtisch neben ihre Bücher und Materialien. Völlig unerwartet begann in dieser Nacht die Kerzenflamme auf einmal unregelmäßig zu tanzen. Das mag Ihnen vielleicht nicht besonders seltsam vorkommen, aber es gab keine Quelle für Luftströmungen, keinen Wind und auch keine Klimaanlage, denn sie war in der kühlen Nacht ausgeschaltet. Kristina bedeckte sogar ihren Mund mit einem Blatt Papier und drehte den Kopf zur Seite, um sicherzugehen, dass es nicht ihr Atem war, der die Luft aufgewirbelt und damit die Flamme zum Tanzen gebracht hatte. Im selben Augenblick spürte sie Eriks Präsenz sehr stark und wusste, dass er, ganz der alte Schelm, ihr einen Streich gespielt hatte.

Um die neuen Fähigkeiten ihres kleinen Bruders zu testen, bat Kristina Erik, die Flamme wieder stillstehen zu lassen. Sie erstarrte sofort. Nach einer Wartezeit von einigen Sekunden bat sie ihn, die Flamme einen kleinen Sprung nach oben machen zu lassen. Es geschah. In der Tat schien die Flamme jeden Befehl, den man ihr gab, unweigerlich auszuführen: »Stopp … bewegen … wachsen … schrumpfen.« Schließlich bat Kristina Erik, die Flamme sich langsam zur Seite neigen zu lassen. Sie war platt, als sich die Flamme tatsächlich zur Seite bog, bis sich ihre Basis vollständig vom Docht gelöst hatte und in der Luft zu schweben schien. Kristina empfand ein Gefühl der Ehrfurcht und des Trostes, weil sie nun wusste, dass Erik noch da war und, noch besser, seinem Ruf als echter Witzbold nach wie vor gerecht wurde.

Im Laufe der folgenden Wochen berichteten viele Menschen, darunter Familienmitglieder und Freunde, über anschauliche und greifbare Besuche von Erik, durchdrungen von der absoluten Gewissheit, dass seine Präsenz real war. Meine jüngere Schwester Laura war immer in besonderer Weise mit Erik verbunden gewesen, vielleicht, weil sie zum Teil die gleichen Kämpfe hatte durchstehen müssen oder weil sie einer ähnlichen Lebensphilosophie folgte. Was auch immer die Gründe waren, durch seinen Tod war sie vollkommen am Boden zerstört. Ich bin sicher, Erik spürte ihre Trauer und kam deshalb eines Morgens ganz früh zu ihr, um sie zu trösten. Hier ist Lauras ergreifende Geschichte von der Begegnung mit ihrem Neffen:

Eriks Präsenz saß mit mir auf der Veranda, und ich war ganz ruhig und sicher, dass es sich um Erik handelte, der dort bei mir war. Ich erzählte ihm, wie sehr er vermisst werde, und ich hatte das Gefühl, er verstand, dass wir alle sehr traurig waren, weil er von uns gegangen war. Er strahlte so viel Empathie und Mitgefühl aus. Er war bestimmt »allwissend«. Ich bat Erik, über seine Mutter, seinen Vater, seinen Bruder, seine Schwestern und den Rest der Familie zu wachen und sie wissen zu lassen, dass er glücklich sei. Ich sagte ihm, dass ich Verständnis für seine Schmerzen und sein Leid im Leben empfände und sicher sei, dass er nun endlich Frieden gefunden habe. Wir saßen etwa 30 oder 40 Minuten lang ganz still da. Ich streckte meine Hand über den Terrassentisch hinweg aus und drückte die seine. Dann erzählte ich ihm, dass ich wisse, wie sehr er damit beschäftigt sein würde, seine Familienmitglieder zu besuchen, aber er könne auch Jim und mich jederzeit besuchen kommen. Ich versicherte ihm, wie sehr ich ihn liebe und wie dankbar ich ihm für seinen Besuch sei. Dann ging er. Ich fühlte mich besser.

Alle diese Besuche trösteten meine Familie sehr. Doch ich fragte mich auch, weshalb er mir, seiner eigenen Mutter, noch nicht erschienen war. Ich war das einzige Mitglied der Familie, das Erik offenbar noch nicht gesehen hatte. Warum? Vermutlich kann keine Trauer tiefer und herzzerreißender sein als die einer Mutter, die ein Kind verloren hat. Allmählich glaubte ich, eine Art schweren Umhang zu tragen, der meinen Geist und auch mein Herz einhüllte und Eriks Versuche, mit mir zu kommunizieren, allesamt vereitelte. Ich beschloss, einfach nur geduldig zu sein. Einen Monat später wurden meine Gebete in Form eines Traums erhört. Erik erschien vor mir in meiner Küche mit einem süßen, liebevollen Lächeln auf den Lippen. Ich schloss ihn in die Arme und hielt ihn lange fest. Dieser Traum war anders als alle anderen Träume, die ich je gehabt hatte. Ich konnte seine Haut riechen. Ich spürte, wie meine Lippen die Stoppeln auf seiner Wange streiften. Ich spürte, wie er sich an meine Brust lehnte. Es war zweifellos real – nicht vergleichbar mit den vagen Empfindungen in einem gewöhnlichen Traum.

Viele nehmen an, die Seelenwesen unserer verstorbenen Lieben würden gern mit uns in Kontakt bleiben und auf vielerlei Weise versuchen, unsere Aufmerksamkeit auf sich zu ziehen, weil sie ihre Beziehung zu uns weiterhin aufrechterhalten möchten. Die einfachste Möglichkeit für sie besteht darin, uns in Träumen zu besuchen oder durch das Manipulieren elektrischer Energie Kontakt mit uns aufzunehmen. Manche erscheinen auf Computerbildschirmen, andere bringen das Licht zum Flackern, wieder andere sorgen dafür, dass im Radio ein Lied mit einer besonderen Bedeutung für den Zuhörer gespielt wird, manche sprechen am Telefon mit uns, und etliche bringen technische Geräte dazu, verrücktzuspielen. In meinen Vorträgen über spirituelle Themen, das Leben nach dem Tod betreffend, stellte ich fest, dass es einen allgemeinen Konsens darüber gibt, wie kürzlich körperlos gewordene Seelen mit ihren Lieben hier auf der Erde kommunizieren können. Wie ich bereits erwähnte, ist die Kontaktaufnahme in Träumen ein Weg, ein weiterer ist die Manipulation von Energie. Weil sie lernen, wie sie ihre Energie steuern können, kommunizieren Seelen auch auf weniger subtile Weise mit uns – sogar mittels materieller, physischer Manifestationen.

Physische Besuche

Während der Blog *Channeling Erik* immer mehr Mitglieder erhielt, griffen Eriks Besuche und seine Streiche allmählich auch außerhalb des Familien- und Freundeskreises um sich. Mittlerweile ist er ein globales Phänomen geworden mit Verbindungen zu den Philippinen, zu Irland, Großbritannien, Russland und anderen Ländern. Die einzige Voraussetzung, um einige von Eriks Streichen zu erleben, ist offenbar die Bereitschaft, den *Channeling-Erik*-Blog zu besuchen und ihn zu lesen. Und je mehr Menschen mit Kommentaren und Forumsbeiträgen auf dem Blog interagieren, desto größer scheint die Chance zu sein, dass er sie besucht – oder »verarscht«, wie Erik es wahrscheinlich ausdrücken würde. Mit Eriks Reichweite wächst auch sein Repertoire an Tricks.

Da die Differenz zwischen der Schwingungsfrequenz von Geistwesen und derjenigen von uns Menschen sehr groß ist, müssen die Seelen in der Regel ihre Frequenz so weit absenken, dass sie im sichtbaren Teil des elektromagnetischen Spektrums liegt, und wir wiederum müssen unsere Frequenz so weit heben, dass wir ihnen sozusagen auf halbem Wege entgegenkommen können.

Damien, ein junger Mann aus Irland, war eines der ersten Blogmitglieder, das von seinen Erfahrungen mit Eriks Besuchen erzählte. Damien war Sanitäter und plante, nach Kanada auszuwandern, um bei seiner langjährigen Freundin zu leben. Seine Mutter hatte ihn dazu erzogen, Herz und Geist offenzuhalten für die Kommunikation mit dem spirituellen Bereich. Bevor Erik ihn besuchte, hatte Damien die Anwesenheit seiner beiden verstorbenen Schwestern erlebt. Das Folgende ist sein Bericht über die Begegnung mit Erik:

Sonntagnacht, kurz nachdem ich den Blog gelesen hatte, lag ich im Bett. Ich nahm eine Präsenz und einen starken amerikanischen Akzent in meinem Kopf wahr und fragte, ob es Erik sei. Er antwortete: »Yeah, ich bin's. Was geht?« Dann begann ich ein Gespräch mit ihm und fragte nach seinen Erlebnissen … Er ist eine so freundliche, aufrichtige Seele … An diesem Punkt war mir klar, dass ich bestätigen konnte, dass dies wirklich Erik war. Weil ich wusste, dass er schon mit Energie gearbeitet hatte, um seine Präsenz bekannt zu geben, bat ich ihn, etwas zu bewegen. Kaum hatte ich dies ausgesprochen, hörte ich einen lauten Knall im Stockwerk unter mir. Da alle anderen schliefen und die Katze draußen war, wusste ich sofort: Das war Erik.

Im weiteren Verlauf unseres Gesprächs sagte er plötzlich: »Diese Sängerin, die du da kennst, ist wirklich ein guter Fang.« Er meinte meine Freundin in Kanada, die eine erfolgreiche Sängerin ist. Aufgrund der großen Distanz ist diese Beziehung »in der Warteschleife«. Aber Erik sagte, wir seien Seelenpartner und schon in einem früheren Leben zusammen gewesen. Er erzählte mir, ich hätte in meinen ersten beiden Leben nach ihr gesucht, und wir hätten mein drittes und viertes Leben zusammen verbracht. In meinem sechsten Leben sei ich im Zweiten Weltkrieg gestorben, kurz nachdem wir uns erneut getroffen hätten. Dies sei mein siebtes Leben, versicherte er mir. Und dann passierte etwas sehr Schönes und Erstaunliches. Erik fragte mich, ob ich wissen wolle, wie weit mein Mädchen jetzt in diesem Moment von mir entfernt sei. Ich sagte: »Klar …« Er sagte: »Sie ist im Moment genau 4056 Kilometer von dir entfernt.« Und dann meinte er mit einem wirklich frechen Grinsen: »Los, schau nach. Die Wette gilt.« Also habe ich die Entfernung zwischen meiner und ihrer Adresse gegoogelt. Es waren 4050 Kilometer. Ich lachte und sagte, die sechs Kilometer könne er als Geschenk von mir betrachten. Es war unglaublich. Am nächsten Morgen stand mir in der Arbeit ein heikles Gespräch bevor, und ich machte mir deswegen Sorgen. Aber Erik riet mir, ganz ruhig und gelassen zu bleiben, da ich diesen Job nicht unbedingt brauchte, weil ich das Land ohnehin bald verlassen würde.

Danach ließ er meine Schwestern vortreten und sprechen. Am Ende bestätigte er mir noch, dass mein Mädchen mich liebe und dass sie nur darauf warte, mich wieder in die Arme zu schließen. Dann käme für uns alles in Ordnung. Er versicherte mir, ich sei auf dem Weg zu meinem Schicksal und dazu bestimmt, ein Heiler zu sein. (Ihr Sohn ist unglaublich und ein wahres Geschenk an diese Welt. Und das gilt für Sie beide.)

Ich dankte ihm und ging schlafen, weil ich ganz erschöpft war. Schon klar, dass das Arbeitsgespräch am nächsten Morgen gut verlief. Ich dankte ihm in der folgenden Nacht. Ich fragte ihn, warum er so vielen Menschen erscheine und ihnen helfe. Er sagte einfach: »Du hast dir die Zeit genommen, meine Geschichte zu lesen. Ich will dir helfen.« Ich war baff. Er ist ein wahrer Gentleman. Dann sagte er mir noch, ich solle das Beste aus der Zeit machen, die ich jetzt mit meinen Freunden und meiner Familie habe, weil ich das Land sehr bald verlassen werde. Einen Tag später haben Sie in Ihrem Blog geschrieben, Erik hätte gesagt, in der Nacht zuvor sei er vollauf damit beschäftigt gewesen, Menschen zu helfen. Und so war es wirklich.

Ich hoffe, Sie und Ihre Familie sind wohlauf … Ich glaube schon lange an das Jenseits und an Reinkarnation … Erik und Sie haben alles, woran ich glaube, bestätigt. Danke. Das macht es sicher einfacher, sich mit dem Tod abzufinden, wenn wir Patienten nicht retten können. Ich kann Ihnen gar nicht genug dafür danken, dass Sie stark und mutig genug waren, diesen Blog ins Internet zu stellen. Ich kann es kaum erwarten zu sehen, welche weiteren Erkenntnisse Erik und Sie uns auf unserer Suche nach Erleuchtung zu bieten haben.

Mit freundlichen Grüßen,
Damien

Besuche in Gestalt einer anderen Person

Ich habe gehört, unsere verstorbenen Lieben nehmen oft über Kinder und sogar über Tiere Kontakt mit uns auf. Dann wiederum treten sie durch Doppelgänger mit uns in Verbindung. Sie wollen uns wissen lassen, dass sie immer bei uns sind und dass diese dreidimensionale Welt, in der wir leben und die wir mit unseren fünf Sinnen wahrnehmen, nur die Spitze des Eisberges ist und dass sich unsere wahre Existenz in einer größeren, bedeutungsvolleren Realität befindet. In vielerlei Hinsicht kann jene Sphäre als unsere wahre Heimat betrachtet werden – ein Bereich, in den wir als Seelen mit großen Erwartungen und mit Freude zurückkehren. In der nächsten Geschichte bediente sich Erik eines Kindes, um einer Frau, die er sehr geliebt hatte, eine Nachricht zu senden.

Erik war in ein Mädchen namens Stacy sehr verknallt gewesen, als die beiden etwa 14 Jahre alt waren. Sie war hübsch und freundlich und bemerkte die schöne Seele, die mein Sohn war, auch wenn er eher schlaksig und pickelig daherkam. Leider war sie mit ihrer Familie an die Westküste gezogen, Erik und Stacy mussten also von da an per Brief und online kommunizieren. Schlimmer noch, sie verließ ihn schließlich für einen anderen Jungen, bekam ein Baby und verweigerte ihm auf diese Weise eine glückliche Zukunft mit dem Mädchen seiner Träume. Ich erzähle das mit einem Augenzwinkern, da Erik und Stacy diese Art von Beziehung ja niemals hatten. Ihre Freundschaft war rein platonisch gewesen, aber sie hatten einander sofort angebetet.

Stacy war am Boden zerstört bei der Nachricht von Eriks Tod. Kurz nach seinem Tod besuchte er mich in einem Traum und erzählte mir, er werde für immer über Stacy und ihren kleinen Sohn wachen. Er bat mich, diese Nachricht an sie weiterzugeben. Am nächsten Morgen fand ich Stacy auf Facebook und schickte ihr die Botschaft. Schon am nächsten Tag kam ihre Antwort – und sie brachte mich aus der Fassung.

Stacy sagte, sie habe in letzter Zeit viel an Erik gedacht und ihn gebeten, ihr zu helfen, einen Job in einem Kinderhort zu bekommen, um den sie sich beworben hatte. Und tatsächlich hat sie ihn bekommen. An ihrem ersten Arbeitstag war sie sehr nervös, weil ihr die Kollegen und die Kinder alle fremd waren. Doch als sie über die Schwelle trat, kam ihr ein kleiner Junge entgegengerannt, schlang seine Arme um ihre Beine und sagte: »Hi, ich bin Erik und ich liebe dich von ganzem Herzen!« In dem Moment wusste sie ganz gewiss, dass mein Sohn über einen Fremden mit ihr kommunizierte. Sie setzte sich hin und weinte. Es war seine Art zu sagen: »Ich werde dich immer lieben und dich und deine Familie beschützen.«

Berührungen

Etwa drei Monate nach seinem Tod erzählte mir Erik (über sein spirituelles Medium Kim O'Neill), er würde mir mindestens eine Botschaft in Form eines Gänsehautgefühls an einem Bein, einem Arm oder am Kopf schicken. Ich konnte das schwer glauben, denn aus medizinischer Sicht tritt »lokale Gänsehaut« nicht einfach so auf. Allgemeine Gänsehaut am ganzen Körper ja, aber nur auf einer Seite oder an einem Arm oder Bein? Nein. Außerdem war ich nie sehr körperbetont gewesen. Ich bin mehr auf meinen Intellekt und mein Inneres fokussiert. Hinzu kommt, dass ich einfach nicht sehr oft Gänsehaut bekomme, selbst wenn ich bei Minusgraden in Norwegen, dem Heimatland meines Mannes, unterwegs bin. Ich war mir also nicht sicher, ob ich die Gänsehaut überhaupt bemerken würde.

Vor ein paar Monaten saß ich im Warteraum des Autowaschsalons, während mein Wagen durch die Reinigungsanlage gefahren wurde – eine halbjährliche Notwendigkeit, um die flusenbedeckten Gummibärchen aus den Becherhaltern zu entfernen, bevor sich das Chaos hoffnungslos verfestigt. Nachdem ich die auf dem Tisch herumliegenden Zeitungen der vergangenen Woche alle gelesen hatte, musste ich plötzlich an die Vereinbarung mit Erik denken und spürte seine Anwesenheit neben mir. Das ist seltsam, dachte ich. Mein Mann fuhr gerade ein Rennen mit seinem Motorrad. Also stellte ich mir vor, dass Erik den ganzen Tag mit ihm herumhinge. Wie sein Papa war auch Erik ein großer Motorenfreak gewesen. »Hmm«, dachte ich, »diese seltene Situation muss ich nutzen. Schauen wir mal, was der Junge draufhat!«

Also bat ich Erik, mich eine Gänsehaut auf der rechten Seite meines Kopfes spüren zu lassen. Es dauerte ein paar Minuten, aber gerade, als ich alle Hoffnung bereits aufgegeben hatte, spürte ich es. Das Gefühl war so stark, dass ich dachte, meine Kopfhaut krieche mir vom Schädel – auf die angenehmste Weise wohlgemerkt. »Gut gemacht, Erik!«, sagte ich. »Und jetzt lass mich Gänsehaut auf der anderen Seite meines Kopfes spüren.« Minuten vergingen. Nichts. Gar nichts. Also gab ich mit einem gleichgültigen Schulterzucken auf. Ich dachte mir, er sei weggegangen, um sich wieder seinem Vater auf der Rennbahn anzuschließen. Oh ja. Es war wunderbar gewesen, solange es dauerte.

Zufrieden schloss ich die Augen, und mit einem warmen Lächeln auf den Lippen schickte ich Erik meine Liebe. Ich stellte mir vor, wie sich die Arme meiner Seele um ihn legten, und zog ihn an mein Herz. Vor meinem geistigen Auge umarmte ich ihn, küsste ihn sanft auf die Stirn und sagte: »Erik, ich könnte nicht stolzer auf dich sein, Süßer. Du hilfst so vielen Menschen hier auf der Erde. Ich liebe dich so sehr.« In diesem Moment konzentrierten sich meine Gedanken wie ein Laserstrahl auf die intensive Liebe und den Stolz, die ich für meinen Sohn empfand.

Wenige Minuten später spürte ich die Gänsehaut auf der linken Seite meines Kopfes. Das kam überraschend, weil ich meine Bitte schon ganz vergessen hatte. Mir fiel vor Erstaunen die Kinnlade herunter. War es wirklich möglich, dass das ein zweites Mal passierte? Die Wissenschaftlerin in mir dachte: »Okay, das testen wir noch einmal.« Die Mutter in mir dachte: Hoffentlich glaubt er jetzt nicht, ich stellte zu viele Forderungen an ihn nach dem Motto: »Tanz, kleines Äffchen, tanz!« Aber weil ich meine Hypothese beweisen wollte, holte ich tief Luft und formulierte meine dritte Bitte: »Erik, lass mich Gänsehaut auf meinem rechten Arm spüren.« Minuten vergingen ... nichts. Hmm. Okay, dann war es vielleicht doch Zufall. Na und? Ich genoss es immer noch, meine Liebe für ihn zu spüren. Also schickte ich ein paar Minuten lang eine zweite Welle der zärtlichen Gedanken und Visionen.

Schließlich begann mein Geist abzuschweifen und in einen verrückten Gedankenstrudel zu geraten: Wo zum Teufel ist mein Auto? Ob die Kinder wohl die Spülmaschine ausräumen? Was soll ich heute zum Abendessen kochen? Während ich einer Menge solch unwesentlicher Gedanken nachhing, bekam ich plötzlich eine Gänsehaut am rechten Arm, und zwar eine deutlich ausgeprägte. Ich war so überwältigt von Liebe und Dankbarkeit, dass mir Freudentränen über die Wangen rollten. Sauberes Auto, Wunder von Erik. Mein Tag war gerettet.

Weil ich den Kunden im voll besetzten Warteraum Aufregungen und Unannehmlichkeiten ersparen wollte, ging ich ganz leise nach draußen und setzte mich auf den Bordstein. Ich musste das alles noch mal nachempfinden, um den Moment genießen zu können. Da zwang mich etwas, meinen Kopf nach rechts zu drehen, wo eine wunderschöne Libelle ganz ruhig genau neben mir saß. Sie blieb lange Zeit dort sitzen und beobachtete mich mit ihren großen Insektenaugen. Wie er es seit seinem Tod schon viele Male getan hatte, verwendete Erik etwas Schönes, um mit mir in Kontakt zu treten und mir ein Zeichen seiner Anwesenheit zu geben. Von diesem Tag an hat Erik mich und viele andere häufig als herrliche Libelle besucht.

Üble Gerüche

Erik zeigte noch denselben Sinn für Humor wie in seiner körperlichen Existenz auf der Erde. Ein besonderer Streich, der eindeutig Eriks Handschrift trägt, ist das Produzieren schlechter Gerüche: Marihuana- oder Zigarettenrauch, der Geruch getragener Socken, Stinktiersekret, Wasserpfeifendampf und vieles mehr. Im folgenden Beitrag berichtet Blogmitglied Bec von ihren Begegnungen mit dem »stinkenden Erik«, die mit einer Gänsehaut einhergingen, genau wie mein eigenes Erlebnis. Was diese Geschichte noch erstaunlicher macht, ist die Tatsache, dass Bec neu in unserer Bloggemeinde war und nichts über Eriks Vorliebe für respektlose Streiche wissen konnte.

Hi Elisa,
ich heiße Rebecca (die meisten meiner Freunde und Familienmitglieder nennen mich Bec) und ich möchte Ihnen sagen, dass ich das, was Sie und Erik machen, so liebe! Ich logge mich jeden Tag auf Ihrer Website ein, um mir meine »tägliche Dosis« Erleuchtung abzuholen und zu sehen, wie es Ihnen geht. Erik ist erstaunlich, und Sie sind eine Inspiration, Elisa! Ich habe Respekt vor dem Mut, der Offenheit und der gelegentlichen Verwundbarkeit, die Sie an den Tag legen. Das ist wirklich bewegend und lässt mich und andere zu besseren Menschen werden, die Mitmenschen mit der Liebe begegnen wollen, die jedes lebende Wesen auf diesem Planeten braucht und verdient.

Nun, ich habe angefangen, Ihren Blog ganz von vorn zu lesen, und zwar jedes Wort bis zu Ihrer ersten … Sitzung (ich war bei der Arbeit, musste also heimlich lesen und kam nicht sehr weit). Ich habe zwei Jobs (tagsüber im Büro eines Kieferchirurgen und nachts in einer Bar). An Tagen, an denen ich an beiden Arbeitsplätzen sein muss, übernachte ich im Haus meiner Mutter. (Ich bekomme meinen Lohn bar ausbezahlt, und spätnachts allein nach Hause zu gehen macht mir ein wenig Angst.) Wenn es meiner Mutter möglich ist, bleibt sie wach, bis ich komme. Wir trinken dann noch ein Glas Wein zusammen und sprechen über dies und jenes. Am Samstagmorgen (etwa um drei Uhr) waren meine Mutter und ich zu einem unserer üblichen nächtlichen Treffen zusammengekommen, und ich berichtete von Ihrem Blog.

Ich erzählte ihr von Ihnen, Erik und Kim. Sie war fasziniert! Nun, als ich über Erik sprach, bekam ich plötzlich eine Gänsehaut am ganzen Körper. Es war eine ziemlich intensive Gänsehaut – selbst die winzigen Härchen in meinem Gesicht standen zu Berge. Ich zeigte sie meiner Mutter, und sie meinte, wir hätten noch fast 33 Grad. Warum also sollte ich frieren? Es war ein bisschen gruselig. Wir sprachen weiter über Erik (ich hatte immer noch eine Gänsehaut), und dann sagte meine Mutter ganz unvermittelt: »Puh! Jemand muss ein Stinktier getroffen haben. Das ist ja schrecklich. Riechst du das?« Natürlich roch ich es. »Vielleicht raucht einer der Nachbarn Gras«, sagte ich im Scherz. Doch so schnell der Geruch gekommen war, verschwand er auch wieder und mit ihm meine Gänsehaut. Wir sprachen noch eine Weile über Sie, Erik und Kim.

Oh, wie war ich erstaunt, als ich mich am nächsten Tag bei der Arbeit auf Ihrer Seite anmeldete und dort zu lesen anfing, wo ich aufgehört hatte! In einigen Beiträgen las ich, Erik habe gesagt, er werde sich durch den durchdringenden Geruch von Wasserpfeifendampf identifizieren (was ich herrlich finde, weil ich meiner Mutter gegenüber auch genau diesen Sinn für Humor habe). Dann las ich noch weiter, kam an die Stelle mit der Gänsehaut und kriegte meinen Mund nicht mehr zu. Ich rief meine Mutter an, um es ihr zu erzählen, und ich wusste, das musste ich Ihnen schreiben. Können Sie Erik fragen, ob er das war? Hatte er versucht, jemanden zu uns durchdringen zu lassen?

[In der Tat bestätigte er in einer der folgenden Sitzungen mit Jamie, dass er es gewesen war.]

Vergangenen Samstag putzte ich das ganze Haus und ging irgendwann nach draußen, um eine Pause zu machen. Da schwirrte plötzlich aus heiterem Himmel eine Libelle um mich herum. Sie schwebte etwa fünf Minuten in meiner Nähe, dann flog sie davon. Ich erinnere mich, dass Sie auch darüber etwas in Ihrem Blog geschrieben haben. Ich musste sofort an Sie und Erik denken.

Bitte machen Sie weiter mit dem, was Sie tun. Über eine Antwort von Ihnen würde ich mich sehr freuen. Tut mir leid, wenn das hier schlecht geschrieben ist. Ich schreibe heimlich bei der Arbeit.

Danke für Ihre Zeit, Elisa. Und Erik danke ich auch!
XOXOXO, viele Küsse, Bec

Mobile Objekte

Laut Erik gibt es nur wenig, was eine körperlose Seele nicht tun kann. Er erklärte, Geistwesen könnten Objekte in Bewegung setzen, indem sie das Energiefeld davor oder dahinter veränderten. Ich war also nicht überrascht, als er diese Fähigkeiten auszuprobieren begann. Sie gehören zu meinen persönlichen Spitzenreitern unter Eriks Lausbubenstreichen. Übrigens neckt Erik oft Frauen, auf die er es abgesehen hat, auf diese Weise. Blogmitglied Randi berichtete ihre Erik-Geschichte und bewies damit, dass Erik die Frauen nach wie vor verehrte und seine Fähigkeit übte, Energie zu manipulieren und zu erweitern, um sie zu beeindrucken. Besonders lustig an diesem Streich war, dass sich Randi eindeutig zu ihren Zwangsstörungen bekannte. Erik stellte also ihre Toleranz und ihre Geduld auf die Probe!

Ich möchte Ihnen von ein paar seltsamen Dingen erzählen, die gestern passiert sind. Ich kann mir nicht helfen, denn ich frage mich, ob es Erik ist, der mir da einen Streich spielt. Ich weiß, dass er mich vergangenen Sommer in Form eines üblen Geruchs besucht hat, aber dies hier war ein wenig anders. Ich hatte den ganzen Tag damit verbracht, in meiner Wohnung herumzuputzen und am Computer zu arbeiten (unser Büro war geschlossen).

Jedenfalls bemerkte ich, als ich in meine Küche ging, dass eine der Schubladen offen stand. Ich war ein wenig verwirrt, denn ich lasse die Schubladen nie offen, aber ich machte sie wieder zu und dachte nicht weiter darüber nach. Ein paar Minuten später fiel mir auf, dass sie wieder offen stand. Ich schob sie wieder zu. Dann, ein paar Stunden später, passierte das Gleiche mit einer der Schubladen im Badezimmer. Ich fragte mich tatsächlich, ob ich sie vielleicht zu fest zugeschlagen und der Rückstoß sie wieder herausgedrückt hatte. Also probierte ich es aus und stieß sie mit unterschiedlich starker Kraft zu – sie blieb jedes Mal geschlossen. Ich bin wirklich nicht der Typ, der Schrän-

ke und Schubladen offen stehen lässt – und schon gar nicht so oft an einem Tag.

Als ich später vom Joggen nach Hause kam, warf ich meine Kopfhörer mitten auf die Ablage. Etwa eine halbe Stunde später fiel mir auf, dass die Kabel über den Rand der Ablage hingen und die Ohrstöpsel schon fast auf dem Boden lagen. Es war fast unmöglich, dass dies gerade passiert war, angesichts dessen, wo ich sie auf der Ablage platziert hatte.

Wenn es nicht Erik war, der mich in meiner Wohnung genervt und versucht hat, mich durcheinanderzubringen, war es definitiv jemand anders. Das Ganze war einfach zu verrückt. Doch am Ende konnte ich darüber lachen.

Dann kam der Tag, an dem ich auf meiner Couch vor dem Fernseher saß und mein Blick auf einen großen Sessel in meinem Wohnzimmer gelenkt wurde. Ich hatte plötzlich das Gefühl, dieser Sessel sei wichtig und als sitze dort jemand oder würde sich demnächst dort hinsetzen. Wer weiß, vielleicht hatte Erik beschlossen, ein paar Tage mit mir abzuhängen und mir und meinem Hund Gesellschaft zu leisten, während die Golden Globes verliehen wurden!

In unserem ersten Sommer ohne Erik und nachdem wir 20 Jahre mit angesehen hatten, wie unsere Küche von unseren fünf Kindern und einer Vielzahl von Haustieren ramponiert worden war, beschlossen wir, etwas Geld in die Hand zu nehmen und sie umzugestalten. Zwar konnten wir die meisten unserer Küchengeräte weiterverwenden, doch wir mussten den Dunstabzug ersetzen, weil er nicht mehr funktionierte. Seitlich an diesem Gerät befanden sich unwiderstehliche Knöpfe, mit denen man die Abzugshaube hoch- und runterfahren lassen konnte, und die Kinder, besonders Erik, konnten einst ihre Finger einfach nicht davon lassen. Erik hatte unsere Küche sehr geliebt. Kochen war seine Leidenschaft, und er pflegte, wenn gerade nichts anderes zu tun war, immer mit verschränkten Armen im Kreis in der Küche herumzuwandern. Er drehte seine Kreise oft so lange, bis mir allein schon vom Hinschauen schwindelig wurde und ich ihn bitten musste, damit aufzuhören. Unserem alten Fliesenboden war diese Abnutzung deutlich anzusehen, und eigentlich vermisse ich den Anblick der Spuren sogar ein wenig, die er hinterlassen hatte.

Die neue Dunstabzugshaube schien, nachdem sie installiert war, perfekt zu funktionieren. Doch als mein Mann eines Tages aus dem Hinterhof in die Küche kam, schaltete sie sich plötzlich mysteriöserweise wie von selbst ein. Er war allein in der Küche und mindestens sechs Meter davon entfernt. Zunächst dachte er sich nichts dabei, rief den Techniker und ließ alle Teile, die für die Bewegung des Dunstabzugs erforderlich sind, ersetzen, einschließlich der Schaltfläche mit sämtlichen Knöpfen und Verkabelungen. Man könnte meinen, damit sei das Problem behoben gewesen, aber nein. In der nächsten Nacht, als mein Mann in die Küche kam, setzte sich der Dunstabzug wieder langsam in Betrieb!

Elektrische Geräte schalten sich nicht einfach von allein an und aus. Stellen Sie sich vor, Ihr Standmixer fängt plötzlich an zu surren. Das würde Sie wahrscheinlich aus der Fassung bringen. Wir waren sicher, Erik steckte dahinter und wollte uns damit sagen: »Sorry, es ist schon eine Weile her, aber ich bin hier.« Wahrscheinlich dreht er immer noch von Zeit zu Zeit seine Runden in meiner Küche, um meine nagelneuen Fliesen auszutreten.

Allem Mechanischen gegenüber aufgeschlossen, verlegte sich Erik bald von Küchengeräten auf Armaturen. Während eine meiner Töchter in meinem Badezimmer in meiner Make-up-Schublade wühlte, war plötzlich der Wasserhahn am Waschbecken aufgedreht. Ganz von selbst. Michelle stand mindestens drei oder vier Meter vom Waschbecken entfernt. Sie wusste sofort, dass es Erik war, der wieder einen seiner alten Streiche spielte, und ermahnte ihn in ihrer gewohnt ironischen Weise. Sie waren einander immer sehr nah gewesen, hatten sich liebevoll geneckt und miteinander gespielt. Ich nehme an, einige Dinge ändern sich nie, selbst nach dem Tod nicht.

Erik entwickelte auch eine Vorliebe dafür, mit Essen um sich zu werfen. Oft begleitete er sein Medium Robert Burke in den Supermarkt und bat ihn, immer das Müsli zu kaufen, das den meisten Zucker und die meisten Farbstoffe enthielt. Einmal warf er sogar eine Tüte Twizzlers aus einem Regal, das drei oder vier Meter entfernt stand, in Roberts Warenkorb.

Während wir 2011 in Destin (Florida) Urlaub machten, meldete sich Erik mit einigen seiner üblichen Streiche. Der beste Streich von allen ereignete sich, als wir in dem winzigen Restaurant »Waffle House« frühstückten. Die Tische dort sind ebenfalls winzig. Es gestaltete sich also ein bisschen aufwendig, sechs Personen um einen Tisch zu quetschen, der für vier Personen ausgelegt war. Essen in solch beengten Verhältnissen erforderte ein gewisses Geschick, oft ist es hilfreich, die Ellbogen an die Taille zu pressen. Manchmal funktioniert das, manchmal aber auch nicht. An jenem Morgen äußerte sich Eriks Vorliebe für Essensscherze so: eine große Cola zu verschütten, ein frisch serviertes Brötchen mit Bratensauce zu bedecken und in Wasser zu tauchen und dann das All-Star-Special-Frühstück mit Speck, Eiern, Toast, Rösti und Waffeln über den ganzen Tisch fliegen und genau auf dem Schoß meines Schwiegersohnes landen zu lassen. Wir lachten alle, denn es war klar, das musste einer von Eriks Streichen gewesen sein.

Einen Monat später ging ich mit Robert Burke zum Abendessen meiner Freundin Marjie, die ihren ältesten Sohn Tommy ein oder zwei Jahre vor Eriks Tod wegen Trunkenheit am Steuer bei einem Autounfall verloren hatte. Tommy war jemand gewesen, der »nur im Moment gelebt« und eine ganze Menge Freunde gehabt hatte. Wir nippten im »Lupe Tortillas« an unseren Frozen Margaritas und erzählten uns Geschichten von Erik und Tommy, während Robert damit beschäftigt war, Informationen von Erik und Tommy an uns beide weiterzugeben, weil sie ihm zufolge um unseren Tisch herumschwebten. Dann fiel ohne jede Vorwarnung die Pfeffermühle vom Tisch und landete auf dem Boden. Wir dachten nicht weiter darüber nach, weil der Kellner in der Nähe war. Vielleicht hatte er sie mit seiner weißen Schürze vom Tisch gefegt. Robert hob sie auf und stellte sie wieder auf den Tisch, diesmal weiter von der Kante weg. Kurze Zeit später fiel die Pfeffermühle erneut vom

Tisch. Robert fing an zu lachen. Sicher hatte ihn der Anblick von Marjie und mir mit unseren aufgerissenen Augen und Mündern so groß wie Untertassen zum Lachen gebracht. Er sagte, Tommy und Erik hätten jeweils einen Finger auf der Pfeffermühle gehabt und sie in Richtung Tischkante geschoben. Geisterhafte Teamarbeit von einem Paar vollendeter Witzbolde.

Nach ein paar tiefen Atemzügen und etwas Gekicher ermahnten wir die Jungs im Scherz und setzten unser Gespräch fort. Unser Abendessen begleitete eine weitere Runde Margaritas. Wusch, da fiel der Kunststoffständer um, in dem die Karte mit den Tagesspezialitäten steckte. Wir alle sahen, wie er vom Tisch auf den Boden rutschte. Er hatte mindestens vier bis fünf Zentimeter von der Kante entfernt gestanden. Also konnte die Schwerkraft allein hier nicht schuld sein. Wir konnten es auch nicht auf die Margaritas schieben, weil wir an unserem zweiten Glas noch nicht einmal genippt hatten. Nein, Robert bestätigte, dass wir hier das Geisterfingerduo bei der Arbeit erlebt hatten.

Versteckspiele

Erik liebt es, Dinge zu verstecken, die seiner Familie, Freunden und sogar Blogmitgliedern gehören, und zwar zu jedermanns Verärgerung. Er sagte, alles, was man dafür tun müsse, sei, mit der Energie zu arbeiten, die sich um ein Objekt herum befindet, und es auf diese Weise zu verbergen. Denken Sie dabei zum Beispiel an den Tarnumhang von Harry Potter.

Erik nutzte für seine Streiche auch gern unsere Schwachstellen aus. Ich beispielsweise habe den Tick, gut organisiert sein zu wollen. Überorganisiert geradezu. Ich schreibe Listen für alles und jedes – sogar Listen meiner eigenen Listen. Dieses Persönlichkeitsmerkmal entwickelte ich wahrscheinlich wegen meines ADHS, um mich in meinem eigenen inneren Chaos zurechtzufinden. Ich weiß nicht, ob ich mein Medizinstudium sonst überlebt hätte. Geben Sie noch fünf Kinder dazu (sechs, wenn Sie meinen Mann mitzählen), und meine Zwanghaftigkeit in Sachen Organisation kommt so richtig zum Tragen. Ich notiere meine täglichen Termine in mein iPhone, aber ich schreibe sie außerdem noch jeweils auf eine Karteikarte, die ich, ähnlich wie eine Henne ihr frisch geschlüpftes Küken, nie aus den Augen lasse und überallhin mitnehme.

Natürlich machen sich Kinder gern über die Macken ihrer Eltern lustig, und ich liefere ihnen auf jeden Fall eine Menge Material dafür. Erik lachte sich vor allem über meine Karteikarten kaputt, besonders wenn dort Dinge draufstanden wie »Post aufmachen«, »Kinder baden« und »Karteikarten für morgen vorbereiten«. Er zog mich immer mit Kommentaren wie diesen auf: »Was soll das? Du hast vergessen ›atmen‹ aufzuschreiben und ›Essen kauen‹!«

Am Tag, als der Streich gespielt wurde, von dem hier die Rede ist, brachte ich die Kinder wie gewöhnlich zur Schule, und als ich nach Hause kam, merkte ich, dass die Karteikarte, die ich normalerweise in meiner Handtasche habe, fehlte. Ich ging zurück zu meinem Auto und schaute auf dem Armaturenbrett nach, aber da war sie nicht. Also suchte ich im ganzen Haus: in den Zimmern der Kinder, im Badezimmer, unter den Sofas, im Mülleimer. Nichts. »Hmm. Das ist seltsam«, dachte ich und war leicht gereizt. Entschlossen, nicht aufzugeben, ging ich zurück zum Auto, schaute unter und zwischen den Sitzen nach, in der Innenverkleidung der Autotüren, auf dem Boden, unter dem Auto und so weiter. Nichts. Vielleicht in der Garage? Nichts. In der Hundefutterbox? Nichts. Nochmals alle Mülleimer? Nichts. Alle Zimmer im Haus? Nichts. Ich leerte sogar den Inhalt meiner Handtasche aus und fand meine Brieftasche, die Sonnenbrille, den Lippenstift, das Handy und einen Kamm. Sonst nichts.

Allmählich bekam ich Panik. Ich hätte eine andere Karte schreiben können, doch was, wenn ich etwas wirklich Wichtiges in meinem iPhone nicht notiert hatte? Ich schaute noch einmal nach – überall – und stand wieder mit einer großen, fetten Null da. An diesem Punkt musste ich mich wohl mit der Möglichkeit abfinden, dass sich meine kostbare Karteikarte in Luft aufgelöst hatte. Widerwillig schrieb ich eine neue, um ja nichts zu vergessen. Ich musste mich beeilen, weil ich geplant hatte, meine Eltern am anderen Ende der Stadt zu besuchen. Und ich musste rechtzeitig dort sein, bevor mein Vater von seinem täglichen Training im Fitnessstudio zurückkam. Als ich nach meiner Handtasche griff, sah ich etwas Weißes zwei Zentimeter weit herausblitzen. Mein Herz blieb fast stehen. Vor meinem geistigen Auge sah ich Eriks Gesicht mit seinem typisch verschmitzten Lächeln – dem Lächeln, das sagt: »Ausgetrickst!« Ich zog das Ziel meiner halbstündigen Suche aus der Tasche: die berüchtigte Karteikarte. Ich wusste, er hatte mir ganz bewusst einen Streich gespielt, um mich wissen zu lassen, dass er immer noch so präsent war wie eh und je und noch genauso hinterhältig. Ich hatte wohlgemerkt dreimal in meiner Handtasche nach der Karte gesucht und einmal sogar ihren ganzen spärlichen Inhalt ausgeleert. Es gab eigentlich keine andere Möglichkeit, wie mir sonst eine weiße, zehn mal 15 Zentimeter große Karteikarte in einer kleinen schwarzen Handtasche hätte entgangen sein können! Außerdem war ich die einzige Person im Haus, und meine Katzen haben keine Daumen. Sie können sie also auch nicht weggenommen haben.

Elektrizitätsphänomene

Für viele seiner Streiche manipulierte Erik die Elektrizität. Hier ist eine E-Mail, die ich von Robert Burke erhielt, während wir Verwandte in Norwegen besuchten:

> *Ich habe heute mit [Ihrer Schwester] Laura gesprochen, und während wir uns unterhielten, tauchte Erik auf und betätigte die Klospülung. Es machte ihm wohl richtig Spaß, vor allem weil ich so verwirrt dreinschaute und schließlich grinste, als ich ihn lachen und sich aufs Knie schlagen hörte. Laura gegenüber habe ich nichts davon erwähnt, weil wir gerade mitten in einer Diskussion waren und ich den Faden nicht verlieren wollte. Erik sagte, genau deshalb hätte er es getan. Denn er liebt es, mich aus*

der Fassung zu bringen! Oh, und Erik will wissen, ob der Boden im Badezimmer warm genug für Sie alle wäre. Ich nehme mal an, er hat etwas im Schilde geführt, sonst hätte er es nicht erwähnt … hihi …

Liebe Grüße und Küsse an alle!
Robert

Erik manipulierte zwar gern an sanitären Anlagen herum, wie Sie schon gesehen haben, aber Eriks schelmische Frage in Roberts E-Mail war deshalb so bemerkenswert, weil einige Tage zuvor in unserem norwegischen Haus die Leitungen der Bodenheizung im großen Badezimmer zum ersten Mal viel zu weit aufgedreht waren. Obwohl die Heizung richtig eingestellt war, wurde sie so heiß, dass im ganzen Raum mehr als 30 Grad herrschten und wir dort wie auf heißen Kohlen herumgingen. Rune musste das gesamte System zurücksetzen. Unser erster Gedanke war: »Erik, du kleiner Witzbold!« Mit diesem Ereignis hatte Erik eine seiner klassischen Visitenkarten abgegeben. Niemand außer uns – damals 5000 Meilen weit weg von zu Hause – konnte wissen, dass diese elektrische Fehlfunktion stattgefunden hatte. Es wurde nirgendwo bekannt gemacht. Außerdem wussten ohnehin nicht viele, dass sich die Böden in diesem abgelegenen kleinen Haus in den Bergen überhaupt erwärmen konnten (und sollten).

Das war zwar meine Lieblingsposse, doch Erik spielt Leuten auch Elektrizitätsstreiche, indem er Chaos in ihren Handys, Alarmanlagen, elektrischen Autoverriegelungen und Radio-Aufnahmegeräten anrichtet, um nur einige zu nennen.

Telefongespräche

Verstorbene treten gelegentlich per Telefon mit uns in Verbindung, aber dieses Phänomen ist nicht sehr weit verbreitet. Vor ein paar Monaten kommunizierte ich auf meine gewohnte Art mit Erik. Zuerst sagte ich meinem Gehirn »schalt ab«. Das ist ein Befehl, dem es nur mit großer Zurückhaltung folgt. Dann brachte ich wie üblich meine Liebe, Dankbarkeit und Sehnsucht zum Ausdruck.

Kaum hatte ich meine ersten Fragen gestellt, klingelte das Telefon und störte meine Konzentration. Ich war wirklich irritiert von dieser Unterbrechung, weil sie so punktgenau kam. Das Telefon war bis dahin ganz still gewesen. Zusätzlich irritierte mich, dass ich die auf dem Display des Telefons angezeigte Nummer nicht kannte. Ich zündete mir eine Zigarette an und wartete auf die Nachricht, die der Anrufer auf meinem Anrufbeantworter hinterlassen würde. Doch was ich dann hörte, brachte mein Herz fast zum Stillstand. Eine Weile war gar nichts zu hören und dann klar und deutlich Eriks Stimme: »Hallo, hier ist Erik. Ich bin's, Erik.« Dann wurde aufgelegt. Ich rannte zum Anrufbeantworter und wollte die Nachricht noch einmal abhören, aber laut Display waren keine Nachrichten eingegangen.

Trotzdem drückte ich hektisch die Taste »Nachrichten anhören« und vernahm: »Sie haben keine neuen Nachrichten.« Warum war nicht aufgezeichnet worden, was ich so deutlich gehört hatte? Diese Maschine zeichnet alles auf, auch das Freizeichen, das ertönt, wenn der Anrufer nicht innerhalb einer Millisekunde nach meinem Gruß auflegt. Also wählte ich die 13-stellige Nummer, die auf dem Display erschienen war, und bekam die Meldung: »Kein Anschluss unter der von Ihnen gewählten Rufnummer.«

Manifestationen

Oft manifestieren unsere verstorbenen Lieben Objekte im Jenseits. Und dann manipulieren sie die Energie des Objektes so, dass die Schwingungsfrequenz niedrig genug ist, um in unserer dreidimensionalen Welt erscheinen zu können. Manchmal lassen sie Münzen fallen, manchmal weiße Federn oder manchmal manipulieren sie Gegenstände, die eine bestimmte Bedeutung für den Adressaten haben.

Vor Kurzem fuhr ich gemeinsam mit meiner Tochter Michelle zum Einkaufen. In der Fahrer- und Beifahrertür ihres Autos befinden sich Fächer, in denen man alles Mögliche verstauen kann. Da wir zuerst zur Bank fuhren, legte ich die beiden Schecks, die ich einreichen wollte, meine kostbare Karteikarte mit einer (langen) To-do-Liste für die Stadt und einen Stift in eines dieser Seitenfächer. Nachdem ich die Schecks eingereicht hatte, legte ich die Quittungen in das Fach, um sie später in mein Scheckbuch einzutragen. Dann fuhren wir zu »Russos Pizzeria« und genossen ein schönes Mittagessen im Freien. Wir wollten direkt danach in den Supermarkt, aber meine Enkelin Arleen musste mal. Das darf man nicht auf die leichte Schulter nehmen, wenn ein Kleinkind gerade dabei ist, sich ans Töpfchen zu gewöhnen, also gingen wir mit ihr auf die Toilette im Restaurant. Aber nein, sie bestand auf ihr rosafarbenes Töpfchen bei mir zu Hause. Also fuhren wir heim.

Nachdem wir das Auto in der Garage geparkt hatten, nahm ich alles aus dem Seitenfach: Stift, Karteikarte und Quittungen. Dann wischte ich, getreu meiner zwanghaften Neigung, mit den Fingern nach oben und unten durch das Fach, um sicherzugehen, dass ich alles hatte. Ich wusste zwar, dass ich das tat, nicht aber, was zum Teufel ich hier zu finden erwartet hatte – einen Goldklumpen vielleicht? Wie auch immer. Ich ging ins Haus, setzte Arleen auf ihr Töpfchen und trug die eingereichten Schecks ins Scheckbuch ein.

Wieder am Auto, warf ich einen Blick in das vermeintlich leere Seitenfach – und ein glänzendes Zehncentstück funkelte mich an. Wo kam diese Münze her? Vor zehn Minuten war sie definitiv nicht dort gewesen. Meine zwanghaften Fingerspitzen können das bestätigen. Ich fragte Michelle, ob sie aus irgendeinem verrückten Grund um das Auto herumgegangen war, um eine Art Spende auf meiner Seite einzuwerfen. Natürlich hatte sie nichts dergleichen getan. Sie hatte ein besonderes Münzfach in ihrem Getränkehalter, wo sie ihr Kleingeld deponierte. Sie sah den Zehner, zuckte mit den Schultern und sagte: »Ich nehme mal an, der ist von Erik.« Ich hob die Münze mit Daumen und Zeigefinger auf und puff! – war sie verschwunden. Weg. Entmaterialisiert zwischen meinen Fingern.

Das überraschte und erfreute Michelle und mich gleichermaßen, und als wir beide das Fach mit Fingern und Augen absuchten, fanden wir nichts. Es gab auch keine Falte, in die der Zehner hätte gerutscht sein können. Vor ihrem geistigen Auge sah Michelle, wie Erik lachte, sich aufs Knie schlug und Kommentare darüber abgab, wie urkomisch wir beide aussahen, während wir das kleine Fach verzweifelt nach einer mickrigen Zehncentmünze durchkämmten, als handelte es sich um einen Diamanten.

Als ich meinem Vater von diesem herrlichen Wunder erzählte, lachte er und sagte, Erik solle versuchen, Geld zu materialisieren, ohne es anschließend wieder mitzunehmen. Vergiss die Cents (und Zehner) vom Himmel. Ein paar größere Noten kämen mir auch ganz gelegen. Wisst ihr Geistwesen überhaupt, dass wir Inflation haben?

Wie Sie sich vorstellen können, haben diese Träume, Streiche und Besuche mein Glaubenssystem im Kern erschüttert. Als Wissenschaftlerin und Ärztin hatte ich immer gedacht, dass etwas, das als real gilt, auch messbar und erfassbar sein muss, und zwar mit einem oder mehreren unserer fünf Sinne. Es muss berührt oder geschmeckt oder gerochen oder gesehen oder gehört werden können oder zumindest eine definitive Wirkung auf ein anderes Objekt haben. Alles andere war nicht erfassbar und gehörte daher in die Kategorie des Metaphysischen. Nun, nachdem ich all diese handfesten Beweise für das Überleben der Seele nach dem Tod habe, sehe ich die Dinge anders. Mein Standpunkt änderte sich radikal, und das inspirierte mich, noch intensiver nach Hinweisen, Antworten und Fakten zu forschen – nach allem also zu suchen, was mein verlorenes klares Weltbild wiederherstellen könnte.

In den folgenden Monaten las ich begierig sämtliches, was ich zu diesem Thema in die Finger bekommen konnte, darunter Bücher von Physikern und anderen Wissenschaftlern sowie Bücher von Menschen, die als Medium mit Geistwesen kommunizieren konnten. Ich habe wohl 100 solcher Werke gelesen, unter denen sich mittlerweile meine Bücherregale biegen. Doch ich war nicht nur entschlossen, meinen Begriff der Wirklichkeit neu zu definieren. Ich wollte auch unbedingt herausfinden, wo mein Sohn war. Wenn es mir gelänge, etwas über dieses wesentliche »Wo« in Erfahrung zu bringen, konnte ich hoffen, eines Tages so mit ihm zu kommunizieren, dass wir die wunderbare Beziehung, die wir während seines irdischen Lebens hatten, weiterführen konnten.

4. UNSERE NEUE BEZIEHUNG DURCH DEN »SCHLEIER« HINDURCH

Es ist nur natürlich, irgendeinen Kontakt zu einem geliebten Menschen zu suchen, den man gerade verloren hat. Noch ein paar Jahre zuvor hätte ich die Kommunikation mithilfe eines Mediums für verrückt gehalten – allenfalls für einen guten Stoff für Scherze. Doch als Erik gestorben war, wurden Dinge, die ich früher angezweifelt hatte, zu wichtigen Rettungsringen, an die ich mich mit letzter Hoffnung klammerte. Obwohl ich so unglaublich viel gelesen hatte, war ich skeptisch, was das Überleben der Seele nach dem Tod anging, aber als ich mithilfe von Kim O'Neill mit Erik sprach, spürte ich, dass er es wirklich war. Seine Persönlichkeit, sein Witz, seine Art zu sprechen – alles war Erik. Abgesehen davon, hat Kim mir Details mitgeteilt, über die sie beim besten Willen nichts hatte wissen können, etwa dass Erik als Teenager an einer bipolaren Störung gelitten oder dass er sich umgebracht hatte, während er in seinem Zimmer am Schreibtisch saß.

Zu den frühesten Dingen, die Erik zum Ausdruck brachte, als wir nach seinem Tod zum ersten Mal wirklich miteinander sprachen, gehörte die Versicherung, dass wir, seine Eltern, alles getan hätten, was wir konnten, um seinen Tod zu verhindern. Er sagte, er habe schon seit vielen Jahren über Selbstmord nachgedacht und einfach nur sicherstellen wollen, es auf eine Weise zu tun, die sicher zum Tod führen würde. In den Monaten zuvor hatte er sämtliche Selbstmordarten im Internet recherchiert. Er hatte auch über die Einnahme einer Überdosis Pillen nachgedacht, doch eine seiner größten Ängste war, zwar zu überleben, aber für den Rest seines Lebens behindert zu sein. Am Ende war Erik überzeugt, ein Schuss in den Kopf wäre die Methode mit der größten »Erfolgsgarantie«. Als Nächstes musste er einen Zeitpunkt finden, bei dem er sicher sein konnte, dass wir alle nicht im Haus waren, um die Waffe abzufeuern. Und das ist ihm, wie wir wissen, auch gelungen.

Ich bin mir nicht im Klaren, warum ich unbedingt jedes noch so kleine Detail dieses schrecklichen Tages akribisch rekonstruieren und alles – und ich meine wirklich alles – darüber wissen wollte, was Erik durch den Kopf gegangen war, bevor er starb. Vielleicht ist das normal, ich habe keine Ahnung. Ich beschritt völlig neue Wege und fragte mich, ob dies alles vielleicht einfach die für einen hinterbliebenen Elternteil typischen Grübeleien wären. Es kam mir fast so vor, als wollte ich diese Sache »zu Tode denken«, damit sie etwas von ihrer überwältigenden emotionalen Sprengkraft verlöre. In dieser ersten Sitzung mit Kim sprach Erik darüber, warum er beschlossen hatte, sich das Leben so zu nehmen, wie er es getan hatte, und was seine letzten Gedanken waren, bevor er den Abzug gedrückt hatte. Er sagte, er habe keine Angst vor dem Sterben gehabt. Es war eher das Leben, das ihm Angst gemacht hatte. Und dann beschrieb er die ersten Momente nach seinem Tod: die Schmerzfreiheit, die Euphorie und die Freiheit, gefolgt von dem Horror über seine Tat und die tiefe Trauer, die ihr auf dem Fuße folgte. Und zu seinem Entsetzen musste er das alles hautnah erleben.

In dem fortgesetzten Kampf gegen meine tief sitzende Skepsis habe ich oft die Gültigkeit der Informationen infrage gestellt, die ich von Medien erhalten habe, obwohl diejenigen, mit denen ich gearbeitet habe, mir oft Dinge erzählten, die nur ich wissen konnte. Ich beschloss also, nur noch Sitzungen mit mehreren weltbekannten Medien (Paragnosten) abzuhalten, und zwar immer auf der Suche nach absolut stichhaltigen Beweisen. Ich wusste nicht viel mehr, als dass der Glaube ein inneres Tauziehen ist und kein äußerer Kampf. Monate nachdem ich Eriks erste Beschreibung seines eigenen Todes gehört hatte, tat ich also etwas, was jeder vernünftige, skeptische Mensch tun würde: Ich holte eine zweite Meinung ein.

Diese zweite Meinung manifestierte sich in Form des Mediums Jamie Butler. Die Skeptikerin in mir suchte nach Beweisen und Bestätigungen der erhaltenen Informationen. Die Mutter in mir wünschte sich die Gewissheit, dass ihr Kind bei seinem Übergang nicht gelitten hatte. Also beabsichtigte ich, meine Fragen pointiert und bohrend zu stellen. Im folgenden Gespräch zwischen Jamie, Erik und mir lieferte Erik ausführliche Details über die Umstände und die Erfahrung seines Todes, möglicherweise weil er mehr Zeit hatte, sich zu orientieren und über den Fall nachzudenken, oder vielleicht, weil ich eine wirklich begabte Mittlerin gefunden hatte, die sehr genau und empfänglich war. Noch nie zuvor hatte ich ein Medium getroffen, das so frei von Filtern war. Jamie und Erik schienen eine so spielerische und liebevolle Beziehung zueinander zu haben, dass ich diese Sitzung und viele folgende mit einem Lächeln auf dem Gesicht genießen konnte. Daher waren alle Sitzungen mit Jamie für mich Balsam auf meine Wunden, die ich im Kampf davongetragen hatte und die meine ständigen Begleiter zu sein schienen.

Erik beschreibt seinen eigenen Tod

ICH: Erik, kannst du den Tod beschreiben und das, was unmittelbar danach geschieht, möglichst detailliert – zumindest, was bei den meisten passiert? Ich weiß, jeder Tod ist anders, aber teile mir einfach so viel Allgemeines mit, wie du kannst.

[Lange Pause, während Jamie aufmerksam lauscht.]

JAMIE: Okay. Hmm. Ich glaube, er hat sich in Luft aufgelöst oder was!

ICH: Uh, oh!

[Jamie und ich kichern.]

JAMIE: Er lacht.

ICH: Er geht später noch mal raus, um sich ein paar ätherische Nachos zu holen.

JAMIE: Ernsthaft! Er bezieht mich nicht ein. Er will mir nicht sagen, warum er kichert. Ich weiß also nicht, woher es kommt.

ERIK: Den Tod ganz allgemein zu erklären, ich glaube, damit wird man ihm nicht gerecht, Mama. Erinnere all deine Leser daran, dass der Tod einer Person sich danach ausrichtet, woran ein Mensch glaubt, solange er lebt. Das, woran du in Bezug auf den Tod aktiv glaubst – an nichts, an Gott oder dass du auf Dämonen triffst, bevor du Freude erlebst, oder dass du ein Geist wirst – alles das ist für dich angelegt.

ICH: Okay, dann sprechen wir über deinen Tod. Du bist tot, also lass uns darüber sprechen. Woran hast du geglaubt? Ich habe nie wirklich …

ERIK: Gott, bist du vielleicht unhöflich!

ICH: Tut mir leid, aber lass uns darüber sprechen …

ERIK: Schreib das auf, bevor wir das Thema wechseln, weil die Leute fragen werden: »Warum basiert das auf meinen individuellen Glaubenssätzen?« Und dann kannst du sie wissen lassen, dass sie selbst das Werkzeug sind. Der physische Körper ist das Gepäck. In ihm ist der Geist enthalten. Wenn der Körper stirbt, wird er eine Seele. Die verlässt den Körper, und dann ist die Seele irgendwie im Bewusstsein enthalten. Der Charakter, den du aufgebaut hast, all das nicht Greifbare, das dich zum Lachen gebracht hat …

JAMIE (zu Erik): Ja, deine Persönlichkeit. Schon klar.

ERIK: Also, sich durch diese Dimensionen zu bewegen, um nach Hause zu kommen, in den Himmel oder wie immer du es nennen willst, wird durch das bewusste Element bewerkstelligt, das du selbst gebildet hast – durch die Glaubenssätze, die du aufgestellt hast. Das ist die Grundlage. Und jetzt fragst du mich, woran ich geglaubt habe. Ich weiß es, verdammt noch mal, nicht so genau. Es war definitiv nicht all das! Durch meinen Aufenthalt hier im Jenseits habe ich viel mehr über seine Struktur gelernt.

ICH: Nun, als du diesen Abzug gedrückt hast, hast du da gedacht, dass du ins Nichts gehst, oder hast du …

ERIK: Ich hatte es irgendwie gehofft. Ich meine, wirklich, ich wollte so verzweifelt raus aus meiner Haut. Ich hoffte nur, ich könnte … (Pause) Ich fühlte mich etwa so, wie jemand mit einem Welpen oder einem Baby, der Schlafmangel hat. Ich wollte einfach nur mal so richtig durchschlafen. Ich wünschte mir nur ein bisschen guten, soliden Frieden.

ICH: Ja. Du hast also irgendwie gehofft, dass da etwas ist. Oder hast du daran nicht mal gedacht?

ERIK: Daran habe ich nicht mal gedacht.

ICH: Hast du in deinem Leben jemals darüber nachgedacht, ob es hinterher noch etwas geben könnte?

ERIK: Ja! Weil du dir immer diese Geistergeschichten anhörst. Für mich hatte das alles nichts mit Gott oder Wundern zu tun. Was mehr mein Ding war und was ich für sehr viel glaubhafter hielt, waren die Geister.

JAMIE (zu Erik): Wirklich? Das ist ja eine niedliche Art, so darüber zu denken, oder?

ICH: Ja.

ERIK: Weil es nicht so ist, als käme Gott herunter …

JAMIE (lachend): Wie er das sagt!

ERIK: Es ist nicht etwa so, als käme Gott in dein Haus, macht Schluss mit deinem Mist und wirft alles über den Haufen! Nein, es ist der Sensenmann. Also weißt du, es kann schon sein, dass es ein Leben nach dem Leben gibt, in dem du jetzt lebst, aber Mist, es muss nichts mit einem religiösen Glaubenssystem zu tun haben. Ich hatte eine Ahnung, dass es so etwas wie ein Jenseits gibt, aber ich hatte keine verdammte Idee, was mich dort erwarten würde.

ICH: Okay. Als du diesen Abzug gedrückt hast, was ist dann passiert? Vor allem, hat es wehgetan?

ERIK: Nein, ich erinnere mich an keinen Schmerz. Ich erinnere mich an das Geräusch, aber nicht daran, dass ich irgendetwas gespürt habe. Nur das Geräusch. Also ich denke [ich habe dir gesagt], wie wenn du aus deinem Körper gezogen wirst.

ICH: Du hattest also das Gefühl, gezogen zu werden?

ERIK: Nein, es war seltsam. Es war, als gingen alle Lichter aus. Ich hatte meine Augen zu. Ich erinnere mich, wie ich abgedrückt habe. Ich war schnell. Ich habe nicht gezögert. Ich wusste, ich werde das machen. Es war der richtige Zeitpunkt. Das war's. Ich hatte keinerlei Zweifel an meinem Tun. Ich stand in keinem Konflikt. Das ist wie eine Einstellung im Kopf.

JAMIE (zu Erik): Was meinst du mit »Einstellung im Kopf«?

ICH: Du hast es dir in den Kopf gesetzt?

JAMIE: Ja, das trifft es.

ERIK: Die Fokussierung, die du zustande bringst, wenn du ein wirklich langes Rennen läufst und dann die Ziellinie siehst.

ICH: Ah, ja.

ERIK: Du realisierst gar nicht wirklich, wie erschöpft du bist oder welche Emotionen du empfindest. Du siehst nur noch dein Ziel und du wirst es erreichen. Was mich angeht, ich hatte nur Augen für mein Ziel. Ich musste raus. Ich erinnere mich, wie sich die Pistole anfühlte, wie ich abdrückte, an das Geräusch. Dann war nur noch Dunkelheit, und ich schaute auf meinen Körper.

ICH: Hmm. Das muss verrückt gewesen sein.

ERIK: Ja. Ich hatte keinen Anhaltspunkt. Ich wusste nicht, dass ich in der Lage war, mich selbst zu sehen. Das war mir nie auch nur in den Sinn gekommen. Ich hatte wirklich irgendwie gedacht, ich würde ins Nichts eingehen. Ich wollte, dass es sich auflöst. Ich wollte, dass es weggeht. Ich wollte es auslöschen.

ICH: Welche Emotionen hattest du, als du deinen Körper gesehen hast? Was hast du gefühlt?

[Pause]

JAMIE (zu Erik): Oh, das ist das Gesicht? (Zu mir): Er zeigte mir einfach eine Art Blackout, und sein Mund stand leicht offen. Er sagte, das war es, was er gefühlt habe.

ICH: Ihm ist die Kinnlade runtergefallen? Irgendwas dergleichen? Im Sinne von »Was zum Teufel«?

ERIK: Nein, nein, Mama! Es war wild. Nicht im Sinne von »was zum Teufel«, sondern mehr im Sinne von »Oh, oh«. Ich wollte nicht dort bleiben. Ich wollte nicht alles sehen, aber ich konnte nicht weg. Es war, als beobachte man einen schlimmen Autounfall.

ICH: Oh ja.

ERIK: Aber ich war überhaupt nicht davon ergriffen. Es war bizarr.

ICH: Emotional ergriffen?

ERIK: Ja.

ICH: Was hast du noch gefühlt?

ERIK: Ich glaube, es war mehr der Schock als sonst etwas.

ICH: War auch Euphorie dabei?

ERIK: Ruhig. Es war ruhig. Ich hatte keine Schmerzen. Ich hatte keine Sorgen, und das war beunruhigend, weil ich mich schon lange Zeit nicht mehr so gefühlt hatte, als sei alles am richtigen Platz.

ICH: Oh!

ERIK: Ich denke also, es war eher beunruhigend als feierlich.

ICH: Hast du gedacht, es sei cool, einfach so herumzufliegen? Hast du diese bedingungslose Liebe gefühlt, von der so viele Leute sprechen?

ERIK: Nein.

ICH: Als du übergesetzt bist?

ERIK: Ja. Als ich übergesetzt bin.

ICH: Nun gut. Sprechen wir also noch ein bisschen weiter. Du hast dir also ihn [deinen Körper] angeschaut und »Wow!« gesagt mit einem leichten Schock. Hast du auch gedacht: »Oh, Mist. Was werden sie wohl denken, wenn sie mich finden?«

[Lange Pause]

JAMIE: Er ist ganz still. Er denkt über die Frage nach.

[Sehr lange Pause]

JAMIE: Ich sage ihm, er soll sich Zeit lassen.

[Pause]

ERIK: Weißt du, ich lasse mir nicht länger Zeit mit meinen Antworten, damit ich noch mehr über meinen Tod nachdenken kann.

[Lange Pause]

ERIK: Für mich war es ein Ausweg, aber eine Menge Schmerz ist damit verbunden.

ICH (mit Tränen in den Augen): Oh.

ERIK: Es ist nicht nur mein Schmerz, sondern auch der meiner Familie und meiner Freunde.

ICH: Ja.

[Lange Pause. Er fühlt sich offenbar nicht wohl.]

ICH (spüre, dass er sich nicht wohlfühlt, und will ihm weiteren Schmerz ersparen): Nun, reiten wir nicht weiter darauf herum. Wenden wir uns dem zu, was passiert ist und wie es sich angefühlt hat, als du dein Zimmer verlassen hast. Erzähl mir davon.

ERIK: Ich erinnere mich, dass ich gesehen habe, wie mein Körper wegging.

[Pause]

ICH: Dein Körper ist weggegangen? Oh, als sie dich weggetragen haben?

ERIK: In dem Leichensack.

ICH: Okay. Richtig.

ERIK: Dann erinnere ich mich, dass ich dachte, ich müsste Auf Wiedersehen sagen.

ICH: Ja.

ERIK: Und wenn ich mich recht erinnere, fing ich damals an, mich bei Familienmitgliedern zu melden.

[Pause]

ICH: Das muss sehr schmerzlich gewesen sein, weil wir alles andere als glücklich waren.

[Lange Pause]

JAMIE: Er hat die Ellbogen auf die Knie gestützt und die Hände vor dem Körper gefaltet. Sehr lässig, aber er ist (Pause) ernst. Etwas ernster als sonst.

ERIK: Ich erinnere mich, dass ich …

[Lange Pause]

JAMIE (überwältigt): Au. Es zerreißt ihn.

ICH: Oh. Wir müssen das nicht machen, Baby.

ERIK (neckend): Halt den Mund, Mama.

JAMIE: Es zerreißt ihn zwar, aber das hindert ihn nicht daran, Ihnen den Mund zu verbieten.

[Ich kichere leise.]

ERIK: Wenn du dir die Zeit nimmst, deine Erinnerungen zu durchforsten, siehst du mehr. Man verpasst eine Menge, wenn man nur im Moment lebt. Es ist, als wären die eigenen Augen nicht groß genug. Ich weiß, das habe ich dir schon einmal gesagt. Tut mir wirklich leid – für dich. Tut mir wirklich leid für Papa und für alle anderen in meiner Familie.

ICH (leise schluchzend): Ja.

ERIK: Aber ich weiß, es gibt da eine Sache – ich kann mich nicht für mein Glücklichsein hier entschuldigen.

ICH: Ich weiß. Ich freue mich für dich. Ich wollte es auch nicht anders haben. Wenn ich entscheiden müsste, ob du lieber hier sein und dich elend fühlen solltest, würde ich natürlich …

ERIK: Wie beknackt ist das denn, Mama? Als hätte es eine andere Möglichkeit für mich gegeben?

ICH: Ja. Ich wollte nicht, dass das passiert.

ERIK: Was ich offenbar nicht herausfinden kann, wenn ich alles noch mal durchgehe, ist, warum es so wehtut, wo das Ergebnis doch genau das ist, was ich wollte?

ICH (immer noch weinend): Und du bist glücklich. Ich meine, wie könnte es wehtun, wenn du glücklich bist? Ich betrachte nur den Moment. Der Moment war unglücklich, aber das Ergebnis ein glückliches. Verlassen wir also diesen Moment. Erzähl mir von deinem Übergang. Ich erinnere mich, dass du gesagt hast, es habe sich angefühlt, als habe dich jemand an den Schultern gezogen. Ich erinnere mich nicht genau.

ERIK: Ja. Es fühlte sich an, als würde ich zurückgezogen. Ich schätze, ich habe nicht wirklich aufgepasst. Klingt jedenfalls ganz nach mir. So, als hätte ich mir etwas angeschaut, das ich nicht hätte sehen sollen.

ICH (verwirrt): Du hast dir etwas angeschaut, das du nicht hättest sehen sollen?

JAMIE: Er meint das ganz allgemein.

ICH: Oh, okay.

ERIK: Weißt du, wahrscheinlich habe ich deswegen nicht dieses große herrliche weiße Licht gesehen oder Engel singen hören!

JAMIE (kichernd): Er lacht.

[Ich schmunzle unter Tränen.]

ERIK: Nein, ich hab wahrscheinlich irgendetwas ganz falsch gemacht. Vielleicht hat man mich ausgetrickst.

ICH: Oh, ach so.

ERIK: Ja. Das Gefühl war entsetzlich. Es fühlt sich etwa so an: Man nimmt einen Körper und drückt ihn durch ein Sieb, bis er in Stücken auf der anderen Seite wieder herauskommt, aber anders. Sauber. Ich nehme mal an, es ist das Läuterungsgefühl, das Menschen in den alten Zeiten hatten, als sie dachten, wenn sie von Jesus getauft würden, würde alles verschwinden, und dann wären sie nur noch gut. So ist der Tod wirklich.

ICH: Mensch. Hmm.

ERIK: Du bist wirklich gut. Dir fehlen diese anderen Teile ja nicht. Sie sind immer noch an dir, aber sie spielen keine große Rolle. Du verlierst nichts von dir selbst, aber was zum Vorschein kommt, ist dieses überwältigende Gefühl der Vollkommenheit, das Gefühl, an der richtigen Stelle zu sein, geliebt zu werden – und in der Lage zu sein, es zu fühlen. Als gäbe es nicht den geringsten Zweifel an dem, was dir begegnet. Die Frage, ob es an einer Schnur befestigt ist oder ob man nur versucht, dich zu locken, und in Wirklichkeit ist es die Hölle. (Er lacht.) Nichts von alledem. Es gibt einfach so viel, worüber du nicht einmal zu weinen brauchst. Dann tauchen deine Familienmitglieder und Freunde auf. Wenn du merkst, dass du nicht allein bist.

ICH: Wer war die erste Person, der du begegnet bist?

ERIK: Nun, Mist, ich erinnere mich gar nicht.

ICH: War Denise [meine Schwester] da? Tante Denise. Ich glaube, sie war da, um dich zu begrüßen, oder?

ERIK: Ja. Ich erinnere mich, eine ganze Reihe von Gesichtern gesehen zu haben. Das ist jetzt anders. Rückblickend bekomme ich das Gefühl sehr viel klarer, als wenn ich mich auf das verlasse, was ich gesehen oder gesagt habe.

ICH: Ja, denn in der geistigen Welt geht es mehr um Gefühle als um mentale, rational gespeicherte Erinnerungen an Details. Ich denke, deswegen werden Menschen enttäuscht, wenn sie zu einem Medium gehen und Überprüfungsfragen stellen wie: »Was haben wir dir in die Tasche gesteckt, als wir dich begraben haben?« An so etwas erinnerst du dich nicht mehr. Es ist nicht mehr wichtig, nachdem du den Übergang vollzogen hast. Es geht nur um Gefühle.

ERIK: Du hast recht. Und glaub mir, wir prüfen auch den Inhalt unserer verdammten Taschen nicht.

ICH: Genau. Gut. Kommen wir zum Lebensrückblick. Wie verhält sich das mit dem Lebensrückblick? Ich meine, vielleicht ist jeder Rückblick anders, aber gib mir eine allgemeine Vorstellung davon, was der Lebensrückblick beinhaltet.

ERIK: Ja, manchmal ist es, als komme man in einen Raum, wie in ein IMAX-Kino, und man erhält einen fast 360-Grad-Rundumblick, aber du kriegst auch die Gefühle anderer mit und die Eindrücke, die sie von dir haben. Also, es ist, als gingest du durch diesen Lebensrückblick und siehst selbst, was du getan hast. Du siehst dich selbst durch andere Menschen.

JAMIE (lachend): Ich kann das nicht nachmachen. Im Grunde sagt er: »Das ist vollkommen falsch. Das ist beschissen. Es ist der schlimmste Streich, den man jemandem spielen kann.«

ICH: Du bist also wie jene [anderen] Personen. Du siehst mit ihren Augen und fühlst, was sie gefühlt haben?

ERIK: Ja.

ICH: Uff. Junge, das ist kein Spaß. Wenn du hier auf der Erde die Probleme gelöst hast, die du mit einer Person hattest, und wenn du dieser Person gegenüber Wiedergutmachung geleistet hast, musst du das alles dann noch einmal mit dieser Person durchmachen?

ERIK: Nein! Nein.

ICH: Okay, gut.

ERIK: Wenn es wirklich gelöst ist, gehört es nicht mehr zu deinem Programm.

ICH (kichernd): Oh, ich werde herumgehen und mich bei einer Menge Leute entschuldigen!

[Jamie und Erik lachen.]

ERIK: Und der Lebensrückblick ist nicht so, als käme jemand herein, um zu sagen: »Entschuldigung. Es ist Zeit für deinen Lebensrückblick. Er beginnt um 14.30 Uhr. Bitte geh dort hinein und nimm Platz.«

[Ich kichere.]

ERIK: Es überwältigt dich einfach irgendwie und ist seltsam. Es geschieht wirklich schnell, aber du hast das Gefühl, als wärst du schon immer drin gewesen.

ICH: Gut, aber was verursacht den Lebensrückblick? Ich verstehe es nicht. Was sind die Ursprünge? Wer entscheidet darüber? Wer bringt ihn hervor?

ERIK: Meistens ist es tatsächlich das Bewusstsein, die menschliche Erfahrung, das Bedürfnis des Menschen, so etwas wie Bilanz zu ziehen. Energetisch und spirituell ist so ein Rückblick nicht wirklich nötig. Du musst solche Prüfstellen nicht durchlaufen, weil du, falls du spirituell und energetisch in Verbindung stehst, ohnehin schon weißt, welches diese Prüfstellen sind. Also weißt du, das gilt mehr oder weniger für jeden lebenden Menschen, weil wir mehr über unser Gehirn funktionieren als über irgendeinen anderen Teil von uns.

ICH: Aha.

ERIK: Also, es ist fast, als werde das Gehirn dekomprimiert und macht alles noch einmal durch, nur in umgekehrter Reihenfolge. Du lernst zu verstehen, wie andere Menschen dich wahrgenommen haben. Und du bekommst Antworten. »Oh! Deswegen ist das so passiert!« Du bringst sehr schnell Ruhe in die Dinge.

ICH: Es ist also schmerzhaft, emotional gesehen?

ERIK: Nein. Es ist definitiv beschissen, aber es ist nicht schmerzhaft. Wracks wie die *Titanic* verlässt man nicht. Stimmt doch, Mama?

[Jamie und ich lachen.]

ICH: Und, war dein Rückblick lang? Musstest du vieles noch einmal durchmachen?

ERIK: Nein, es war nicht so besonders viel. Mein Rückblick bestand hauptsächlich darin, dass ich diese Stimmen in meinem Kopf hörte. Mein ganzer abgefuckter Mist, du weißt schon.

ICH: Was meinst du?

ERIK: Ich musste ein paar Gespräche mit mir selbst führen, mir selbst meinen eigenen Mist ausreden und versuchen, mich selbst zu verstehen. Das ist größtenteils, was ich herausgefunden habe.

ICH: Oh. Womit musstest du dich am meisten auseinandersetzen im Hinblick auf deinen Lebensrückblick?

ERIK: Hauptsächlich mit meiner Familie.

ICH: Ja, natürlich. Okay. Noch etwas zum Thema Lebensrückblick?

ERIK: Nein. Das war vermutlich alles.

ICH: Hast du gleichzeitig auch Rückblicke auf frühere Leben erfahren, oder betreffen sie nur dieses aktuelle Leben?

ERIK: Es ist mehr oder weniger eine Zusammenfassung des Lebens, das man gerade verlassen hat.

ICH: Okay. Und jetzt dieser weiße Tunnel. Dieses helle Licht, von dem man immer hört. Natürlich, manche Menschen erleben es, manche auch nicht. Warum erleben es die einen und die anderen nicht, was hat es damit auf sich?

ERIK (scherzhaft): Nur die Guten kommen in den Tunnel. Nein, wirklich. Das ist Blödsinn.

ICH: Das erinnert mich an diese Fernsehserie *The Outer Limits,* wo die Typen in diesen großen, wirbelnden Kreis springen.

[Jamie lacht.]

ERIK: Nein, in Wirklichkeit basiert es auf einem Glaubenssystem.

ICH: Was ist es? Gibt es ihn?

ERIK: Den Tunnel aus weißem Licht?

ICH: Ja.

ERIK: Hier meine unmaßgebliche Meinung dazu. Wenn du in dem Glauben stirbst, dass du beim Sterben dieses helle weiße Licht siehst und all diesen Quatsch – dann denke ich, wirst du auch genau das zu sehen bekommen.

ICH: Okay.

ERIK: Aber auch der tatsächliche Tod des Gehirns, der Sauerstoffmangel und so weiter sorgen für eine Tunnelsicht. Ist es Licht, in das man eingeht, wenn man stirbt? Nein. Es ist dein sterbendes Gehirn.

ICH: Schon, aber dieses Glaubenssystem muss doch irgendwo seinen Ursprung haben.

ERIK: Die Wurzel dieser Vorstellungen liegt darin, dass Menschen nach Nahtoderfahrungen oder Ähnlichem, Menschen, die sich also in medizinisch kritischen Zuständen befunden hatten, erzählt haben – sie hätten Gott gesehen und Engel und all das. Bewusst …

JAMIE (zu Erik): Danke, dass du das gesagt hast. Es ergibt Sinn.

ERIK: Man versucht bewusst mit den Augen zu sehen, die man im Kopf hat. Stirbt also das Gehirn, ist es das, was man sieht. Intuitiv sieht man mit dem dritten Auge, da muss man nicht unbedingt einen Tunnel aus weißem Licht sehen, um ins Jenseits überzugehen.

ICH: Okay.

ERIK: Wenn du also mit deinem dritten Auge – dem intuitiven Auge – schaust, ist es höchstwahrscheinlich so, als gingest du in ein anderes Zimmer.

ICH: Ja, viele Menschen beschreiben es so: wie in ein anderes Zimmer zu gehen. Und als du an den Schultern zurückgezogen wurdest, wo bist du gelandet?

ERIK (kichernd): In einem anderen Zimmer!

ICH: Okay, und …

ERIK: Es ist unbeschreiblich. Der Raum um mich herum hat sich einfach irgendwie aufgelöst. Wo ich gerade noch gewesen war, das hat sich einfach aufgelöst. Ich denke, ich kann es nur so beschreiben. Lösch das Licht. Mach das Licht an. Du bist in einem anderen Raum. Das hatte nichts Schnelles an sich. Es gab keinen schnellen Ruck oder so. Es herrschte eher so ein Gefühl, als ob man einschliefe. Eher so was in der Richtung.

ICH: Ich erinnere mich, dass du im Zusammenhang mit deinem Lebensrückblick davon gesprochen hast, du seist an einem langen Tisch gesessen und hättest deinen Kopf auf die Hände gestützt.

ERIK: Aha.

ICH: Na gut. Wir sind von da rückwärtsgegangen. Welche Anpassungen hast du vornehmen müssen, als du den Übergang hinter dir hattest? Welche waren die, also ich will nicht sagen »schwierigsten« … Die interessantesten? Die intensivsten Veränderungen?

ERIK: Wie man sich bewegt.

ICH: Wie man sich bewegt! Ja. »Ich spüre meine Beine nicht!«

JAMIE: Er lacht.

ICH: Das ist aus dem Film *Major Payne*. »Das liegt daran, dass sie nicht da sind!«

JAMIE (lachend): Ich habe keine Ahnung, wovon Sie reden, aber er liegt fast am Boden vor Lachen!

ICH: Weil wir den Film so oft gesehen haben. Die Wayans-Brüder spielen da mit. So lustig. Erik hat den Film geliebt.

[Jamie lacht immer noch.]

ERIK: Ähnlich, aber es ist einfach interessant. Ich würde mal sagen, das ist das Bedeutendste, womit man es zu tun bekommt.

ICH: Aha.

ERIK: Weißt du, wie man von hier nach da kommt. Und es ist schräg, weil du dich fortbewegst und unterwegs bist, aber du kannst dir selbst nicht erklären, wie du das machst. Es ist wie »Was passiert? Oh, Mist, es passiert!«, aber du weißt nicht, wie.

ICH: War es unheimlich?

ERIK (kichernd): Nein. Nein, ich hatte keine Angst, aber ich bekam definitiv alle Antworten, die ich brauchte, asap [as soon as possible]. Das war unheimlich.

ICH: Hattest du irgendeinen Begleiter, jemanden, der für dich da war im Tod, bei deinem Lebensrückblick oder danach? Gab es nicht jemanden, der dir geholfen hat?

ERIK (lachend): Wenn einer da war, muss sich diese Pfeife hinter dem Vorhang versteckt haben, weil ich niemanden gesehen habe!

ICH: Oh, mein Gott! Das ist schrecklich. Wie kommt das? War es so, weil du nicht um Hilfe gebeten hast?

ERIK: Oh, ich habe nicht um Hilfe gebeten.

[Typisch Junge. Sie bitten nicht um Rat.]

ERIK: Und ich glaube, ich wollte einfach allein sein.

ICH: Denkst du nicht, jemand wäre gekommen, wenn du um Hilfe gebeten hättest?

ERIK: Oh ja, mit großem Geläut.

ICH: Warum wolltest du allein sein?

ERIK: Weil ich meine Ruhe haben wollte.

ICH: Weil du dich geschämt hast? Dachtest du, du bekämst Ärger wegen deiner Tat?

ERIK: Wow. Das ist interessant.

[Pause]

ICH: In dem Sinne wie »Oje, ich bin ruiniert. Werft mich nicht in die Hölle!«

ERIK: Nein.

ICH: Okay. Das ist gut.

ERIK (erstaunt): Nein, so habe ich mich nie gefühlt! Ganz im Gegenteil.

ICH: Das ist toll. Du konntest dich also nicht bewegen. Erzähl mir von dieser Erfahrung: zu lernen, wie man sich bewegt.

ERIK: Nun, es ist so, dass ich mich nicht bewusst in Bewegung setzen konnte, aber sobald ich daran dachte, irgendwo zu sein, war ich auch schon dort. Es geschah einfach, aber ich konnte nicht herausfinden, wie.

ICH: Konntest du deine Arme und Beine sehen?

[Pause]

ICH: Oder war es nur Bewusstsein? Konntest du deinen Geistkörper sehen?

ERIK: Ja. Das sieht man hauptsächlich. Du siehst dich nicht als Mensch.

ICH: Du hast also nicht nur deine Umgebung gesehen, so, als wärst du nur ein Bewusstsein von dir selbst ohne Körper?

ERIK: Ja, aber ohne einen menschlichen Körper. Ich hatte eine energetische Form, weißt du, wie Licht, und ich habe mich selbst gespürt. Ich wusste, wo ich war. Ich wusste, was passiert war. Es fühlte sich nicht so an, als sei ich ohne Landkarte in eine fremde Welt geworfen worden. Ich fühlte mich zugehörig und war in Sicherheit. Ich spürte keine Angst. Es gab nur ganz wenige Dinge, die mir ein wenig Kopfzerbrechen machten.

ICH: Aber wenn du nach unten geschaut hast, konntest du deine Beine und Füße sehen und alles? Es war kein menschlicher Körper, aber du warst doch auch nicht einfach eine Kugel aus Licht, oder?

ERIK: Korrekt. Ja, richtig. Ich besaß eine energetische Form wie mein menschlicher Körper.

ICH: Und du konntest dich bewegen? Du konntest deine Hand anschauen und eine Faust machen, deine Beine bewegen und solche Dinge?

ERIK: Oh ja!

ICH: Es ging also mehr um die Bewegung von einem Ort zum anderen?

ERIK: Ja.

ICH: Also hast du gelernt, wie man an einen Ort denkt und schon dort ist?

ERIK: Ja.

ICH: Welche weiteren Anpassungen musstest du vornehmen, nachdem du den Übergang hinter dir hattest?

ERIK: Nun, ich war daran gewöhnt, innerlich mit mir selbst zu streiten oder widersprüchlichen Gedanken und Gefühlen nachzuhängen, aber so ein »Scheiß« passiert einfach nicht mehr. Das war unheimlich.

ICH: Hm. Was passiert stattdessen?

ERIK (leicht frustriert): Ich weiß wirklich nicht, wie ich es erklären soll. Du hast sie einfach nicht mehr. Man kann nicht gleichzeitig wütend und glücklich sein.

ICH: Also, mehr Frieden. Keine inneren Konflikte mehr.

ERIK: Ja.

ICH: In welchem Alter kanntest du [noch] keine inneren Konflikte?

ERIK: Es gab immer mal solche Momente bei mir, aber sie waren nie von Dauer.

ICH: Nun, ich glaube, diese Momente sind bei niemandem von Dauer.

ERIK: Wirklich?

ICH: Menschen, die immer, immer, immer im Frieden mit sich sind, ohne jeglichen inneren Konflikt? Natürlich nicht.

ERIK: Komm schon. Es muss solche Menschen geben. Bedeutet das nicht das Glücklichsein an sich?

ICH: Die ganze Zeit, zu 100 Prozent konfliktfrei?

JAMIE (zu Erik): Ja, Erik. Es gibt …

ICH: Komm jetzt! Wenn jemand so richtig Verstopfung hat, auf der Toilette sitzt, und es kommt einfach nichts. Das ist keine glückliche Situation!

ERIK (schmunzelt): Ja, aber das ist ein körperlicher Konflikt.

ICH: Das ist doch egal. Es löst einen emotionalen Konflikt aus. Niemand ist die ganze Zeit vollkommen im Frieden mit sich, es sei denn, er ist der Dalai Lama.

ERIK: Kann es sein, dass du ein Problem mit Scheiße hast, Mama?

ICH: Schau dich mal an mit deinem obszönen Humor! Da wäre ich mal ganz still! Okay. Machen wir weiter. Was für Anpassungen hast du noch vornehmen müssen? Gibt es noch weitere?

ERIK: Das sind die beiden wichtigsten.

ICH: An welchem Punkt hast du um Hilfe gebeten? Wann hast du endlich gesagt: »Ich brauche Hilfe!«?

ERIK: Als ich zu meiner Familie zurückwollte und nicht wusste, wie.

ICH: Oh. Hast du uns vermisst?

ERIK: Ja!

ICH: Und wer ist dann aufgetaucht?

JAMIE: Es war eine weibliche Begleitung. Nicht seine Tante. Sie sagte ihm, wie er die Dimensionen durchqueren und kommunizieren konnte.

ERIK: Etwa zu der Zeit hast du diese ganzen Forschungen angestellt und versucht, ein Medium zu finden. Ich habe also versucht zu lernen, wie man durch sie spricht, wie man da reinkommt. Mittlerweile stand ich nicht mehr im Konflikt mit meinen Emotionen. Ich war so ziemlich okay. Ich wusste, wie man reist, und lernte dann auch sofort, wie man mit Menschen kommuniziert. Kommunikation über die Dimensionen hinweg.

ICH: Wie hast du um Hilfe gebeten? Hast du einfach gedacht: »Ich brauche Hilfe!«?

ERIK: Ja. Ja.

ICH: Oder bist du vor den Lautsprecher getreten und hast geschrien: »Hier wird ein bisschen Hilfe gebraucht!«?

ERIK: Nein, ich dachte daran, dass ich jemanden brauche, der kommt und es mir beibringt, und das ist alles, was du machst. Du denkst es einfach.

ICH: Bist du durch irgendeine Art von Therapie gegangen? Es heißt ja, dass manche Menschen eine Therapie machen müssen, um energetisch geheilt zu werden und so weiter. Bist du auch durch diesen Prozess gegangen?

ERIK: Hab ich auch gemacht, ja.

ICH: Ein Medium hat mir gesagt, dass du weniger Therapie machen musstest als die meisten Selbstmörder.

ERIK: Ja.

ICH: Warum das?

ERIK: Weil es in dem spirituellen Vertrag stand, den ich für dieses Leben unterzeichnet hatte. Es war das Ende meines Lebenswegs, während es für viele Menschen, die sich das Leben nehmen, nicht das Ende ihres Lebenswegs ist. Sie machen es aus Rache oder weil sie etwas vermeiden wollen.

ICH: Okay. Für sie ist es kein Austrittspunkt.

ERIK: Stimmt.

ICH: Alles klar. Nun, welche irdischen Dinge aus unserer Ebene vermissen die meisten Geistwesen? Ich weiß, du hast jede Menge Freunde da drüben, und sie sagen vielleicht: »Oh Gott, was ich wirklich vermisse, ist Pizza« oder so ähnlich, aber wenn du eine Umfrage machen würdest, was würden die meisten vermissen?

ERIK: Essen ist die Nummer eins, Sex die Nummer zwei.

[Jamie kichert.]

ICH: Aber ich dachte, Sex sei dort drüben besser.

ERIK: Schon, aber er ist nicht so körperlich. Er ist anders. Ganz anders.

ICH: Und warum vermisst du das Essen? Kannst du den Geschmack und die Textur nicht heraufbeschwören oder so?

ERIK: Es ist völlig anders.

ICH: Aber kannst du den Geschmack, die Textur und das Gefühl der Fülle im Bauch nicht erzeugen?

ERIK: Das ganze Kauen, das Riechen und das Warten, bis das Essen fertig ist. Ich meine, wir haben diese Art von Ritualen und Vorgängen nicht. Wir brauchen sie nicht.

ICH: Ja, aber kannst du nicht jeden Aspekt davon hervorrufen, wie du es gerade beschrieben hast?

ERIK: Das ist nicht dasselbe, Mama.

ICH: Nicht dasselbe.

ERIK: So wie ein künstlicher Aromastoff einfach nicht dasselbe ist wie das echte Aroma.

ICH: Verstehe. Und Sex ist nicht ganz so was … du hast dieses Physische nicht, den physischen Körper.

[Jamie bricht in lautes Lachen aus.]

JAMIE: Ah …ha. Er spricht vom »Bums Bumsen«.

ICH: Oh Gott, Erik. Na ja, davon hast du nicht viel erlebt, als du hier warst, armer Kerl. Ich schätze mal, du musst als Prostituierte wiederkommen.

[Jamie lacht sich fast kaputt.]

ICH: Oder was würdest du sagen? Als Gigolo. Ein Comeback als Gigolo.

ERIK: Wenn ich wiederkomme, dann definitiv mit Schwanz.

ICH: Dann komm einfach als Gigolo wieder, und du kannst es haben – regelmäßig.

[Jamie lacht immer noch.]

ERIK: Jamie hat sich gerade abgemeldet!

[Über den Witz müssen wir alle lachen.]

ICH: Okay. Reden wir über das: Welche himmlischen Dinge vermissen Geistwesen, wenn sie hierher zurückkommen?

ERIK: Hä?

ICH: Wenn sie in den Himmel zurückkommen und sagen: »Ich bin so froh, wieder hier zu sein, weil ich … vermisst habe.« Was haben sie vom Himmel vermisst?

ERIK: Den Schwachsinn.

ICH: Man vermisst, [im Himmel] von dem ganzen Schwachsinn weg zu sein.

ERIK: Ja. Von den emotionalen Konflikten. Deswegen kommen viele Geistwesen so gern auf die Erde – um die niedrigeren Schwingungen zu fühlen. Mühsal. Kampf.

ICH: Aber wenn sie in den Himmel zurückkommen, sagen sie: »Ach, was ich vermisst habe, war, frei von diesen emotionalen Konflikten zu sein.«

JAMIE: Ergibt das einen Sinn? So, wie er es erklärt, ist es doch so, als würden sie davon angezogen und würden deswegen reinkarnieren. Denn nur hier können sie einige der tiefer gehenden Lektionen erfahren.

ICH: Aha.

ERIK: Durch den Konflikt. Im Himmel oder im ewigen Zuhause gibt es keinen Konflikt. Wenn ein Mensch also stirbt und wieder ein Geistwesen wird, ist die Leichtigkeit des Lebens manchmal schockierend für ihn, und es fällt ihm schwer, sich daran zu gewöhnen.

ICH: Ja.

ERIK: Weil sie gerade ihre ganze Zeit damit zugebracht haben, sich an den Konflikt zu gewöhnen.

JAMIE: Oh. Er sagt nicht, dass sie das am meisten vermissen. Es ist nur so, dass man sich daran am schwersten gewöhnen kann.

ICH: Keine Konflikte mehr zu haben? Du magst die konfliktfreie Dimension, aber es ist schwer, sich daran zu gewöhnen. Aber ich möchte wissen, was sie im Himmel vermisst haben, wenn sie wiederkommen: »Oh, mein Gott, ich bin so froh, wieder hier zu sein, weil ich … vermisst habe.«

JAMIE: Froh, wieder auf der Erde zu sein oder froh, wieder im Himmel zu sein?

ICH: Im Himmel.

[Warum ist es so verdammt schwer?]

ERIK: Oh, die Leichtigkeit des Lebens. Frieden. Liebe. Bedingungslose Liebe.

ICH: In Ordnung. [Endlich!] Was sind die coolsten neuen Fähigkeiten, die du erworben hast und die du auf der Erde noch nicht hattest?

JAMIE: Coolste neue Fähigkeiten.

ICH: Ja.

JAMIE (zu Erik): Sie sind nicht anzüglich!

ICH: Wirklich!

[Jamie kichert.]

ICH: Ich habe nicht erwartet, dass wir mit dieser Frage weiterkommen, aber überlasse es Erik.

ERIK: Telepathie. Ich liebe sie. Sie ist genau. Sie ist besser als Chatten. Sie ist besser als Text. Sie ist besser als eine E-Mail.

[Kein Fax?]

ICH: Okay. Was noch?

ERIK: Nicht mehr auf dem Planeten Erde festzustecken. Du kannst einfach hingehen, wo immer du v. n. hin willst.

ICH: Warum sagst du »v. n.«? Echt jetzt, Jamie!

JAMIE: Ich weiß! Er hat gesagt: »Du kannst einfach hingehen, wo immer du verdammt noch mal hin willst.«

ICH: Geht doch!

[Jamie lacht.]

ICH: Er hat dich heute völlig durcheinandergebracht.

JAMIE: Oh, wir sind schon durch alle Höhen und Tiefen gegangen!

ICH: Ich schwöre bei Gott! Dies ist ein Tag der emotionalen Berg-und-Tal-Fahrten. Okay, was noch? Ich kann mir vorstellen, wie du da oben Vielfahrermeilen einfährst!

JAMIE: Und jetzt auch noch das! Er liebt das!

ICH: Was noch. Nenne ein paar mehr.

ERIK: Ein paar mehr. Das Überschreiten von Zeit und Raum. Zeitreisen. Rückkehr in frühere Leben. Oh, und was ist mit dieser verdammten Bibliothek?

ICH: Mit der Akashachronik?

ERIK: Ja. Das haut einen verdammt noch mal um.

ICH: Erzähl mir davon.

ERIK: Ich kann noch nicht einmal planen, wie ich zum Supermarkt komme, um alles zu kaufen, was ich brauche, aber ich gehe [in die Bibliothek] und alle meine vergangenen Leben, meine künftigen Leben, mein gegenwärtiges Leben und mein Nach-dem-Tod-Leben sind fein aufeinander abgestimmt. Wie zum Teufel kann das sein?

ICH: Was? Gehst du in eine Bibliothek und schlägst ein Buch auf? Ich meine, wie geht das?

ERIK: Nein, es ist weniger ein Buch als mehr eine Art Endlosseite. Kein wirkliches Buch mit Seiten zum Umblättern.

[Ich kichere.]

ERIK: Es handelt sich in gewisser Weise um eine Art Schriftrolle, wie eine konstante Seite, aber du musst sie nicht von Hand ausrollen. Die Information kommt einfach zu dir.

ICH: Wie eine Art holografischer Bildschirm?

ERIK: So eine Art. Ja, ja, ja. Es ist technisch hoch entwickelt.

ICH: Scrollst du mit deinem Finger einfach da durch wie bei einem Smartphone? Oder überlegst du, zum nächsten Leben weiterzugehen oder so?

ERIK: Yep. Dir wird gezeigt, was du gezeigt bekommen möchtest.

ICH: Interessant. Gibt es coole Farben auf diesem Bildschirm? Leuchtende? Funkelnde?

ERIK: Ja. Für mich schon. Ich sehe ihn in einer Art leuchtend blauer Farbe.

ICH: Hm. Ich kann es fast sehen. Ich habe es wahrscheinlich schon gesehen.

Nach dieser Sitzung mit Jamie hatte ich das Gefühl, dass zwischen ihr und Erik eine eindeutige Verbindung bestand. In dieser und weiteren Sitzungen freuten sie sich an ihrem lustigen und spielerischen Geplänkel, das liebevoll und ansteckend zugleich war (und ist). Erik sagte, er möge die Art und Weise, wie Jamie kommuniziere, weil sie »es nicht so schwer nimmt«. Die beiden verhalten sich oft wie Geschwister. Sie traktieren und lieben sich gleichermaßen.

Eriks Lebensrückblick

Wie Erik in der Sitzung seine Erlebnisse direkt nach dem Tod erwähnt hat (siehe oben), ging er, kurz nachdem er seinen Körper verlassen hatte, durch etwas, was er als »Lebensrückblick« bezeichnete. Im folgenden Gespräch erzählt er mehr darüber, was er genau bedeutet und wie er ihn erlebte.

ICH: Kannst du uns ein paar Details deines Lebensrückblicks beschreiben, Erik?

ERIK: Nun, da stand dieser große Tisch, um den sich alle setzen sollten, wie bei einem Familienessen. Es gab viel Musik und eine Menge zu lachen. Ach ja, und Mama, ich bat vier Seelen aus deiner Seelengruppe, die nicht mehr Teil deines jetzigen Lebens sind, ob sie dir helfen könnten, all dies zu überstehen. Ich möchte etwas tun, um der Familie zu helfen. Ich möchte etwas für euch tun können. Wenn es etwas gibt, bei dem ich jemandem in der Familie helfen kann, dann lass es mich wissen, und ich werde alles tun, was ich kann. Ich möchte mich fühlen, als sei ich immer noch ein Teil der Familie. Bitte mich, Dinge zu tun. Ich kann zwar nicht gerade den Müll rausbringen, aber …

ICH (glucksend): Ich werde eine Liste der lästigen Pflichten für dich machen!

ERIK (lacht): Mama, du wirst feststellen, dass Dinge erledigt wurden, und du wirst andere Menschen fragen: »Hast du dies gemacht?« oder »Hast du das erledigt?«. Sie werden Nein sagen, und du wirst wissen, dass ich es war!

[Ich fand das so tröstlich. Beweise für Eriks Anwesenheit waren entscheidend für mich, während ich mich auf unsere neue Beziehung einstellte.]

ICH (sanft drängend): Okay, kommen wir zurück zu dem, was als Nächstes geschah.

[Erik war immer leicht abzulenken, genau wie seine Mutter.]

ERIK: Oh ja, richtig. Nun, ich saß an diesem langen Tisch und fühlte mich benommen. Ich war immer noch euphorisch, aber ich war wie betäubt. In der einen Minute war ich noch in meinem physischen Körper gewesen und in der nächsten Minute war ich ein freier Geist ohne körperliche Einschränkungen und fragte mich ständig: »Ich bin wirklich ein Geistwesen, nicht wahr? Ich meine, ich gehe nicht zurück in dieses Leben. Ich muss es loslassen, oder?« Und sie haben mir versichert, dem sei so.
Dann begann »der Rückblick«. Niemand hat mir was gezeigt oder mich da durchgeführt. Ich saß allein am Tisch. Ja, ich saß also da, und alle sprachen darüber, wie glücklich sie waren, dass ich zurück sei. Egal, wie wir gehen, wir werden immer mit offenen Armen willkommen geheißen, wenn wir zurückkommen. Alle sind ganz begeistert, dass wir uns wiedersehen. Jedenfalls

saß ich am Tisch und stützte meine Ellbogen darauf. Ich legte den Kopf in meine Hände und ließ mein Leben an mir vorbeiziehen. Ich fing an zu schluchzen, als ich mich daran erinnerte, wie ich ein kleiner Junge war und du mich »mein kleiner Mann« genannt hast, wie du Sachen mit mir unternommen und mir gesagt hast, was für ein großer Mann ich mal werden würde. Ich habe all das zerstört. Das waren die schlimmsten Momente des Rückblicks. Ich möchte Papa dafür danken, dass er mich wie einen Erwachsenen behandelt hat. Papa, du hast mich, solange ich mich erinnern kann, wie einen Erwachsenen geschätzt. Das hat mir sehr viel bedeutet.
Also brachte ich meinen Rückblick zu Ende und dachte darüber nach, was ich getan haben könnte, aber nicht getan habe, und was ich getan habe, aber nicht hätte tun sollen. Ich weiß nicht, wie lange der Rückblick dauerte. Ich habe nicht auf die Zeit geachtet. Niemand hier achtet auf die Zeit. Aber es hat nicht lange gedauert, denn die Kerzen auf meinem Kuchen – meinem »Willkommen zurück«-Kuchen – brannten noch. Dann fühlte ich diese Schwere, diese wirklich emotionale Schwere. Eine weibliche Seele näherte sich mir und bot an, mich zu beraten. Sie hat mir eine Therapie vorgeschlagen. Also mache ich jetzt etwas, das du vermutlich als Therapie bezeichnen würdest. Sie hilft mir, nicht nur zu verstehen, was ich getan habe – warum ich mir das Leben genommen habe –, sondern zeigt mir auch, wie ich mit der Heilung, die ich in diesem Leben hätte erlangen sollen, zur Erde zurückkehren kann, ohne mich noch einmal selbst zu töten. Wow, Mama, wenn ich hätte sehen können, was ich aus früheren Leben alles geheilt habe. Kein Wunder, dass ich immer so verdammt niedergeschlagen und wütend war. Kein Wunder, Mama!

Eriks neue Erfahrungen als körperlose Seele

Eriks Redseligkeit und seine Bereitschaft, die Erfahrungen zu teilen, die er als neuerdings körperlose Seele hinter dem Vorhang macht, sind nicht auf seine Beziehung mit Jamie beschränkt. In der nächsten Unterhaltung beschreibt Erik sehr detailliert, wie es ist, ohne seinen Körper zu existieren. Er erzählt seine Geschichte durch Kim, das erste Medium, mit dem wir gearbeitet haben.

ERIK: Ich möchte, dass du andere Menschen wissen lässt, wie viel Gesellschaft wir hier haben. Viele Eltern, die ein Kind verloren haben, befürchten, ihr Kind sei jetzt ganz allein, aber dem ist nicht so. Außerdem können wir alles manifestieren, was wir wollen. Wir stellen uns vor, was wir essen wollen, und schon ist es da. Wir leben, wo wir wollen; wir leben, wie wir wollen. Uns ist nicht heiß oder kalt. Hier schafft das Denken die Wirklichkeit viel schneller. Es passiert von einem Augenblick auf den anderen.

ICH: Erik, ich wüsste gern, wie du eine so mächtige Kontrolle über deine [spirituelle] Energie haben kannst, wo du doch erst vor so kurzer Zeit ins Jenseits gegangen bist!

ERIK: Ich weiß nicht. Ich weiß es wirklich nicht. Ich denke, es hat etwas mit der Ebene der Erkenntnis zu tun. Und die ist bei mir sehr hoch. Ihr wisst das. Und du, Mama, weißt es ganz besonders. Du bist die beste Mutter, die man überhaupt haben kann. Seit ich tot bin, haben wir mehr miteinander gesprochen als in den letzten Jahren [meines Lebens], nicht wahr? … Hier sind alle ein bisschen überrascht, dass ich tat, was ich getan habe, und dann hatte ich gar nicht so viel, was geheilt werden musste. Ich hatte wirklich nicht so viel zu heilen. Ich werde all das nicht noch einmal durchmachen. Ich habe den Verlust losgelassen. Die Depression war eher ein sekundäres Problem für mich. Mich bedrückten mehr Gefühle der Verwirrung, des Verlusts und der Hoffnungslosigkeit – und jetzt ist alles weg. Alles, was aus vergangenen Leben noch geheilt werden musste, ist geheilt. Ich denke, ich habe noch ein Leben zu leben, das ist alles. Noch eins.

[In diesem Moment empfand ich einen so überwältigenden Stolz auf meinen Sohn und seine wachsenden Fähigkeiten als Geistwesen, dass ich diese Gefühle unbedingt mit ihm teilen musste.]

ICH: Erik, ich habe immer versucht, dir beizubringen, wie gut es sich anfühlt, etwas für andere Menschen zu tun, und ich bin so stolz, dass du das gelernt hast und es auf der geistigen Ebene umsetzen kannst. Du hast so viel in so kurzer Zeit gelernt. Die Tatsache, dass du das Gefühl hast, hier auf der Erde nicht viel erreicht zu haben, macht wirklich keinen Unterschied, wenn dir dort, wo du jetzt bist, so viel gelingt. Außerdem, Erik, hast du sehr viel mehr geschafft, als du denkst, während du noch hier auf der irdischen Ebene warst, weil du so vielen Menschen so viel Liebe gegeben hast. Du hast den Menschen beigebracht zu lieben. Du hast die Menschen Demut gelehrt. Du hast sie gelehrt, im Moment zu leben. Daher bin ich wirklich stolz auf dich, Erik.

ERIK: Danke, Mama! Jetzt erkenne ich, wie viel ich beigetragen und getan habe. Ich versuche immer noch herauszufinden, warum ich mich so wertlos gefühlt habe. Ich weiß, ein Teil davon stammte aus vergangenen Leben. Ich weiß das wirklich. Aber ich verstehe nicht, warum ich mich nicht aus diesem schwarzen Loch befreien konnte, warum ich mich entschieden habe, mein irdisches Leben zu beenden, statt positivere oder optimistischere Gedanken für den nächsten Augenblick, die nächste Stunde oder den nächsten Tag zu hegen, und warum ich nicht einfach zu dir gekommen bin und gesagt habe: »Mama, ich bin wirklich, wirklich, wirklich angepisst. Ich brauche deine Hilfe.« Ich weiß, du hättest mir geholfen.

ICH: Erik, vielleicht hast du ganz tief drinnen gewusst, du würdest auf der geistigen Ebene mehr erreichen.

ERIK: Nun, so sieht es aus. Genau! Ich bin ganz zuversichtlich. Ich bin sicher, wenn ich auf der Erde geblieben wäre, würde ich weiterhin meinen Wert und das, was ich beizutragen habe, infrage stellen, und das würde mich nutzlos machen. Mama, du hast absolut recht, wie üblich! Du siehst, was sonst niemand sieht!

[Dann wechselte Erik abrupt das Thema und ging zu etwas über, das er offensichtlich loswerden musste. Ich spürte die aufgestaute Erregung.]

ERIK (stolz): Oh ja, ich habe gerade ein Boot bekommen! Ich habe meinen eigenen Platz hier, Mama. Es ist eine Art Wohnung – meine Junggesellenbude.

ICH: Es [dein neues Leben] gleicht also demjenigen auf der Erde?

ERIK: Ja, wir können alles haben, was wir auf der Erde besaßen. Wir können Pizza essen gehen, Beziehungen haben, heiraten. Es ist genau das Gleiche, aber wir können alles so viel schneller manifestieren. Außerdem plagen uns hier nicht die Probleme, die wir auf der irdischen Ebene hatten. Wir haben unser Lebenswerk als Seelen, wir reisen und haben Kinder. Ich habe meine eigene Junggesellenbude. Sie liegt am Strand, da gibt es eine Art Fjord, wo ich mein Boot verankern kann. Ich habe mir einen Platz geschaffen, der mich sehr an Norwegen erinnert, und ich liebe ihn!
[Kim sagt, er zeige ihr seinen Platz, und sie fängt an zu kichern.]

KIM: Es ist ein Platz, wie man ihn sich bei einem Junggesellen vorstellt. Er hat eine Ledercouch und einen großen Flachbildfernseher, einen Beistelltisch mit Lampe, ein Bett und eine größere Lampe neben der Couch. Das ist alles! Es ist ziemlich spartanisch! (Zu Erik:) Kein Tisch? Wo isst du?

[Wir werden auf die Frage, warum einige Geistwesen gern »essen« und materielle Dinge manifestieren, die sie auf der Erde kannten, später noch näher eingehen.]

ERIK: Auf der Couch vor dem Fernseher natürlich!

ICH: Also, ich bin neugierig. Kannst du mit uns kommunizieren, auch wenn du nicht am selben Ort bist wie wir? Mit anderen Worten, können wir uns auch unterhalten, wenn ich zu Hause bin und du woanders bist?

ERIK: Natürlich!

ICH: Kannst du mich hören, wenn ich nach dir rufe? Kannst du mich hören, wenn ich innerlich mit dir spreche?

ERIK: Absolut! Ich höre alles, was du sagst und denkst, Mama. Es ist genau, als wäre ich immer noch auf der Erde, als ob wir kommunizierten, auch wenn wir nicht sprechen. Es ist genau wie, sagen wir, als ich früher in der Schule war oder im Laden oder bei einem Ausritt. Wir haben oft miteinander kommuniziert, ohne etwas zu sagen, und wenn wir zusammen waren, haben wir die Sätze des anderen beendet. Es ist genau das Gleiche. Ich höre alles, was du sagst, und jetzt höre ich zu!

[Kim berichtet, dass Erik bei dieser letzten Bemerkung lacht.]

ICH: Belauschst du uns manchmal?

ERIK: Natürlich lausche ich!

ICH (kichernd): Was für ein neugieriger Junge!

ERIK: Jeder, der einen Geistkörper hat, weiß, was ihr auf der irdischen Ebene sagt. Und wir belauschen nicht nur das, was ihr sagt, sondern auch, was ihr denkt und fühlt!

ICH: Oh, gut. Vielleicht kannst du mir einige der Dinge erklären, die mir durch den Kopf gehen! Nun, warst du jemals enttäuscht von uns, wenn wir nichts von dir mitbekommen haben? Es muss manchmal wirklich schwierig für dich gewesen sein.

ERIK (schmunzelt): Um deine andere Frage zu beantworten, ob ich dir erklären kann, was dir durch den Kopf geht: nicht einmal wenn ich in Hochform bin!

ICH (laut lachend): Ich weiß, das ist fast unmöglich! [Kim bittet mich, meine letzte Frage zu wiederholen, und ich wiederhole sie.]

ERIK: Nein, ich bin nicht frustriert, ich habe einfach resigniert. Ich weiß, dass, wenn ich lauter sprechen und mich mittels meiner neuen elektrischen Energie manifestieren würde, ihr dann wüsstet, dass ich da bin. Ich habe mit meinen neuen Freunden hier auf der geistigen Ebene darüber gesprochen, und sie sagen so etwas wie: »Diese Person nimmt mich einfach nicht wahr, und ich rede, rede, rede für nichts.« Dann sage ich: »Nun, ich glaube, ihr müsst versuchen, euch sichtbarer, hörbarer und greifbarer zu machen. Das wird alles verändern.« Verstehst du, Mama? Schau, wie viel öfter du mich in letzter Zeit wahrnimmst! Und ich weiß, dass deine Fähigkeit, mich zu erkennen und mit mir zu kommunizieren, noch stärker werden wird. Es liegt jedoch vor allem an uns, unsere Anwesenheit spürbar zu machen.

ICH: Und an uns ist es, empfänglicher zu sein.

ERIK: Sehr gut, Mama, das ist wahr. Ich habe ein paar Freunde hier im Geist, die materialisieren und machen ihre Anwesenheit wirklich deutlich, aber ihre Familienmitglieder sind so voller Schmerz, dass sie nicht in der Lage sind, sie zu bemerken. Du hast recht, Mama, das trifft den Nagel auf den Kopf. Uns hier kostet es viel Kraft, uns zu materialisieren, und ihr braucht Mut, um uns wahrzunehmen.

ICH: Kennt ihr als Geistwesen Gefühle, Emotionen?

ERIK: Ja, verdammt! Wir haben nicht mehr die gleichen Probleme, aber wir alle haben Persönlichkeiten und Emotionen.

ICH: Du kannst also immer noch traurig sein?

ERIK: Oh ja. Oh, auch hier kann man »verarscht« werden!

ICH: Macht es dich unglücklich, wenn du uns traurig siehst oder wenn du unsere traurigen Gedanken wahrnimmst?

ERIK: Ja.

ICH (begierig nach einer tröstlicheren Erklärung): Schaust du uns traurig an und denkst: »Hey Leute, ihr habt Scheuklappen auf. Ihr wisst noch nicht mal die Hälfte. Wenn ihr hierherkommt, werdet ihr sehen, dass es so etwas wie wahren Verlust gar nicht gibt.«?

ERIK: Nein, nein, nein. So ist es keineswegs, Mama. Es gibt wahren Verlust. Es ist ein Verlust, wenn ein Mensch stirbt, der dir nahesteht. Und es ist ein Verlust, wenn du hier bist, wo ich bin, und deine Lieben kehren auf die Erde zurück.

ICH: Darüber habe ich noch nie nachgedacht. Aber der Verlust ist nie dauerhaft, oder?

ERIK: Natürlich nicht. Wir vermissen sie, bis wir wieder zusammen sind. Wenn ich sehe, wie traurig du bist und welchen Kummer du hast, dann verstehe ich dich perfekt. Ich übernehme 100 Prozent Verantwortung dafür. Ich weiß, wenn ich nicht Selbstmord begangen hätte, wäre ich noch da – und würde dich schlimmstenfalls enttäuschen, statt dich so traurig zu machen. Jedes Mal, wenn jemand traurig ist, weil er mich verloren hat, fühle ich mich allein dafür verantwortlich und habe vollstes Verständnis. Du bist voll und ganz [zu deinem Kummer] berechtigt.

ICH: Na ja, ich will nur nicht, dass du dich schlecht fühlst, wenn du wegbleibst, weil es zu schmerzhaft für dich ist!

ERIK (lacht): Mama, sei nicht dumm!

KIM: Also wirklich, sein Sinn für Humor ist erstaunlich.

ICH: Ich weiß, er hatte schon immer viel Sinn für Humor. (Zu Erik): Erik, ich möchte, dass du weißt: Ich freue mich sehr für dich, weil ich spüre, dass du dich dort, wo du jetzt bist, viel glücklicher fühlst.

ERIK: Das stimmt, Mama. Ich war noch nie glücklicher.

ICH (gegen die Tränen ankämpfend): Ich habe dir das neulich schon gesagt, ich bin vielleicht traurig, weil ich mich so danach sehne, dich – mein Baby – in die Arme zu schließen. Aber ich bin froh, dass du Frieden und Freude gefunden hast, und ich weiß, wir werden eines Tages wieder zusammen sein.

ERIK: Danke, Mama.

ICH: Erik, ich habe noch eine Frage: Du hast gesagt, als du aus deinem Körper katapultiert wurdest, hättest du dieses erweiterte Wissen gespürt – diese umfassendere Perspektive – und du hättest Menschen so gesehen, wie sie wirklich sind. Was hast du damit gemeint? Was hast du beispielsweise gesehen, als du mich sahst, wie ich wirklich bin?

ERIK: Nun, ich habe wahrgenommen, dass es ein paar Fragen gibt, Mama. Zunächst einmal, wenn eine Seele aus einem menschlichen Körper herausspringt, kann sie Menschen sofort als das sehen, was sie sind. Das heißt, du kannst genau sehen, wie erleuchtet sie sind, welches Potenzial sie besitzen, was sie in früheren Leben getan haben, wer sie waren, was sie erreicht und was sie geleistet haben. Sie verstehen ihre eigene Persönlichkeit und das Leben, das sie mit den anderen Menschen geteilt haben. Also, Mama, als meine Seele aus meinem Körper rauschte und ich dich anschaute, sah ich eine Seele auf dem Gipfel der Erleuchtung. Ich sah jemanden, der absolut nährend, verständnisvoll, inspirierend, motivierend, unterstützend, ermutigend, liebevoll, großzügig, freigiebig und lustig ist. [Weil ich nicht besonders gut mit Komplimenten umgehen kann, werde ich rot.] Ich konnte mich an alle deine früheren Leben erinnern, an all die Leben, die wir miteinander geteilt haben. Hey, Mama, weißt du, was wir getan haben? Wenn wir uns [früher] hier getroffen haben, haben du und ich manchmal gemeinsam andere Planeten besucht!

ICH: Cool! Das machen wir wieder, ich verspreche es.

ERIK: Ich warte auf dich, aber ich weiß, dass es aus deiner Sicht sehr lange dauern wird. Aber das ist gut, das ist okay.

ICH: Ja, ich verstehe. Erik, glaubst du, dass du dich auf der geistigen Ebene generell wohler fühlst als auf der physischen Ebene? Ich habe das Gefühl, bei mir ist es so.

ERIK: Ja, auf der physischen Ebene zu leben bedeutete, die ganze Zeit unter Schmerzen zu leiden, als hätte man eine Migräne oder einen Abszess. Ich fand ein wenig Frieden in Norwegen, aber dieser Frieden war flüchtig. Deswegen bin ich immer von einer Sache zur nächsten gesprungen und weiter zur übernächsten und so weiter. Deshalb bin ich nie langfristig bei irgendetwas geblieben. Die Freude, der Genuss oder die Motivation waren für mich stets nur flüchtig. Dann begann ich wieder Schmerzen zu spüren und suchte mir etwas Neues.

ICH: Nun, ich bin froh, dass du eine gute Zeit dort hast, Süßer. Ich bin so froh, dass du glücklich bist. Das ist alles, wovon eine Mutter träumt: dass ihr Kind Freude und Erfüllung im »Leben« findet.

Eriks Besuche – vor allem seine Schelmenstücke – und diese ersten kostbaren Gespräche, die wir miteinander führten, sowohl durch Kim als auch durch Jamie, spendeten mir als Mutter, die gerade ein Kind verloren hatte, ein wenig Hoffnung und Seelenfrieden. Obwohl Eriks Beschreibung seines Todes mich ganz benommen machte, war ich erleichtert und froh zu sehen, dass sich sein Humor nicht verändert hatte. Ich hatte das Gefühl, er war in der Tat »mein Erik«. Und mehr noch, er war der Erik, den ich in Erinnerung hatte, bevor er als Teenager in diese dunkle Depression stürzte, die letztlich dazu geführt hatte, dass er zu dieser verzweifelten Maßnahme griff, um seine Schmerzen zu beenden. Er schien wirklich glücklich. Während ich mich auf alles einstellte, was Erik unternommen hatte, um mit uns zu kommunizieren, entwickelte ich eine vorläufige Hypothese rund um die Existenz meines Sohnes als körperlose Seele. Ich hatte nämlich erkannt, dass mein Sohn irgendwo im Jenseits »leben« musste, aber ich konnte noch nicht in Worte fassen, was das wohl bedeutete.

Ich betrat dieses unbekannte Terrain des Jenseits mithilfe von vertrauenswürdigen Medien (Mittlern), meiner Familie, meinen Freunden und natürlich Erik selbst. Meine ersten Schritte in diesem Bereich waren vorsichtig und zögerlich, aber es gab so viel, was ich wissen wollte, vor allem darüber, wie es wirklich ist, im Jenseits zu existieren, und was es mit dem »Leben nach dem Tod« tatsächlich auf sich hat. Wie ich bereits erwähnt habe, hatte ich die Theorie entwickelt, dass mein Sohn irgendwo »lebt«, aber wie war dieses »Irgendwo« wirklich? Wie war sein emotionaler Zustand? Wie verbrachte er seine Zeit? Wie hatte sich sein »Leben« seit seinem Tod verändert? Vor allem hatte ich das starke Bedürfnis, auch weiterhin irgendeine Art von Beziehung zu Erik aufrechtzuerhalten, soweit überhaupt möglich. In unseren folgenden Gesprächen wurden meine Fragen mehr als beantwortet, und unsere neue Beziehung erhielt allmählich eine neue Grundlage.

TEIL 2
DIE KÖRPERLOSE SEELE

Bei dem Gedanken an unsere eigene Sterblichkeit schaudert es den meisten von uns. Das ist sehr menschlich. Für manchen ist der Tod ein Schatten, der über uns schwebt, und wir rechnen in irgendeiner Weise mit diesem zur Unzeit kommenden Moment, in dem uns ein Bus überfährt, eine Arterie verstopft ist oder eine Krebszelle in dem heiligen Garten, der unser Körper ist, wuchert. Zuweilen hat man das Gefühl, die Schwelle zum Unbekannten sei ganz weit weg. Dann wiederum wähnt man sich mit einem Fuß bereits im Grab und mit dem anderen auf einer Bananenschale. Was auch immer Sie bezüglich Ihrer eigenen Sterblichkeit fühlen, halten Sie sich fest, denn nun begeben wir uns auf eine sehr erhellende Reise durch dieses große Gebiet, geführt von unserem Reiseleiter Erik, der uns in den folgenden Gesprächen etwas darüber erzählt, was der Tod wirklich ist, was Seelen tun und erreichen können, und wie die wahre Beschaffenheit des Jenseits ist. Doch dies sind nur einige der vielen spannenden Themen.

5. ERIK BESCHREIBT DEN TOD IM ALLGEMEINEN

Erik begann unsere Diskussion über den Tod in klassischer Erik-Manier – mit einem Streich und einem Lachen. Vor den Sitzungen tauchte Erik oft auf, bevor ich ihn rief, und brachte Jamie mit seinem Unfug durcheinander.

JAMIE: Also gestern habe ich ein Reading [Jenseitskontakt] für eine Frau durchgeführt, dabei hat es die ganze Zeit nach Fisch gerochen. Ich meine, wirklich nach stinkendem, altem Fisch.

ICH: Ihh! Alter Fisch? Schlimmer geht's nicht!

JAMIE: Und ich unterbrach das Reading immer wieder und schaute die Frau an, als, Sie wissen schon, gäbe es etwas, das ich aufnehmen sollte und das mit Fisch zu tun habe. Ich konnte mir wirklich überhaupt keinen Reim darauf machen! Ich hatte immer noch keine Idee, als sie wieder gegangen war! Nun, wissen Sie, wer das war?

ICH (lachend): Oh, ich kann es nur vermuten.

JAMIE: Ich hatte keinen Schimmer. Es ist mir noch nicht mal in den Sinn gekommen.

ICH: Er ist sehr verspielt. Ich meine, ich weiß nicht, ob Sie den Blog gelesen haben, aber kein Mitglied ist sicher vor diesem Scherzbold!

JAMIE: Oh, meine Güte! Er war mit sich selbst beschäftigt! Und er ist hier und hellwach.

ICH: Hallo, Erik!

[Jamie kichert.]

ERIK: Hallo, Mama.

ICH: Okay, Erik, was würdest du uns gern über den Tod im Allgemeinen sagen? Es ist ein angstbesetztes Thema in den Herzen und Köpfen vieler.

JAMIE (glucksend): Er reibt sich irgendwie das Kinn.

ERIK: Können wir uns ein anderes Wort für »Tod« einfallen lassen?

ICH: »Übergang«? Ich weiß nicht! Sag du es mir; du bist der Experte!

ERIK: Tod ist genau wie Geburt. Wir werden in diese erstaunliche Welt »hineingeboren«, und dann werden wir in eine andere Welt »hineingeboren«, in die Welt, von der ich jetzt ein Teil bin.

ICH: Was, denkst du, ist schwieriger?

ERIK: Oh, definitiv in einen menschlichen Körper geboren zu werden.

ICH: Und was ist mit dem Übergang dorthin, wo du jetzt bist, Erik?

JAMIE: Er atmet tief ein.

ERIK: [Es ist] wie nach Hause kommen. Nun, deinetwegen und wegen der Blogmitglieder hatte ich viele Interaktionen mit anderen Geistwesen, die über den Tod gesprochen haben – ihren Tod. Ihren Übergang. Und der ist für jeden ganz anders. Ich glaube wirklich …

JAMIE: Er denkt nach und hat die Augen zusammengekniffen.

ERIK: Also, Mama, es ist so: Jeder macht ganz eigene Erfahrungen, und ich glaube wirklich, so soll es auch sein, damit wir das lernen und erfahren, womit wir auch umgehen können. Wenn ich mit Geistwesen spreche, stelle ich meistens fest, dass sie sich, selbst wenn sie zum Zeitpunkt ihres Todes unter unglaubliche Schmerzen litten, nicht wirklich so lebhaft daran erinnern, wie man sich als Mensch an schmerzliche Dinge erinnert. Sie haben einfach keine so starke emotionale Bindung an den Schmerz. Aber meistens ist der Tod ohnehin schmerzlos, außer die Seele will einen qualvollen Tod erleben und daran wachsen. Wir wachsen in der Regel am besten durch Härten und Herausforderungen. Oh, und dann gibt es da noch etwas zum Thema Schmerzen während des Übergangs und danach: Schmerzen haben etwas mit dem physischen Körper zu tun, und in dem stecken wir ja nicht mehr. Wir haben diese Körpererinnerungen nicht mehr. Die alten Narben, die Schmerzen und Verspannungen sind verschwunden. Wir sind frei davon. Wir haben diese Schmerzen, solange wir in unserem Körper sind, aber sobald wir daraus befreit sind …

JAMIE: Er vermittelt mir dieses wirklich nette Bild von einem Pferderennen, wenn das Tor geöffnet wird und das Pferd wie ein Pfeil hinausschießt: »Oh ja! Lass mich hier raus!«

[Jamie und ich lachen.]

ERIK: Ja. Dann fängt das Rennen wirklich an. Alles ist schneller und freier, weniger eng und eingeschränkt.

ICH: Okay. Nun, ich weiß, dass viele Menschen, die Nahtoderfahrungen hinter sich haben, davon berichten, sie seien durch einen dunklen Tunnel auf ein Licht zugegangen. Ich weiß, du hast gesagt, jeder macht eine andere Erfahrung, aber gibt es Dinge, die immer gleich bleiben, die alle erleben?

ERIK: Das hängt alles von ihrem Glaubenssystem ab. Am meisten Gültigkeit hat, was Kindern beim Sterben passiert. Denn sie haben noch kein Glaubenssystem und sind noch nicht indoktriniert. Sie kommen hier rüber und ...

JAMIE: Ups, jetzt wechselt er das Thema. [Wir beide seufzen wissend.]

ERIK: Weißt du, ich habe letztens mit jemandem gesprochen ... Und da habe ich gesagt ...

JAMIE (kichernd): Langsam, Erik! Hol mal Luft.

ICH: Er kann reden wie ein Wasserfall, dieser Junge!

[Es gibt eine Pause, in der Jamie Erik wieder einholt. Dann fasst sie zusammen, was er gesagt hat.]

JAMIE: Er hat mit diesem anderen Herrn über die Struktur des Gehirns gesprochen. Und er sagt, es sei viel darüber geforscht worden, was passiert, wenn das Gehirn stirbt. Danach gibt es offenbar zwei Minuten, in denen die Zellen sterben und in denen kein Sauerstoff mehr vorhanden ist. Dann entsteht ein Bild, das als Licht wahrgenommen wird und das den Tunneleffekt hervorruft.

Und er sagt, man könne alle diese wissenschaftlichen Veröffentlichungen lesen, in denen behauptet wird, dass es sich beim Tunneleffekt eben darum handelt.

ERIK: Nun, das erklärt einiges, aber nicht alles.

JAMIE: Er schüttelt den Kopf, als wolle er sagen: »Oh nein, längst nicht alles!«

ERIK: Aber ich denke, so arbeitet unser Körper, um uns zu trösten. Mir wurde gesagt, dass wir [unsere Körper] so angelegt sind, weil dies der natürliche Ablauf des Todes von Körper und Geist ist.

ICH: Okay.

ERIK: Warum sollte uns unser Gehirn, während es stirbt, keine gute Starthilfe für diese neue Reise geben? Das erscheint mir doch verdammt sinnvoll.

JAMIE: Darüber habe ich noch nie nachgedacht!

ICH: Interessant. Ich habe die Forschungsberichte, von denen du sprichst, gelesen, Erik. Das Ganze hat etwas mit Sauerstoffmangel im Hinterhauptlappen des Gehirns zu tun. Okay, nun würde ich gern noch einmal auf die Kinder zurückkommen, wenn das geht. Erzähl mir, wie sie ihn [den Tod] erleben.

ERIK: Halt dich fest! Kinder ohne Glaubenssystem – was, meinst du, erzählen sie, wenn sie Nahtoderlebnisse hatten?

ICH: Ich weiß es nicht, ich gebe auf.

ERIK: Das Reinste vom Reinen. Sie sehen das Licht. Sie gehen auf das Licht zu und sehen Menschen. Mama, sie sind so klein, sie wissen nicht, dass das Opa Joe oder Urgroßmutter Suzy ist, beispielsweise. Aber das Kind weiß, dass es von diesen Menschen geliebt wird. Es macht solche Erfahrungen.

[Lange Pause, gefolgt von Jamies Lachen]

JAMIE (immer noch kichernd): Okay. Halt, Erik! Noch einmal zurück für mich. Er spricht über Menschen, die glauben, eine Nahtodererfahrung hinter sich zu haben, aber wenn sie sterben und wieder zurückkommen, sprechen sie über eine Ratsversammlung aus weiß gekleideten Menschen und Menschen in römischen Togen und Wickelgewändern und von goldgepflasterten Straßen.

ERIK: Mama, ich weiß, das hat etwas mit unserem Glaubenssystem zu tun, aber das ist es auch. Ein Mensch erfindet eine Geschichte und gibt sie weiter.

ICH: Oh ja. Okay.

ERIK: Und weil diese Togen einen herausgehobenen Status anzeigten und ebenso die meisten glauben, Mönche seien sehr mit Gott verbunden, stellen wir uns vor, dass sich unsere »Geistführer« entweder wie Mönche oder Führungspersönlichkeiten aus der antiken Zeit kleiden.

ICH: Also erschaffen wir dieses Design oder machen sie das für uns, damit wir uns wohler fühlen und besser orientieren können, wenn wir hinübergehen?

ERIK: Oh nein, wir machen das selbst. Unsere Überzeugungen sind der stärkste Zaun, mit dem wir uns umgeben. Er hält die einen Dinge drinnen und die anderen draußen.

ICH: Und was ist mit Skeptikern oder Atheisten, die nicht an ein Leben nach dem Tod glauben? Was passiert, wenn die sterben?

JAMIE (lachend): Er hat wieder dieses Lächeln der »Katze, die den Kanarienvogel gefressen hat« im Gesicht!

ICH: Oh, meine Güte, ich sehe es genau vor mir!

ERIK: Nun, sie wollen ins Nichts eingehen oder glauben zumindest, dass dies passieren wird. Also gehen sie ins Nichts ein! Und dann haben sie einen Gedanken und merken, dass sie einen Gedanken haben. Die Neugier treibt sie an, den Raum zu erkunden, in dem sie sich gerade befinden. Und wenn sie damit beginnen, vollziehen sie den Übergang in das, was ich »Zuhause« nenne.

ICH: Was passiert, wenn sie diesen Raum nicht erkunden? Schweben sie dann für alle Ewigkeit im Nichts?

ERIK: Es gibt Geistwesen, die kommen, um sie zu retten und ihnen zu helfen, sich zu orientieren, aber die Retter müssen warten, bis sich ihre Energieschwingungen öffnen und höher werden.

ICH: Und was ist mit Menschen, die an die Hölle glauben und meinen, sie gehörten dorthin?

ERIK: Sie haben keine Chance, das Licht zu sehen und den Übergang zu vollziehen. Sie müssen warten, bis ihre Schwingungen sich erhöhen. Und irgendwann werden sie höher. Sie werden immer höher. Hölle ist in Wirklichkeit nur ein Ausdruck für die Trennung vom Licht. Mama, wir, die [an eine höhere Macht] glauben, wissen, dass sie in allem ist. Wie also können wir jemals von ihr getrennt sein?

JAMIE (lachend): Ich liebe seine Marotten!

ICH: Ich weiß, er hat viele lustige drauf!

JAMIE (immer noch lachend): Wenn er tiefsinnig wird und nachdenkt, Junge, dann hält sein Körper wirklich Einzug!

ERIK: Mama, es ergibt keinen Sinn! Das Licht ist allgegenwärtig, also kann es die Hölle nicht geben. Wenn das Licht alles ist, jedes Wesen, das ganze Universum, jede Dimension, wie kann es dann so etwas wie die Hölle geben? Das ist unmöglich.

ICH: Also, was machen Menschen, wenn sie denken, sie sollten in der Hölle sein? Stellen sie sich die Hölle vor und erschaffen so ihre ganz persönliche Höllenwirklichkeit?

ERIK: Nun, was ich mitbekommen habe …

JAMIE: Jetzt lehnt er sich zurück.

ERIK: Nehmen wir beispielsweise die Baptisten. Wie du weißt, glauben sie, sie hätten durch die Hölle zu gehen, um zu Gott zu gelangen. Sie glauben, sie müssten sich mit ihren Dämonen konfrontieren – mit dem Bösen in sich selbst –, um sich davon zu reinigen. Menschen, die derart starke Überzeugungen haben, spüren das Licht nicht sofort. Sie empfinden ihre Angst, die Angst der ganzen Menschheit, die ganze niedrige Energie – und sie kämpfen. Sie machen diese Kämpfe durch, und dann gehen sie in das Licht ein und haben das Gefühl, überlebt zu haben. Ist das nötig? Ich denke nicht, aber das ist ihre Überzeugung und ihre Wahl.

ICH: In deinem Fall, Erik, war für dich das, was du bei deinem Tod erlebt hast, also keine große Überraschung, weil dein Glaubenssystem ja in etwa unserem glich, einem mehr spirituellen und weniger dem einer der großen bekannten Religionen? Wir haben ja als Familie verschiedene Wege erforscht. Hat dir das den Übergang ein wenig erleichtert?

ERIK: Oh ja. Dafür bin ich euch sehr dankbar. Ich finde es seltsam, dass Menschen so leichtsinnig und sorglos mit ihrem Leben umgehen, weil sie denken, ihr Tod würde sie retten oder es sei alles vergeben und vergessen, wenn sie sterben. Nur wenige wissen, dass ihr Dasein im Jenseits auf den Überzeugungen basiert, die sie erschaffen haben, während sie noch in diesem Leben sind.

ICH: Ihr ganzes Leben nach dem Tod? Wirklich?

ERIK: Ja, wenn sie glauben, dass dies alles ist, was sie bekommen, ist ihr Horizont sehr eng. Und dann bekommen sie auch wirklich nur das. Im irdischen Leben ist es nicht anders. Hast du das noch nicht bemerkt?

JAMIE (kichernd): Bohnen, Erik? Also gut. Er sagt, vielleicht hast du noch nie Bohnen probiert, aber dann mit 30 Jahren isst du zum ersten Mal Bohnen. Und plötzlich siehst du sie überall: Bohnen, Bohnen, Bohnen. Das liegt daran, dass du jetzt einfach offener dafür bist.

ICH (glucksend): Nun, wenn es grüne Bohnen sind, hast du sie vermutlich wirklich noch nie probiert, Erik!

ERIK (lacht): Das stimmt nicht! Du hast mich gezwungen, ein paar Bissen zu essen!

ICH: Ja, das ist richtig. Du hast mich erwischt. Also, das ist wirklich interessant. Ich erinnere mich, dass jedes Mal, wenn ich schwanger war, es mir schien, als sei jede andere Frau in meiner Umgebung auch schwanger. Du sagst also, dass die Überzeugungen, die du ein Leben lang hattest, die Grundlage für die Erfahrungen darstellen, die du beim Sterben und im Jenseits machst?

ERIK: Ja.

ICH: Ich weiß, dass der Tod für jeden Menschen ganz anders ist, aber mal ganz allgemein gefragt: Was nehmen die meisten Seelen sofort wahr?

ERIK: Ihren Körper.

ICH: Du siehst deinen Körper? Das ist das Erste, was dir auffällt?

ERIK: Nein. Der Körper – wie er sich anfühlt. Es ist verrückt, Mama, denn du spürst keine Schmerzen, aber manchmal macht sich das nach der Erdzeit erst Tage oder Wochen später bemerkbar. Es gibt keinen Hunger und keinen Durst. Dir ist nie zu kalt oder zu heiß. Und manche merken das sofort. Aber bei anderen dauert es ein paar Tage, bis sie feststellen: »Hey, ich habe gar keine Schmerzen mehr!« Manche Menschen haben so lange mit Schmerzen gelebt, dass sie zunächst gar nicht bemerken, dass sie weg sind.

ICH: Interessant. Und was noch? Welche anderen Empfindungen fallen noch sofort auf?

ERIK: Expansion. Du fühlst dich weiter und leichter. Es ist, als wärst du nicht mehr auf diesen engen Raum beschränkt und könntest jeden Raum ausfüllen, den du willst. Außerdem fällt einem als Erstes Folgendes auf: Sobald man an etwas denkt – sobald einem ein Gedanke kommt –, dann muss man nicht ins Auto steigen und irgendwo hinfahren, um es zu sehen oder zu bekommen. Man ist einfach schon da. Wenn ich etwa an dich denke, bin ich bereits bei dir. Wenn ich an Bergen [Stadt in Norwegen] denke, bin ich schon da.

ICH: Ja, du hast gesagt, dass Gedanken dort viel schneller Realität schaffen – augenblicklich sozusagen.

ERIK (lachend): Oh ja!

ICH: Das spart Flugtickets. Keine Vielfliegermeilen für dich, was, Erik?

[Erik lacht.]

ICH: Aber kannst du ein Auto oder ein Motorrad oder ein Boot erschaffen und damit reisen, wenn du willst? Ich weiß, du hast erwähnt, dass du ein Boot hast und dass du in einer Junggesellenbude lebst.

ERIK: Ja! Zur Hölle, ja! Du kannst alles erschaffen, genau wie Menschen Häuser und Autos bauen können. Wir haben die gleichen Fähigkeiten, aber sie lassen sich auf ganz andere Weise verwirklichen: schneller und einfacher.

JAMIE (lacht): Er schaut mich an, als wolle er sagen: »Ach, du Arme!«

ICH: Wir Armen hier unten müssen alles auf die harte Tour machen, was?

[Jamie lacht.]

ICH: Und was ist mit dem Körper? Wenn du deinen physischen Körper verlassen hast und auf dich als Geistwesen herunterschaust, hast du ja immer noch so etwas wie einen Körper, eine Art »Gedächtniskörper«, oder? Kommt dir deine Form fest und solide vor, zumindest auf den ersten Blick?

ERIK: Ja, so ist es, aber unmittelbar nachdem ich meinen Körper gesehen hatte, habe ich daran nicht einmal gedacht. Jetzt weiß ich, dass ich jede beliebige Form annehmen kann, die ich möchte, und dass ich so fest sein kann, wie ich will. Ich kann so alt aussehen, wie ich will. Ich kann alle Arten von Kleidung tragen. Ich kann ein Lichtstrahl oder eine Lichtkugel sein. Ich kann massiv oder durchscheinend sein. Das hängt ganz von mir ab, und normalerweise verändere ich meine Form, je nachdem, mit wem ich gerade zusammen bin, ob es ein Freund von hier ist oder ein menschliches Wesen auf der irdischen Ebene.

ICH: Was möchtest du uns sonst noch über den Tod und den Augenblick direkt nach dem Tod mitteilen? Du weißt schon, darüber, was die Seele unmittelbar nach dem Tod erkennt?

ERIK: Nun, auf jeden Fall das Fehlen von Schmerz, wie ich schon sagte. Die Leichtigkeit der Bewegung. Wie ein Gedanke in einem Augenblick Realität erschafft. Außerdem diese wunderbaren Dinge, die mit einem geschehen. Und dabei ist da zunächst diese hundertprozentige Schwäche. Ich führe sie auf dieses »Ich weiß nicht, wie ich diesen Körper manövrieren soll«-Gefühl zurück, das ich manchmal hatte, als ich noch am Leben war. Als ich noch einen Körper auf der Erde hatte, streckte ich die Hand aus, ergriff die Dose, öffnete sie und trank den Inhalt. Ich konnte Durst empfinden und mich darum kümmern. Wenn ich meine Familie sehen wollte, konnte ich anrufen oder vorbeikommen oder eine E-Mail schreiben. Aber jetzt gibt es diese Muster, die ich gelernt habe, nicht mehr. Sie funktionieren nicht mehr auf dieselbe Weise. Anfangs fühlt man sich hilflos. Ich habe gehört, dass manche Geistwesen es »Befreiung« nannten, aber man muss sozusagen neu lernen, mit Menschen und Dingen in Beziehung zu treten. Manche Seelen wissen von Anfang an, wie man das macht. Du weißt schon, jemandem im Traum zu begegnen, Dinge in Bewegung zu setzen oder erscheinen zu lassen. Aber manche von uns brauchen länger, bis sie in der Lage sind, bestimmte Dinge zu tun.

ICH: Was genau? Kannst du mir ein Beispiel für etwas geben, das du versucht hast und das dir sehr schwerfiel?

ERIK: Etwa die Waffe aufzuheben, gleich nachdem ich gestorben war, erinnerst du dich? Oder der Versuch, mein Gesicht zu bewegen. Meine Hand ging einfach durch die Dinge hindurch. Mittlerweile habe ich gelernt, die Schwingungsfrequenz meiner Hände zu senken, damit ich feste Gegenstände auf der irdischen Ebene bewegen kann.

Durch dieses Gespräch erfuhr ich, dass jedes einzelne Leben nach dem Tod anders ist, und zwar basierend auf dem Glaubenssystem unserer Kindheit, das von Eltern, Lehrern und Gleichaltrigen geschaffen wurde. Ich habe auch gelernt, dass jeder Geist jeweils einen einzigartigen Übergang vollzieht vom Leben in einem physischen Körper auf der irdischen Ebene zum Leben als ungebundene Seele im geistigen Bereich und dass er sich auf ganz individuelle Weise an die neuen Gegebenheiten anpassen muss.

Als Nächstes teilte uns Erik mit, wie sich jedes Geistwesen erneut auf ein irdisches Leben einlässt, um die wertvolle Lektion zu erhalten, welche die Erfahrung als menschliches Wesen für uns bereithält.

6. DER LEBENSRÜCKBLICK IM ALLGEMEINEN

Viele, die Nahtoderlebnisse hinter sich haben, berichten von einer Art »Lebensrückblick«, wie es auch Erik tat. Die Erfahrung jedes Einzelnen unterscheidet sich zwar jeweils von derjenigen eines anderen, bestimmte Elemente aber bleiben immer die gleichen. Hier spricht Erik davon, was oft unmittelbar vor und während dieses Prozesses geschieht.

ICH: Kannst du uns mehr über den Lebensrückblick im Allgemeinen erzählen?

ERIK: Ja. Du meinst diese »Das ganze Leben läuft vor deinen Augen ab«-Vorstellung? Verstehe. Du erlebst es. Alle erleben es. Manchmal passiert es unmittelbar im Augenblick des Todes. Üblicherweise geschieht es sofort, das heißt, du kehrst gleich wieder in deinen Körper zurück.

ICH: Oh, wirklich?

ERIK: Ja, denn es geht in die Richtung von: »Wow! Heiliger Mist! Schau, was gerade passiert ist! Mein ganzes Leben ist vor mir aufgeblitzt. Jetzt weiß ich, wie ich sein will. Jetzt weiß ich, wer ich sein will. Ich gehe besser zurück und nehme ein paar Veränderungen in meinem Leben vor.«

ICH: Wie bei Nahtoderlebnissen! Ich sehe, in den Berichten über Nahtoderfahrungen kommt dasselbe vor. Auch dort geht es sofort zum Lebensrückblick.

ERIK: Ja. Das ist wirklich ein kräftiger Tritt in den Arsch. Aber wenn du erwartet wirst, wenn du weißt, dass du ankommst und oft von Familienmitgliedern begrüßt wirst, dann beginnt der Lebensrückblick erst danach. Als ich meinen Rückblick erlebte, war es so, als sei ich im Körper von jemand anderem und schaute mich selbst an. Ich spürte, was die Menschen in meinem Leben fühlen mussten, als ich mich in einer bestimmten Weise verhielt, als ich etwas Bestimmtes tat. Du spürst also überwältigende Freude, Trauer und Reue, aber du siehst alles aus der Perspektive eines anderen. So erfährst du, wer du bist! Du erlebst es von außen.

ICH: Wow, das ist interessant. Sehr interessant. Und was ist dann passiert?

ERIK: Ich erkannte, wie schrecklich ich war.

ICH: Oh nein! Du warst nicht schrecklich, Baby!

ERIK: Komm, Mama. Ich weiß, du bist meine Mutter, aber ich war ziemlich schwierig.

ICH: Nein, das sehe ich nicht so. Du bist manchmal wütend geworden wie jeder andere auch, aber zu 99 Prozent der Zeit warst du sehr freundlich und süß. Oh, meine Güte, Erik. Ich meine, natürlich hattest du deine Probleme und Momente, in denen du wütend warst, aber die meiste Zeit warst du so wunderbar zu anderen. Ich habe mir neulich alle deine Facebook-Nachrichten durchgelesen. So viele von deinen Freunden waren schockiert, als sie von deinem Tod gehört haben. Sie hatten ja keine Ahnung, dass du diese Dunkelheit in dir versteckt hattest. [Deine Freundin] Monika war so bestürzt. Sie hat gesagt, du warst immer so fröhlich und süß; du hast immer Hallo gesagt und hattest immer einen lockeren Spruch auf den Lippen. Die meisten Leute wussten nicht, dass du tief innen traurig und wütend warst. Es war die Krankheit, die sich da ausdrückte, nicht der wahre Erik. Außerdem habe ich deine Nachrichten an einige deiner Freunde gelesen, denen es nicht gut ging. Du hast ihnen gesagt, du möchtest für sie da sein, ihnen zuhören. Wer macht so etwas schon als Teenager? Du warst sehr hilfsbereit und ganz besonders, ja, hilfsbereit und besonders.

[Lange Pause]

ERIK: Wow! Hmm. Ich bin überrascht, weil ich dachte, ich sei ein offenes Buch.

ICH: Vielleicht haben sich die Leute nicht die Mühe gemacht, genau hinzuschauen.

ERIK: Aber im Lebensrückblick siehst du es. Du erlebst es, du fühlst es, und du beurteilst dich selbst. Es ist niemand da, der dich beurteilen würde, außer dir selbst. Du denkst, da sei dieser Typ auf einem goldenen Thron, der mit einem Stock auf dein Herz zeigt, du weißt schon, und dir sagt, du sollst 20 Liegestütze machen.

ICH (lachend): Ich hau dich!

ERIK (lachend): Ja! Aber so ist es nicht. Wenn dein Leben vorbei ist, bist du dir selbst überlassen. Du musst für dich selbst denken. Ich weiß nicht, ob ich Tage oder Stunden mit dem Kopf in den Händen dagesessen habe. Alles, was ich weiß, ist, ich war an einem einzigen Ort. Und als alles vorbei war, als ich verstanden hatte, wer ich war und was ich getan hatte, konnte ich zurückgehen und – nun, ich ging nicht wirklich zurück. Es war, als verziehe sich dieser silbergraue Nebel, und ich fand mich an einem anderen Ort wieder. Ich hatte nicht das Gefühl, alles unter Kontrolle zu haben oder dass ich um bestimmte Dinge bat. Ich war einfach nur Zeuge eines Prozesses. Ich war einfach Teil eines Prozesses.

ICH: An welchem anderen Ort hast du dich wiedergefunden?

ERIK: Als er [der graue Nebel] sich in Gärten und Wege verwandelte und meine Familie da war. Da wurde es sozial nach dem Motto: »Wir zeigen dir alles.«

ICH: Oh ja!

ERIK: Und sie sagten Sachen wie: »Ich zeige dir, was du alles tun kannst. Lass mich dir helfen.«

ICH: Wer hat dir am meisten geholfen? War es jemand, den wir kennen, oder war es ein »Geistführer« oder …

ERIK: Es gab einige, und es ist schwer zu sagen, wer mir am meisten geholfen hat.

JAMIE: Er spricht von einer Tante.

ICH: Ja, das ist wohl meine jüngere Schwester Denise.

JAMIE: Eine Großmutter.

ICH: Bestemor, Runes Mama.

JAMIE: Und von einem Mann, der nicht mit ihm verwandt ist.

ICH: Okay. [Lange Pause]

JAMIE: Erzähl mir was über diesen Mann, Erik.

[Pause, während sie Erik zuhört.]

JAMIE: Der Mann. Ich höre dauernd einen Namen wie Simon. Es klingt so einfach.

ERIK: Von da an konnte ich neue Freunde finden – als ich in der Lage war, die Dynamik des Ortes zu verstehen, an dem ich war.

ICH: Und bei alldem hast du dich sehr wohlgefühlt, nehme ich an.

ERIK: Ja, Mama. Es war verrückt. Wenn mir das auf der Erde passiert wäre, hätte ich mich gefühlt, als sei ich entführt worden.

ICH: Oh mein Gott, ja!

ERIK: Ich wäre ausgeflippt. Aber es war, als spürte ich eine Wärme im ganzen Körper. Ich konnte nicht weinen. Ich konnte nicht weinen, selbst wenn ich es gewollt hätte. Ich war von so viel Freude – stiller Freude – umgeben. Und wenn du das spürst, willst du definitiv nicht gleich wieder zurück in deinen Körper!

ICH: Habt ihr »Geistführer« da drüben? Habt ihr eure eigenen persönlichen Führer, wie Schutzengel, die sich auch da drüben um euch kümmern?

ERIK: Sicher, aber sie sind mehr wie Lehrer.

ICH: Oh, okay.

ERIK: Sie möchten, dass du für dich selbst lernst, dich um dich selbst kümmerst. Wir werden nicht als so hilflos angesehen, wie wir auf der Erde sind.

ICH: Kannst du aktiv an deinem Lebensrückblick teilnehmen, indem du Dinge veränderst, weil es ja keine lineare Zeit gibt? Es scheint, als solltest du in der Lage sein, die Fehler auszuschließen, die du gemacht hast.

ERIK: Mensch, das macht allerdings den ganzen Zweck des Lebensrückblicks irgendwie zunichte, Mama.

[Jamie kichert.]

ICH: Oh! Damit würde man also die Antworten verändern, nachdem die Prüfung bereits begonnen hat, schätze ich, oder?

ERIK (lacht): Ja, genau!

JAMIE (schmunzelt): Er hat dieses Trommelgeräusch gemacht – dah, dam, dam! – wie man eben macht, wenn man die richtige Antwort bekommt.

ERIK: Nein, du kannst es nicht aktiv verändern, während du darauf zurückblickst, aber danach schon. Sobald es keine lineare Zeit gibt, kannst du das. Falls es Dinge gibt, die deiner Meinung nach korrigiert werden müssen, und wenn das dem Wohl aller oder einem höheren Zweck dient, darfst du das auch. Aber wenn es negativ ist und keinem höheren Zweck dient, darfst du keine schlafenden Hunde wecken. Dann muss sich der ganze Mist von selbst auflösen.

ICH: Verstehe. Genau. Jetzt können deine multiplen Ichs in all ihren simultanen Leben die Informationen herauf- oder herunterladen, die du während dieses Lebensrückblicks bekommen hast, sodass diese anderen Ichs sie in ihren Parallelleben anwenden können? Oh Gott, es ist so komplex. Ich kann diesen Gedankengang mit meinem schwachen kleinen Verstand kaum entwirren!

ERIK (lacht): Nein, ich verstehe schon, Mama. Du hast es gut erklärt. Und ja, sicher, aber diese anderen Leben auf der Erde müssen wissen, wie man diese Informationen herunterladen kann. (a) Sie müssen sich dessen bewusst sein – der Tatsache, dass sie es können; (b) sie müssen es bewusst wollen und (c) sie müssen so weit erleuchtet sein, um zu verstehen, wie man diese Informationen verwenden kann.

ICH: Das kann also auf einer Seelenebene geschehen, unter der bewussten Egoebene? Kannst du einfach wie ein Tarnkappenbomber hineingehen und die Informationen still und leise einschleusen? Kann man es als Seeleneinsatz bezeichnen?

ERIK: Oh, es gibt so vieles mehr, was sich auf der Seelenebene abspielt, aber die Seelenebene ist gar nicht das, was das menschliche Leben steuert.

JAMIE: Ist sie wohl, Erik!

ICH: Oh nein! Ich sitze in einem außer Kontrolle geratenen Zug ohne Lokführer am Steuer! Das ist nicht gut!

ERIK: Okay, sagen wir es so: Es herrscht ein glücklich machendes Gleichgewicht zwischen Bewusstsein, spiritueller Amnesie und Stoff aus der Seelenebene. Du brauchst diese Amnesie, damit du neue Erfahrungen machen kannst. Ohne sie bist du nur ein Hamster im Hamsterrad.

ICH: Okay, hier ist noch eine Frage, die sich auf das ganze Thema Lebensrückblick bezieht: Wenn du viele Menschen tötest, etwa im Krieg, spürst du dann die Gefühle jedes einzelnen während deines Lebensrückblicks?

ERIK: Ja, zur Hölle. Ihre Gedanken – also was sie denken – was passiert, ihre Emotionen, was sie fühlen – ja.

ICH: Oh mein Gott, das muss brutal sein.

ERIK: Das ist es definitiv.

Nach Eriks Bericht erscheint der Lebensrückblick als einer der wertvollsten und lehrreichsten Momente, die ein Geistwesen nach dem Tod und dem Übergang ins Jenseits erlebt. Er verleiht den Kämpfen, den Härten und den schönen Erinnerungen, welche die menschliche Erfahrung ausmachen, einen Sinn und begründet unser Leben auf der irdischen Ebene.

7. DIE FÄHIGKEITEN EINER KÖRPERLOSEN SEELE

Die meisten von uns können sich nicht vorstellen, außerhalb ihres Körpers zu »leben«. In der Tat sind die meisten von uns der Ansicht, wir und unser Körper seien identisch. Aber den größten Teil unserer Existenz haben wir als ewige Wesen in der geistigen Welt verbracht, unbelastet von dieser äußeren Schale, die uns so oft Freude und Schmerz, Krankheit und Gesundheit bringt. Wie fühlt es sich also an, den physischen Körper abzulegen wie ein Schmetterling seinen Kokon? Was sind die Vorteile? Was sind die Nachteile? Erik erklärt es aus seiner Sicht als erst seit Kurzem körperlose Seele.

Wie sehen Seelen aus?

Es ist ganz natürlich, dass sich eine Mutter fragt, ob ihr Kind im Tod noch genauso aussieht wie im Leben. Eriks Antworten erstaunten und beruhigten mich gleichermaßen.

ICH: Wie siehst du aus, Erik? Welche Form nimmst du an? Trägst du Kleidung? Wie alt siehst du aus?

ERIK: Hm, nun, wenn ich mit meinen Kumpels rumhänge, bin ich wie ein Lichtstrahl oder eine Lichtkugel, aber wenn ich versuche, mich auf der Erde zu materialisieren, erscheine ich so wie früher, damit ihr wisst, wer ich bin. Vergiss nicht, Mama, ich hatte viele andere Leben, und wenn ich auftreten würde wie in einem von diesen, wüsstest du vielleicht nicht, dass ich es bin!

ICH: Ja, okay. Das leuchtet mir ein.

ERIK: Wenn du ins Jenseits kommst, Mama, erscheine ich dir, wie immer du willst. Möchtest du, dass ich ein kleiner Junge bin? Möchtest du mich erwachsen? Du musst das nicht jetzt entscheiden. Warte, bis du da bist, und ich werde sein, was immer du willst – oder ein Lichtstrahl oder eine Lichtkugel. Denk doch mal, Mama, wenn du auch in der geistigen Welt bist, wird das für dich überhaupt keine Rolle mehr spielen. Es wird dir egal sein. Du wirst nicht danach fragen, wie ich ausgesehen habe, als ich noch bei euch war. Du wirst einfach mit meiner Seele interagieren, die du als Lichtstrahl sehen und fühlen wirst.

[Im Moment ist es mir egal, wie er aussieht, wenn ich ihn nur eines Tages wiedersehe. Ich möchte ihn einfach nur umarmen und lieb haben. Ich werde ihm so viele aufgestaute Küsse, Umarmungen und Liebe zu geben haben.]

ICH: Deine Kumpels erscheinen dir also als Lichtstrahlen oder so, wie sie waren, als sie noch gelebt haben?

ERIK: Als Lichtkugeln wie in diesem Film *Cocoon*, wenn sie ihre Haut ablegen. Oh, aber wir sehen nicht aus wie Außerirdische oder so. Wir sehen aus wie Lichtkugeln.

ICH: Jamie, wenn Sie Erik sehen, was sehen Sie dann? Sehen Sie ihn oder hören Sie ihn nur oder was?

JAMIE (lacht): Ich sehe ihn. Heute hat er ein T-Shirt an. Die Farbe ist irgendwie gräulich und mit irgendwas bedruckt, aber ich sehe keine Worte, die dazu passen. Erinnert mich an ein Ed-Hardy-Design; wissen Sie, so eine Art Federzeichnung.

[Ich weiß genau, von welchem T-Shirt sie spricht. Da ist ein sehr stilisierter Drache drauf.]

ICH: Oh ja, sicher.

JAMIE: Es ist kurzärmelig, und er hat Jeans an.

ICH: Natürlich. Das ist so ziemlich das Einzige, was er getragen hat, sogar in unseren schwülen Houston-Sommern.

JAMIE: Ich kann nicht wirklich etwas über seine Schuhe sagen. Ich glaube, es sind Tennisschuhe. Nicht reinweiß allerdings.

Ich (schmunzelnd): Ja, jede Wette, das nicht! Erscheint er Ihnen durchsichtig oder kompakt?

JAMIE: Er ist ein bisschen transparent, nicht ganz undurchsichtig.

Was kann eine körperlose Seele tun?

Kaum war mein Verstand von der Existenz eines Lebens nach dem Tod überzeugt, fragte ich mich, was eine körperlose Seele wohl zu tun in der Lage sei. Ohne tatkräftige Hände, dachte ich, mussten die manuellen Verrichtungen, die Sie und ich für selbstverständlich halten, ziemlich schwer zu bewältigen sein. Wieder belehrte mich Erik eines Besseren.

ERIK: Ich helfe meiner Nachbarin, diesem wirklich süßen Mädchen, eine Veranda an ihr Haus zu bauen.

ICH: Oh, gut!

ERIK: Ja, und ich habe ein Motorrad, ein Boot und ein Auto. Ich arbeite gern an den Motoren. Und mit Kochen habe ich auch angefangen.

[Mein Geist schwelgte in schönen Erinnerungen an Erik, der einige erstaunlich kreative Gerichte fabriziert hatte. Sein Lieblingsessen war Rührei in Tandoori-Sauce gewesen, gefolgt von Eier Benedikt, schwimmend in Sauce hollandaise. Ich erinnere mich, dass ich mir Sorgen machte, er könne von all der Butter und Sahne, die er verwendete, schon in jungen Jahren eine Herzerkrankung bekommen. Wie albern mir das jetzt vorkommt.]

ICH: Du kannst also mit deinen Händen arbeiten? Hier geht es ja wohl nicht darum, dass Gedanken Realität erschaffen, nach dem Motto: Ich denke an eine Veranda, und schon ist sie da. Oder: Ich denke an ein Rezept, und schon steht das Essen auf dem Tisch, oder? Ich meine, du kannst die Nägel einschlagen und …

ERIK: Ja, ich habe die Wahl, aber ich arbeite gern mit meinen Händen. Die meisten Leute hier arbeiten gern mit ihrer Energie, statt einfach alles zu manifestieren, was sie wollen. Wir arbeiten gern mit physischer Energie, weil uns das ein Gefühl des Erfolgs gibt.

ICH: Du sagst, du kannst eine körperliche Form annehmen. Aber wie machst du das, Erik? Ich verstehe einfach nicht, wie du dich einfach so in einer physischen Form manifestieren kannst.

ERIK: Das hat nichts mit Form zu tun. Denk mal zurück an die einfache Physik aus der achten Klasse, Mama. Alles ist Energie.

ICH: Aha.

ERIK: Unsere Energie hier bewegt sich in einem viel schnelleren Tempo, und daher können wir unsere Gestalt viel schneller verändern. Auch solltest du nicht vergessen, dass die Zeit hier ganz anders ist. Was du beobachtest, scheint nur eine Minute unserer Zeit in Anspruch zu nehmen, dauert in unserer Wahrnehmung aber viel länger. Ich hänge nach deiner Zeit vielleicht eine Minute lang mit dir rum, aber für mich fühlt es sich wie Stunden an.

ICH: Das ist so faszinierend, dieses ganze Zeitkonzept. Ich würde da gern noch mehr darüber wissen, aber zuerst möchte ich fragen, ob du noch in der Lage bist, dich visuell zu materialisieren. Ich habe dich gesehen – also, ich weiß nicht genau, ob ich dich wirklich gesehen oder ob ich mir das nur eingebildet habe, aber ich glaube, ich habe dich zweimal gesehen.

ERIK (schelmisch): Oh, Mama, du hast mich gesehen. Natürlich hast du mich gesehen!

ICH: Okay! Ist es richtig, richtig schwer?

ERIK: Was, zu materialisieren?

ICH: Ja.

ERIK: Na ja, man braucht viel Konzentration dazu, viel Kraft. Ich muss meine Energie konzentriert herunterfahren und sie auf eine Wellenlänge und Frequenz bringen, die ihr sehen könnt.

ICH: Wirst du mit der Zeit immer besser darin, sodass ich mehr von dir sehen kann?

ERIK: Oh ja!

ICH: Toll! Darauf freue ich mich schon. Nun, ich weiß, dass du viel unterwegs bist, Erik, aber wie machst du das? Benutzt du deine Gedanken? Wenn du beispielsweise nach Norwegen reisen willst, denkst du dann einfach daran, und schon bist du da?

ERIK: Nun, das kommt darauf an. Ich kann mich mithilfe meiner Gedanken materialisieren und entmaterialisieren, wie du gerade gesagt hast, Mama, oder ich kann, wenn ich will, ein Schiff, einen Zug oder den Bus nehmen.

ICH: Du manifestierst diese Dinge also durch deine Gedanken?

ERIK: Genau. Aber ich werde mit euch mitfliegen wollen, wenn ihr in den Osterferien nach Norwegen reist. Ich muss natürlich nicht die ganze Zeit im Flugzeug bleiben. Ich mache einfach das, was ich in dem Moment möchte.

ICH: Wow, so viele kostenlose Möglichkeiten habt ihr dort! Sprich über das Reisen in der ersten Klasse! Und darüber, wie es ist, vor der Sicherheitskontrolle nicht Schlange stehen zu müssen. [Themawechsel] Schläfst du, Erik?

ERIK: Nein. Ich war ja auch nicht so verrückt nach Schlafen, als ich noch bei euch war!

ICH (ungläubig): Nun, du hast sehr viel geschlafen!

ERIK: Oh, das habe ich gemacht, wenn ich musste oder wenn ich wirklich niedergeschlagen war und irgendwie vor Dingen fliehen wollte. Es gab einfach damals zu viele Dinge zu tun. Du erinnerst dich sicher, wie gern ich lange aufgeblieben bin, oder, Mama?

ICH: Doch ja, jetzt erinnere ich mich. Wenn du von einem neuen Hobby oder irgendwas, das dich interessierte, ganz begeistert warst, bist du die ganze Nacht wach geblieben.

ERIK: Ja. Ich habe dann geschlafen, wenn ich vor lauter Erschöpfung ganz benommen war. Mir hat die Vorstellung, nie schlafen zu müssen, damit ich die ganze Zeit was machen kann, immer gefallen, und jetzt muss ich nie mehr schlafen, und das liebe ich! Und weißt du was? Manche Geistwesen hier schlafen ganz viel, weil sie es gern tun und Spaß daran haben, aber das verstehe ich nicht. Ich denke, das ist Zeitverschwendung. Nicht dass die Zeit hier die gleiche wäre. Ist sie nicht.

ICH: Was machst du, wenn du uns nicht besuchst, wenn wir schlafen zum Beispiel?

ERIK: Oh! Nun, ich arbeite an meinem Fahrrad. Ich gehe mit meinen Freunden schwimmen. Ich gehe zum Tubing [Sportart]. Ich fahre Snowboard. Ich habe jetzt erst angefangen, Snowboard zu fahren. Oh, ich mache eine Menge. Ich arbeite entweder an etwas Mechanischem oder ich bin körperlich aktiv. Ich habe eine tolle Zeit! Ich habe viele neue Freunde gefunden! Sie haben sich alle irgendwann zwischen 13 und 28 oder 29 von der Erde verabschiedet. Männlich und weiblich. Und wir haben einfach einen Riesenspaß zusammen. Manchmal ist es schwer, alle zusammenzubekommen, weil wir alle so beschäftigt sind, aber ich versuche, ihnen klarzumachen, wie wichtig es ist, mit den Lieben, die man zurückgelassen hat, in Kontakt zu bleiben. Und weißt du was, Mama? Manche von ihnen haben überhaupt noch nie darüber nachgedacht. Sie sagen: »Glaubst du, meine Eltern und Geschwister würden weiterhin mit mir sprechen wollen?« Und ich sage dann: »Na klar!« So mache ich ihnen Mut. Und weißt du, wer mich auf diese Idee gebracht hat, Mama? Du!

ICH (strahlend vor Stolz): Ach, Erik, jetzt hilfst du Menschen auf beiden Seiten!

Worin unterscheiden sich inkarnierte von körperlosen Seelen?

ICH: Also, Erik, über welche besonderen Fähigkeiten verfügen freie, körperlose Seelen? Was könnt ihr auf der spirituellen Ebene tun, das wir hier nicht können? Ich weiß, dass deine Gedanken sehr viel schneller Realität werden können, aber was ist noch anders, wenn man keinen Körper besitzt?

ERIK: [Es gibt drei große] Unterschiede: Nummer eins, wir haben keine Probleme hier. Nummer zwei, wir können sofort manifestieren, was immer wir wollen, wie du gerade gesagt hast. Nummer drei, wir handeln alle auf der höchsten Ebene unseres Seins. Es gibt hier kein Gefühl von Hunger oder Durst, kein zu heiß oder zu kalt.

ICH: Meine Güte, warum macht sich dann einer die Mühe und kommt auf die Erde?

ERIK: Nun, es ist cool [hier], aber es macht auch Spaß, dort auf der Erde zu sein, weil du deinen eigenen Weg gehst, und es ist irgendwie spannend, die meisten Dinge nicht unter Kontrolle zu haben. Deswegen kommen die meisten Wesen zurück, nicht nur um auf ihrer Stufe der Erleuchtung zu arbeiten und das Ihrige zum Leben anderer Menschen beizutragen, sondern auch, weil es auf perverse Weise aufregend ist, die Kontrolle aufzugeben und einfach Teil von etwas zu sein, das größer ist als wir selbst. Und weißt du, was lustig ist, Mama? Wir kommen hierher, und alles, was wir tun, ist meckern, jammern und klagen!

[Ich lache zustimmend. Er rennt offene Türen ein.]

ICH: Weißt du, das ist so lustig, weil du alles komplett aufgibst, und zwar mit einem Schlag, wenn sich deine Seele in den Körper eines Säuglings begibt, der völlig hilflos ist! Aber gibt es dennoch einige Geistwesen, welche die irdische Ebene der geistigen vorziehen?

ERIK: Ja und umgekehrt. Wie viele Male habe ich einen Menschen sagen hören: »Das ist das letzte Mal, dass ich hierherkomme«, oder: »Ich mache das nicht noch einmal!« Ich muss lachen, wenn ich das höre, denn das sind meistens die Ersten, die wieder in einen Körper zurückspringen.

ICH: Ja, ich glaube, wenn sie von ihrem letzten Leben enttäuscht sind, müssen sie vermutlich trotzdem zurückkommen!

ERIK: Yep, und dann kommt die seltene Gelegenheit, wenn sie sozusagen von der irdischen Ebene wegstreben und wissen, dass dies ihr letztes Mal ist und was sie jetzt zu tun haben.

ICH: Du meinst, manchmal versuchen sie, alles in ein letztes Leben zu packen, und das wird dann besonders schwierig?

ERIK: Genau.

ICH: Okay, aber wenn sie nur aus Spaß an der Freude zurückkommen wollen, dann können sie das tun.

ERIK: Nur zum Spaß? Ja.

ICH (lachend): Mein Gott, Erik, genau das wollte ich sagen!

ERIK: Ja, ich dachte, ich korrigiere dich mal, Mama.

ICH: Kannst du jetzt etwas näher auf die drei Unterschiede zwischen inkarnierten und körperlosen Seelen eingehen, von denen du gesprochen hast?

ERIK: Nun, wie ich schon sagte, auf der geistigen Ebene können wir von einem Augenblick auf den anderen manifestieren, was wir wollen. Alles ist nur einen Gedanken weit weg. Wir können reisen, wohin wir wollen. Dorthin, wo ich jetzt bin; ins ganze Universum, an jeden Ort auf der Erde. Wir können uns auch an alles erinnern und haben bewusst vor Augen, was wir in unseren früheren Leben getan haben: jeden Ort, an dem wir gelebt haben, alles, was wir gesagt und gedacht haben, all die anderen Seelen, mit denen wir uns ausgetauscht haben. Wir erinnern uns an die Stufe unserer Erleuchtung, daran, welche Themen wir noch bearbeiten müssen, und wann wir vermutlich wieder auf die Erde zurückkehren werden – also, falls wir zurückkehren.

ICH: Wie schön, diese umfassendere Perspektive zu haben!

ERIK: Ja, verdammt. Hier wird erwartet, dass jeder so eine Art Lebenswerk erfüllt, und das ist meins. Was ich meine, ist: Hier kannst du nicht einfach Rentner sein, angeln, dich um deinen Garten kümmern, malen und faul in der Hängematte liegen. Es gibt zwar keine »Lebensaufgabepolizei«, die dich ins Gefängnis wirft, wenn du's nicht machst, aber … Wir können allein leben oder in Gruppen. Normalerweise haben wir es immer und immer wieder mit derselben Gruppe von Seelen zu tun, und das sind auch diejenigen, die uns begrüßen, wenn wir wieder hierher zurückkommen.

ICH: Ich bin froh, dass du da sein wirst, um mich willkommen zu heißen.

ERIK: Ja, ich auch. Auf der irdischen Ebene verfallen wir in eine spirituelle Amnesie darüber, wer wir sind, warum wir auf der Erde sind, was wir dort tun und welches unsere Talente sind. Wir vergessen sogar, dass wir spirituelle Ratgeber haben, die uns helfen und uns den Weg zeigen. Auf der irdischen Ebene vergessen wir auch, wie wir Dinge manifestieren können, wie wir das hier im Himmel tun.

ICH: Ja, das nervt. Dabei wäre das Leben so viel einfacher, wenn wir uns daran erinnern könnten.

ERIK: Ja, aber oft vergessen wir, dass wir auf der Erde als Menschen sind, die sich mehr angesichts von Herausforderungen durchsetzen sollten, als sich von ihnen aus der Bahn werfen zu lassen. Wir müssen unsere Kämpfe und Traumata nutzen, um mit voller Kraft vorwärtszukommen, nicht um anzuhalten oder gar rückwärtszugehen. Oh, und wir vergessen, warum wir mit bestimmten anderen Seelen interagieren. Es kommt uns nicht darauf an, herauszufinden, wer wir sind, und uns unserer selbst bewusst zu werden. Das nervt irgendwie, Mama, denn das müssten wir tun, um andere wirklich so sehen zu können, wie sie wirklich sind.

ICH: Ja, absolut, Erik.

ERIK: Und wenn wir uns dort auf der irdischen Ebene nicht unserer selbst bewusst sind, ist es schwer herauszufinden, was unsere Lebensaufgabe ist, und uns dann dafür zu begeistern. Was dann passiert, ist, dass das Ego diese (Selbst-)Bewusstheit oder das Bewusstsein derart übernimmt, dass wir nicht nur keine Ahnung haben, wer wir wirklich sind, sondern auch keinen Schimmer, wer andere Menschen sind. Was da dann stattfindet, ist einfach nur die Kommunikation von Ego zu Ego.

ICH: Oder der Kampf Ego gegen Ego?

ERIK: Ja, das ist richtig! Wenn wir also auf die irdische Ebene kommen, ist es ein bisschen wie in einem dieser Cartoons [von Chuck Jones] wo, äh, der Road Runner vorkommt. Weißt du noch, Mama, der Road Runner? Meep, meep!

ICH: Ja, das ist einer meiner Lieblinge!

ERIK: Ja, und dieser Kojote war immer da und hat versucht, ihn zu »verarschen« – äh, ich meine, ihm Kummer zu machen. Etwa die Geschichte mit dem riesigen Amboss, den der Kojote platziert hat, der von der Klippe fällt und ihn selbst trifft statt den Road Runner. Weißt du noch?

ICH: Klar, Wile E. Coyote. Er hat mir immer so leidgetan! Er sah so verhungert aus.

ERIK: Nun, ich will damit sagen, dass sich viele Leute, wenn sie auf die irdische Ebene kommen, genauso fühlen, da sie sich ihrer selbst nicht bewusst sind.

ICH: Okay.

ERIK: Wenn du dir deiner selbst nicht bewusst bist und keine Ausrichtung hast, fühlst du dich wie der letzte Dreck. Du bist niedergeschlagen und weißt nicht, worauf du dich freuen kannst. Das Ego sabotiert sich selbst auf Schritt und Tritt. So läuft das. (Mit monotoner Stimme) Jeder Tag sieht aus wie der vorige.

ICH: Genau. Das beschreibt irgendwie, wie das Leben gegen Ende für dich ausgesehen haben muss.

ERIK: Dann fragst du dich allmählich: Warum zum Teufel bin ich eigentlich hier? Eine Menge Leute bleiben an diesem Punkt stehen. Es ist wirklich wichtig zu wissen, worauf du dich noch freuen kannst. Und das kannst du nicht wissen, wenn du dir deiner selbst nicht bewusst bist.

ICH: Ja. Ich denke, wir kennen alle solche Phasen. Und wenn wir sterben, welche zusätzlichen Informationen bekommen wir dann, oder in welche Geheimnisse des Universums werden wir eingeweiht? Gibt es da welche?

ERIK: Was immer wir wählen. Was immer wir wollen. Was immer wir suchen.

ICH: Wow! Aber ich denke, man muss offen sein für die Möglichkeit, dass die Information da ist, stimmt das?

ERIK: Das ist im Jenseits ebenso wahr wie auf der irdischen Ebene. Der Grund, warum Oma nicht »glaubt«, ist, dass sie Angst hat. Deswegen führe ich sie aus, wenn sie schläft. Wir haben echten Spaß, wenn wir Leute besuchen und so.

ICH (lachend): Wow, ich hoffe, du achtest auf deine Worte, wenn du mit ihr zusammen bist!

ERIK: Machst du Witze? Sie liebt es und flucht selbst manchmal wie ein Seemann. Oh, eins noch, Mama: Wenn wir [als Menschen] auf die irdische Ebene kommen, vergessen wir alles, was mit Verantwortung zu tun hat.

ICH: Oh Gott, ja.

ERIK: Es gibt bestimmte Dinge, die wir tun, bestimmte Dinge, die wir sagen sollten …

ICH (schmunzelnd): Manche mehr als andere!

ERIK (lachend): Ja, wir vergessen, was wir tun und sagen sollen, denjenigen zuliebe, die uns dabei helfen zu verstehen, wer wir sind und warum wir uns auf die irdische Ebene begeben haben. Wir haben verdammt viel auf uns genommen, nur um auf die irdische Ebene zu gelangen!

ICH: Ja. Demnächst buche ich eine Reise nach Disney World. Für mehr Spaß.

ERIK: Aber deswegen ist es schwieriger, auf der irdischen Ebene geboren als im Jenseits wiedergeboren zu werden.

ICH: Ja.

ERIK: Wenn du hier wiedergeboren wirst, schießt die Seele aus dem physischen Körper. Du erinnerst dich sofort, wer du bist, und du lässt jedes körperliche Unwohlsein los. Wenn Menschen sterben, verspüren sie oft körperliche Schmerzen, aber sie erfahren sofortige Linderung. Das ist berauschend.

ICH: Erik, du bist sehr poetisch heute! Welche irdischen Dinge vermisst ihr am meisten? Ich weiß, du kannst nicht für alle sprechen, aber ganz allgemein …

ERIK: Nun, wir sind alle sehr unterschiedlich, und was ich vermisse, hat sich mit der Zeit auch verändert, Mama. Im Moment: physisch mit meiner Familie in Kontakt treten zu können, mit dir, Papa, Kristina, Michelle, Lukas, Annika, mit euch allen.

ICH (traurig): Ach. Das fehlt mir auch.

ERIK: Ich vermisse auch das Warten auf das Unbekannte, weil es das hier nicht gibt. Ich habe das so ähnlich schon gesagt.

ICH: Diese Spannung, die aufkommt, wenn man nicht alles weiß – wenn man die Kontrolle ein bisschen aufgeben muss?

ERIK (sehnsüchtig): Ja, und ich vermisse, wie sich das Essen in meinem Mund anfühlt.

[Jamie kichert.]

ICH: Noch etwas?

ERIK: Ja. Den Widerstand, wenn man etwas berührt. Diesen Anschlagmechanismus. Das ist etwas, was ich in der physischen Interaktion mit euch vermisse.

ICH: Oh ja. Okay. Ich schätze, es ist schwierig, uns hier auf der irdischen Ebene zu umarmen, wenn du einfach durch unsere Körper hindurchgehst.

ERIK: Ja, weil wir in zwei verschiedenen Dimensionen leben.

[Lange Pause, während Erik nachdenkt.]

ERIK: Ja, das sind die wichtigsten Dinge, die ich vermisse, glaube ich.

ICH: Ich wünschte, du könntest kommen und alle diese Dinge wiederhaben, aber ich glaube, du hast jetzt mehr Vor- als Nachteile.

[Erik kichert leise.]

ICH: Du gehst also durch unseren Körper, Erik? Fliegst du manchmal mitten durch uns durch, weil du diesen Anschlagmechanismus nicht hast?

ERIK: Ja, natürlich!

ICH: Und wie fühlt sich das für uns an?

ERIK: Manche nehmen einfach einen tiefen Atemzug.

[Ich höre, wie Jamie scharf einatmet.]

ERIK: Als würde man nach Luft schnappen, als ob man nicht genügend Sauerstoff bekommt.

ICH: Okay. Das ist mir oft passiert, seit du gestorben bist! Ich schnappe ohne erkennbaren Grund nach Luft.

ERIK: Ja, und manche Menschen niesen. Das ist ganz unterschiedlich, aber definitiv schnappst du nach Luft, als sei gerade etwas passiert.

ICH: Kannst du mit einer Person verschmelzen?

ERIK: Mit einer Person verschmelzen?

ICH: Ja, mit unserem Bewusstsein. Kannst du mit unserem Bewusstsein verschmelzen, wenn du dort bist?

ERIK: Ja, für einen Moment. Aber eigentlich lässt die menschliche Struktur das nicht zu, jedenfalls nicht länger als für einen Augenblick.

ICH: Also von dem, was du sagst, bist du in all das eingeweiht, wenn du auf der anderen Seite bist. Siehst du auch deine möglichen Leben – Gegenwart, Vergangenheit und Zukunft?

ERIK (lachend): »Eingeweiht«? Wirklich, Mama?

ICH: Hey, sei nachsichtig mit mir. Ich versuche nur, etwas mehr zu sagen als mein übliches Okay, Aha und Ja.

ERIK: Ja, ich kann mich an jedes von ihnen anschließen, weil sie alle ein Teil von »mir« sind.

ICH: Wenn eine Seele bereits vorher dort war, warum sollte sie sich nicht erinnern, wie man dort lebt? Es scheint, als beschreibst du Seelen, einschließlich deiner eigenen, die manche Fähigkeiten erst wieder neu lernen müssen.

ERIK: Für die meisten Leute ist es ein Prozess des Wiedererlernens. Die spirituelle Amnesie …

ICH: … muss abklingen.

JAMIE (lachend): Ihr sagt gleichzeitig dasselbe!

ICH: Oh, mein Gott, das ist cool! Es geht also im Prinzip um Orientierung.

ERIK: Nun, denk mal darüber nach. Manchmal stirbt der Körper einfach ganz schnell und PENG! Schon bist du an einem anderen Ort. Dein Bewusstsein will aber noch so funktionieren, als ob es ein Mensch wäre.

ICH: Ah!

ERIK: Es muss also so etwas wie ein Abklingen stattfinden. Und dann wachst du auf und wirst dir deiner gesamten Fähigkeiten bewusst. Sie kommen allmählich zu dir zurück.

ICH: Alles klar. Das ergibt absolut Sinn. Aber wenn wir sterben, werden wir dann so etwas wie allwissend?

ERIK: Ja, wie ein gottverdammter Teenager.

ICH (schmunzelnd): Ja, wenn sie gerade 13 geworden sind, wissen sie alles!

[Erik lacht.]

ICH: Okay, aber ihr erlangt Wissen über alle großen Mysterien der Welt – ach, was sage ich, des Universums, oder nicht? Kennt ihr alle Details der Weltgeschichte, die bis heute unbekannt sind, die großen Mysterien der Zivilisation? Wisst ihr etwa, wer die Pyramiden gebaut oder Kennedy erschossen hat etc.? Mit anderen Worten: Werdet ihr allwissend?

ERIK: Das sind alles Dinge, die du herausfinden kannst, wenn das dein Ziel ist.

ICH: Okay, du kannst also so ziemlich alles anzapfen. Du weißt die Antworten nicht automatisch und auf der Stelle, wenn du drüben ankommst, aber du kannst sie herausfinden. Meinst du das?

ERIK: Ja.

ICH: Okay, kannst du das ein bisschen ausführen, Erik, damit ich nicht nur mit Ja und Nein oder ganz kurz antworten kann?

[Jamie lacht.]

ICH: Leider ist unsere Kommunikation mittlerweile so gut, dass ich dazu neige, das zu sagen, von dem ich glaube, dass du es sagen wirst, bevor du eine Chance hast, es tatsächlich zu sagen. Du Armer – du kommst gar nicht zu Wort!

[Erik lacht.]

ERIK: Was dich für einen Moment hält, ist deine Konzentration, Mama. Genau jetzt konzentriere ich mich ganz auf dich. Ich bin hier in diesem Moment mit dir. Ich bin voll auf dich konzentriert, aber ich kann mich auch einfach auf ein anderes Bedürfnis konzentrieren und sofort woanders sein.

ICH: Okay.

ERIK: Aber in diesem Moment muss ich nichts über das Zustandekommen der Mysterien dieser Welt wissen. Ich muss all diese Dinge nicht wissen. Ich könnte mich entspannen, meinen Horizont erweitern und diese Information bekommen. Es ist dieselbe Fähigkeit, die wir auf der Erde haben, obwohl wir uns weigern, sie zu benutzen. Wenn du deinen Energiekörper öffnen könntest – das ist der Teil von dir, der wirklich lebendig ist –, würdest du merken, dass alles hier ein Netz aus Informationen ist, das angezapft werden kann. Solange deine Überzeugungen so sind, dass du eine bestimmte Frage stellen kannst und offen für die Antwort darauf bist, hast du Zugang dazu. Der physische Körper wird vom energetischen Körper genährt. Wenn wir (als Menschen) den öffnen könnten, sodass mehr Energie hindurchgehen würde, Mann, dann könnten wir erstaunliche Dinge tun. Ernsthaft, Mama, wir könnten Kugeln aufhalten; wir könnten Feuer entzünden; wir könnten telepathisch kommunizieren; wir könnten uns ernähren …

ICH: Das ist genial. Wie der Typ in *Matrix*!

[Jamie lacht.]

ERIK: Ja! Wir könnten die Zeit beschleunigen; wir könnten die Zeit verlangsamen.

ICH: Ja, das ist interessant, weil ich glaube, dass die Zeit dadurch entsteht, dass sich das Bewusstsein durch Momentpunkte bewegt. Aber ich nehme an, das ist eine ganz andere Geschichte.

ERIK: Wenn wir [als Menschen] also die Techniken lernen und sie an unsere alltägliche Erfahrung anpassen würden, könnten wir feststellen, dass sie viel mehr Sinn und Nutzen haben. Aber traurigerweise stecken wir in einem Bereich fest, wo es von Punkt A nach Punkt B geht, und unser Gehirn hat gelernt, Dinge der Reihe nach zu bearbeiten – eins, zwei, drei, vier, fünf – statt das zu tun, was Geistwesen tun.

ICH: Wirklich? Und was ist das?

ERIK: Wir [als Geistwesen] verschmelzen einfach mit der Information. Wir verbinden uns mit der ganzen Information auf einmal, statt sie mühsam Stückchen für Stückchen einzusammeln wie ein Eichhörnchen.

ICH: Mein Gott, das ist so viel einfacher! Ich wünschte, ich hätte damals einfach mit organischer Chemie und Analysis verschmelzen können.

[Erik lacht.]

ICH: Stell dir das vor! Wir könnten das Kultusministerium abschaffen und es durch ein »Verschmelzungsministerium« ersetzen. Vielleicht könnten wir sogar sämtliche Schulen abschaffen! Wir könnten einfach alle diese Informationen anzapfen, genau wie sie es im Film *Matrix* machen. Erinnerst du dich, wie Keanu Reeves alle diese Informationen einfach heruntergeladen hat, über Kampfkunsttechniken und Ähnliches?

ERIK: Ja!

ICH: Das wäre fantastisch. Fünf Minuten später hast du alles drauf.

[Jamie lacht.]

ICH: So also lernen Geistwesen? Sie zapfen einfach ein Energiefeld an und verschmelzen damit?

ERIK: Ja! Ja! Du verschmilzt damit und bringst es an die Oberfläche. So kannst du alles abrufen, und es ist ganz leicht! Aber auch hier musst du dir bewusst sein, dass die Information existiert. Wenn du beispielsweise keine Ahnung hast, dass es so etwas wie Kung-Fu gibt, kannst du diese Energie auch nicht anzapfen. Aber wenn du dir der Kampfkünste bewusst bist, kannst du Informationen über Kung-Fu gewinnen. Es gibt so viel! Wenn du aber mit einem Bewusstsein für das kleinste Detail von allem herumlaufen würdest, wo bliebe dann deine Freude an den einfachen Dingen?

ICH: Oh ja! Meine letzten beiden Gehirnzellen sind schon kurz davor, den Geist aufzugeben. Würde ich alles herunterladen, würden die kleinen Kerlchen explodieren.

[Erik schmunzelt.]

[Nachdem Erik über die erstaunlichen Fähigkeiten körperloser Seelen gesprochen hatte, fühlte ich mich zugegebenermaßen ziemlich machtlos. Während dort schon ein einziger Gedanke eine Gourmetmahlzeit auf den Tisch bringen kann, muss ich hier vermutlich mal wieder Sklavenarbeit in der Küche leisten. Und weil ich nicht einfach nur kurz mal an die Fidschi-Inseln denken kann (um dorthin zu kommen), werde ich vermutlich weiterhin Bonusmeilen sammeln müssen. Man muss eben mit dem arbeiten, was man hat.]

ICH: Lass uns noch ein bisschen darüber reden, dass du als körperlose Seele nicht die gleiche emotionale Bindung an frühere Leben hast wie wir Menschen.

ERIK (deutet auf mich): Das ist richtig, du darfst aber nicht vergessen, dass wir unseren Charakter nicht verlieren. Wir kombinieren ihn sozusagen mit unserem Basis-Selbst. Weil wir zusehen, wie wir unsere Inkarnation verlieren, stimmt's? Und wenn wir mehrere Inkarnationen zugleich haben – das, was wir unter früheren Leben verstehen –, dann könnten auch mehrere Inkarnationen sterben und zum Basis-Selbst zurückkehren.

ICH: Ja. Jedes Selbst hat also eine andere Persönlichkeit? Nehmen wir das ganze multidimensionale Selbst; ist es als Ganzes einzigartig? Ist dein multidimensionales Selbst Erik-artig oder hat ein Teil deines multidimensionalen Selbst eine Erik-artige Qualität und ein anderer eine andere Persönlichkeit wie dein böser Zwilling?

[Jamie lacht.]

Erik (schmunzelnd): Nein, es wächst alles aus derselben Wurzel. Es ist immer dieselbe spirituelle DNA; es ist immer das gleiche Paket. Das Leben, das jeder Teil des multidimensionalen Selbst zu führen wählt, kann ihn jeweils so formen, dass er sich über etwas anderes ärgert, etwas anderes liebt und andere Hobbys hat. Aber der Kern bleibt stets genau der gleiche.

ICH: Verstehe. Der Kern ist also Erik mit der Erik-artigen Essenz oder Qualität.

ERIK: Ja, ich bin ganz Erik.

ICH: Okay. Gibt es noch etwas anderes über die Körperlosigkeit zu sagen?

JAMIE (schmunzelnd): Er macht eine Pause, schaut auf und sagt: »Es ist einfach sehr viel freier!«

ICH: Ja. Muss schön sein.

ERIK: Ja, verdammt! Und was ich dir noch über das Dasein hier sagen wollte, ist, dass du nie richtig- und auch nie falschliegen kannst. Du kannst einfach nur sein.

ICH: Wow, das ist gut. Ganz anders als auf der irdischen Ebene, denn da herrschen immer Gegensatz, Dualität, wahr und falsch, Sieger und Verlierer. Du weißt, was ich meine, oder?

ERIK: Genau, aber deswegen ist es ja ein so großes Klassenzimmer. Eine Seite muss die andere verstehen. Wenn ein Porträt keinen Kontrast hat – ich meine null Kontrast –, dann ist es einfach monochrom und sieht scheiße aus. Du hast keine Ahnung, wer zum Teufel da auf dem Bild ist.

Über Sinne und Emotionen

Indem ich nach und nach die verschiedenen Fähigkeiten einer körperlosen Seele entdeckte, fragte ich mich, ob Erik immer noch schmecken, tasten oder riechen konnte und in welcher Weise sich seine Emotionen verändert hatten, abgesehen davon, dass seine emotionale Bindung an die Vergangenheit weniger stark war. Wie üblich kam Erik mit ein paar unerwarteten Antworten durch.

ICH: Offenbar kannst du sehen und hören, Erik, aber verfügst du noch über andere Sinne? Kannst du auch schmecken, riechen und tasten?

ERIK: Klar, wenn ich will.

ICH: Frierst du oder ist dir heiß?

ERIK: Nur wenn ich es mir aussuche. Wenn ich beispielsweise in den Osterferien mit euch nach Norwegen gehe, spüre ich die prickelnden Temperaturen gern. Ich muss aber nicht. Ich fahre manchmal Snowboard und spüre überhaupt keine Temperatur.

ICH: Und wie sieht es mit anderen Facetten der Berührung aus?

ERIK: Es ist seltsam, dass wir diesen Stoppreflex nicht haben, von dem ich bereits gesprochen habe. Wenn du deine Hand auf die Wand legst, halten deine Fingerspitzen inne, sobald sie die Tapete berühren. Wir machen das nicht. Unser Geistkörper bewegt sich durch die Tapete und durch die Gipskartonwand hindurch. Wir spüren den Gipskarton. Wir spüren seine Dichte. Wir empfinden die räumliche Veränderung. Es hat eine Weile gedauert, bis ich mich daran gewöhnt hatte.

ICH: Aha.

ERIK: Mit einer Freundin Händchen zu halten ist also ziemlich anders hier. Wir können es machen, aber es fühlt sich eher so an, als würden sich unsere Hände denselben Raum teilen und verschmelzen.

ICH: Sehr interessant, Erik. Und kennt ihr auch die anderen Sinne, wie etwa das Schmecken und das Riechen? Kannst du das Essen schmecken, das du zubereitest und isst?

ERIK: Ah, in erhöhtem Maße, ja!

ICH: Oh, wirklich? Wow, aber du hast keine Geschmacksknospen. Erkennst du also den jeweiligen Geschmack nur aufgrund deiner Erinnerung?

ERIK: Nicht nur wegen der Erinnerungen, auch unsere Energie kann mit dem verschmelzen, was wir kreiert haben, beispielsweise einem Essen. Das an sich erhöht unsere Sinne. Unsere Sinne absorbieren diese Energie und bescheren uns eine reichere Erfahrung. Wir können das Essen also kreieren; wir können es anschauen; wir können die Farben, Formen und Größen definieren. Wir ertasten das Essen in unserem Mund, aber es ist eher ein Verschmelzen. Damit erfassen wir die Textur, wodurch die mit diesem Bissen verbundenen Emotionen hervorkommen und auch der Geschmack. Doch der beginnt eher im Bauch, und statt nur im Mund zu bleiben, verbreitet er sich dann von dort nach außen. Was den Geschmack angeht, gibt es also nicht nur einen Ort, der etwas davon abbekommt. Das ist nur bei Menschen so: Da bekommt die Zunge alles.

[In einer anderen Sitzung erklärte Erik, wie sich die irdische Zubereitung von Essen und das menschliche Kauen und Schmecken der Speisen auf der Zunge, von der energetischen Handhabung von Essen unterscheidet, und dass die Energie mit der energetischen Zunge eines Geistwesens verschmilzt.]

ICH: Aha.

ERIK: Hier macht die ganze Seele eine Erfahrung. Wir kennen natürlich Klang. Dann gibt es Geruch, aber der Geruchssinn ist eher so, wie ich mir den Geruchssinn eines Hundes vorstelle. Er ist wirklich besonders fein.

ICH: Oh, okay. Und wie bringst du Gerüche hervor, die wir wahrnehmen können? Ich meine, wie geht das vor sich? Wie bearbeitest oder manipulierst du die Energie, um all das zu bewerkstelligen?

ERIK: Du meinst, wenn ich es nach verdorbenem Fisch oder getragenen Socken riechen lasse?

JAMIE (lacht): Erik!

ICH (schmunzelnd): Aha.

ERIK: Nun, alles hat eine Energieformel auf der Erde. Ich mache einfach nur die Energieformel nach und setze sie in diesen Raum. Es ist eine Form von Schöpfung. Obwohl ich weiß, dass das Stück Materie hinter dem Geruch nicht existiert, erschaffe ich die Energieformel für den Geruch.

ICH: Oh! Wow, wie interessant! Okay, und wie sieht es mit Emotionen aus? Wie verändern sich die Emotionen – Traurigkeit, Niedergeschlagenheit und Kummer, sobald man körperlos ist?

ERIK: Wo ich bin, existieren sie einfach nicht in derselben Weise.

ICH: Aber ich erinnere mich, du sagtest, du hättest tiefe Reue empfunden, als du gesehen hast, wie wir an deinem Körper getrauert haben. Wie unterscheidet sich diese Reue von der, die Menschen hier empfinden?

ERIK: Nun, du weißt, wie Menschen auf der irdischen Ebene unter Depressionen leiden: Sie haben das Gefühl, dass es keinen Ausweg gibt, keine Türen, keine Fenster, kein Licht.

ICH: Aha.

ERIK: Wenn jemand hier unter Depressionen leiden würde, wären alle Türen und Fenster weit geöffnet, und alle Lichter wären an. Es fällt viel schwerer, im Zustand der Depression zu verweilen. Man kann aber depressiv bleiben, wenn man sich extrem darauf konzentriert. Andere können aber sehen, wie du dich fühlst. Hier kannst du nichts verstecken, Mama. Und wenn ich bemerke, wie sich jemand auf Depressionen konzentriert, habe ich die Wahl. Ich kann ihm sein momentanes Gefühl einfach lassen, ich könnte ihm aber auch mehr Licht schicken. Wir alle arbeiten gemeinschaftlich.

ICH: Okay.

ERIK: Es sieht so aus, als seien wir hier den niederen Emotionen nicht so verhaftet. Alles ist objektiver und abgeklärter. Wir werden davon nicht so erfasst wie Menschen auf der irdischen Ebene. Ihr habt dort drüben das Gefühl, ihr müsstet das Positive mit dem Negativen nehmen, das Richtige mit dem Falschen. Hier nehmen wir einfach das, was »ist«. Alles, was ist, ist – eine sehr harmonische Existenz. Auf der Erde würden wir es als Freude oder Glückseligkeit definieren.

ICH: Okay.

ERIK: Du magst also diese konzentrierten Inseln der Eifersucht, des Bedauerns, der Trauer und des Ärgers haben, aber sie sind kurzlebig und fühlen sich sehr abgemildert an.

ICH: Könnt ihr hassen da drüben im Jenseits?

ERIK: Wenn man will, kann man.

ICH: Ja, aber wird überhaupt gehasst? Hasst irgendjemand?

ERIK: Nicht wirklich, nein. Es ist sehr schwer, Groll zu hegen, Wut, Enttäuschung und Eifersucht zu fühlen. Du kannst das machen, aber es ist sehr schwer, daran festzuhalten.

ICH: Wie kommt das?

ERIK: Es geht einfach gegen den natürlichen Fluss. Du musst so viel Energie aufwenden, um daran festzuhalten, dass du normalerweise aufgibst, und am Ende siehst du …

JAMIE (lacht über Erik): Warum rollst du die Augen? Was siehst du?

ERIK: Ich sehe den besseren Teil der Emotion.

ICH: Es ist also, als halte man sich an einem Klettergerüst fest, das mit Fett bestrichen wurde?

ERIK: Ja. Ja, ja, ja!

ICH: Okay.

ERIK: Ich möchte aber nicht, dass die Leute denken, es gäbe eine negative und eine positive Art und Weise, über etwas zu denken. Es ist nur so, dass die dichteren Energien hier oben so viel schwerer aufrechtzuerhalten sind, dass sich das einfach nicht lohnt. Deswegen sagen Leute, sie empfänden eine so bedingungslose Liebe, wenn sie diese Nahtoderfahrungen hinter sich haben, und ihr ganzes Leben habe sich dadurch verändert. Das ist so, weil sich der ganze schwere Mist von der Erde nicht überträgt.

ICH: Was meinst du mit »nicht überträgt«?

ERIK: Es gibt einfach keinen Raum dafür. Wie ich schon sagte, es ist so schwer, sie [die dichteren Energien] hier aufrechtzuerhalten, dass man sie einfach nicht mehr will.

ICH: Sie werden also einfach weggedrückt? Ist es so? Die dichteren Energien werden weggedrückt?

ERIK: Ja.

ICH: Es ist wie Öl und Wasser, also …

JAMIE (klingt überrascht): Das ist genau das, was er gerade gesagt hat! Er hat dieselbe Metapher verwendet!

ICH: Sehr cool!

Besuche im Traum

Was passiert, wenn unser Bewusstsein in andere Zustände eintritt – wenn wir schlafen, wenn wir träumen, wenn wir im Koma liegen oder in der Vollnarkose?

Wie interagieren unsere verstorbenen Lieben mit uns, während wir in solchen Zuständen sind? Erik teilte uns mit, was er über dieses faszinierende Thema wusste.

ICH: Erik, auf welche Weise besuchst du uns in Träumen?

ERIK: Durch elektrische Energie. Du weißt, wir können telepathisch kommunizieren, und dabei können meine Gedanken oder Worte einfach in deinem Kopf auftauchen, nicht wahr? Jetzt gehen wir noch einen Schritt weiter. Wir benutzen unsere elektrische Energie, um uns in einem Traumzustand physisch zu manifestieren. Und in einem weiteren Schritt können wir uns physisch manifestieren, während ihr wach seid. Es ist allerdings sehr viel einfacher, wenn ihr schlaft.

ICH: Geht es genauer? Ballt ihr die Fäuste und grunzt oder was?

[Erik lacht.]

ERIK: Ich beschwöre ein Gänsehautgefühl herauf, bis es ganz stark ist. Je länger ich übe, desto stärker wird es. Dann wird es so stark, dass ich es nicht mehr aushalten kann, und dann gibt es eine Art Knall! Und ich bin in deinem Traum. Als sei ich in deinem Kopf, aber ich bin auch außerhalb von dir. Es hat eine Weile gedauert, bis ich herausgefunden habe, wie ich gleichzeitig in deinem Kopf und außerhalb von dir sein kann, aber jetzt ist es wirklich ganz einfach.

ICH: Also, Erik, kann ich dich besuchen, sagen wir, während ich wach bin oder kurz vor dem Einschlafen? Kann ich sagen: »Meine

Seele wird meinen Körper heute Nacht verlassen, und ich gehe ins Jenseits, um Erik zu besuchen«?

ERIK: Ja.

ICH: Wie kann ich das machen?

ERIK: Sprich einfach mit deiner Seele und sag ihr, dass du das tun willst.

[Ich kann fast hören, wie er sagt: »Logo!« Ich finde diese Bemerkung interessant, weil ich kürzlich zu üben anfing, mein Bewusstsein auf ihn auszudehnen.]

ICH: In letzter Zeit habe ich versucht, mir dein Gesicht vorzustellen und die Arme um dich zu legen – meine Seele um deine –, und ich spüre etwas, eine elektrische Verbindung.

ERIK: Ich fühle mich wirklich so greifbar. Mama, du kannst das tatsächlich machen! Du machst das!

ICH: Was kann ich tun, um dich in der Nacht zu besuchen, wenn ich schlafe? Wie kann ich sicher sein, dass ich ein außerkörperliches Erlebnis habe, in dem ich dich im Himmel besuchen kann oder in dem wir zusammen arbeiten, spielen und Zeit verbringen können – wo wir von Seele zu Seele auf derselben Ebene verkehren? Wie kann ich das erreichen?

ERIK: Keine Ahnung. Frag deine spirituellen Ratgeber [»Geistführer«].

JAMIE: Okay, Ratgeber, wie kann Elisa das erreichen? [Pause] Oh, verstehe. Verstehe. Sie sagen, dass Sie nur so viel Energie haben wie ein menschliches Wesen. Und eine Menge von dieser Energie verwenden Sie den lieben langen Tag, um zu kommunizieren, zu übersetzen und zu schreiben. Sie setzen Ihre Energie also nicht nur dafür ein, mit Erik und Ihren Ratgebern zu sprechen, sondern auch für das, was Sie schreiben, sei es ein Blog, ein Drehbuch oder ein Buch – und so weiter. Der Schlüssel für Sie besteht also darin, so viel elektrische Energie aufzubauen, wie Sie nur können, und das erreichen Sie, indem Sie im Wachzustand kommunizieren und sich im Channeln [»Übersetzen«] üben.

ICH (mit einem Anflug von Zweifel): Okay, das ist gut. Das mache ich.

[Channeling (Geistkommunikation und -übersetzung) fällt mir schwer, und zwar aus demselben Grund, aus dem ich auch ein klitzekleines bisschen Zweifel gegenüber Eriks Materialisierungen und anderen Besuchen hege: wegen meines lästigen analytischen Verstandes. Ich weiß, dass auf meiner Seite eine Menge Energie erforderlich ist, weil ich mich regelrecht ausgesaugt fühle, nachdem ich versucht habe, nur ein paar Minuten mit Erik zu kommunizieren. Außerdem wandern meine Gedanken ständig zu so dummen Dingen wie: »Habe ich die Kaffeemaschine ausgeschaltet?« Oder: »Blöd für Pluto, dass er kein Planet mehr ist.« Dennoch erneuere ich mit einem klaren Marschbefehl in der Hand mein Versprechen, an diesen neuen Fähigkeiten zu arbeiten. Ich würde alles tun, um in irgendeiner Weise oder Form bei meinem Sohn zu sein. Immerhin wird die Nabelschnur nie ganz getrennt. Sie wird vielleicht gedehnt, bis sie ziemlich dünn ist, aber die Verbindung überlebt sogar den Tod. In einer weiteren Sitzung setzten wir unsere Erforschung veränderter Bewusstseinszustände fort.]

ICH: Erik, kennst du Leute, die im Schlaf das Jenseits besuchen? Mit anderen Worten, können Menschen, wenn sie im Bett liegen und schlafen, ins Jenseits reisen, während ihr physischer Körper scheintot ist oder sich in einer Art »Ruhephase« befindet und seine »Geistführer« über ihn wachen?

ERIK: Ja, das gibt es, aber es ist nicht wie irgendein »Schlafkrankenhaus«. Es ist nicht etwa so, als würden die Seelenkörper selbst in den Himmel schweben und sich dort in Reihen aufstellen. Es ist wie …

JAMIE: Wie erklärst du, was du mir zeigst, Erik?

[Lange Pause]

ERIK: Es gibt bestimmte Arten von Schlaf, bei denen die Seele außerhalb des Körpers ist, wie eine außerkörperliche Erfahrung …

ICH: Aha.

ERIK: In so einem Moment könnte die Seele »bewusst wach« sein oder »bewusst schlafen«. Wenn sie bewusst schläft, schwebt die Seele in gewisser Weise genau über dem Körper.

[Pause]

ERIK: Aber sie erfährt diesen sehr befreienden Moment des äußeren Erlebens – eine wunderbare, heilende Erfahrung, Pause vom Dasein im Körper zu machen. Die einzige Ruhephase, die ich kenne, Mama, setzt ein, wenn sich menschliche Wesen bewusst nicht vorwärtsbewegen oder wenn Schutzengel einer Person eine Ruhephase verordnen, weil diese Zeit zum Abwägen, Denken, Analysieren oder einfach zur Heilung und Erholung braucht, bevor sie sich weiterbewegt.

ICH: Verlässt nur ein Teil der Seele den Körper?

JAMIE: Das Bild, das er mir zeigt, lässt so etwas wie einen Doppelgänger erkennen, als läge jemand schlafend auf dem Rücken, und ein Double dieses schlafenden Körpers schwebe ein paar Zentimeter darüber – fast wie ein Doppelbild. Und interessant ist, er zeigt mir, dass, wenn sich die Person auf dem Bett bewegt, sich auch der Seelenkörper darüber bewegt. Er ahmt also die Reaktion des Körpers nach, jedoch mit einem Gefühl der Freiheit.

ICH: Unter welchen Umständen projizieren Menschen einen Teil ihres Bewusstseins oder ihr ganzes Bewusstsein ins Jenseits – machen sie das überhaupt? Projizieren sie ihr Bewusstsein überhaupt jemals in andere, wie auch immer geartete Dimensionen?

ERIK: Lass mich ausreden, Mama.

ICH: Ups, okay. Mein Fehler.

[Jamie und Erik lachen.]

ERIK: Wenn sie auf diese Weise schlafen, können wir Informationen bei ihnen aktivieren. Wir können ihnen nahekommen. Wir können ihren Energiekörper heilen. Wir können mehr Informationen in sie hineinsetzen, als würden wir irgendetwas hochladen. Wir können eine Menge Mist positiv verändern, aber wir können nicht in einer negativen Weise an Dingen »herumschrauben«.

ICH: Okay, das ist beruhigend.

ERIK: Ja, das ist einfach nicht möglich. Das könnte nicht einmal passieren, wenn das Wesen negative Absichten hätte. Niemand kann dich derart »verarschen«, wenn du schläfst. Nenn es einen Sicherheitsmechanismus. Aber wenn diese Seele »bewusst wach« wäre und sich außerhalb ihres Körpers befände, dann könnte dieser Körper ins Jenseits – oder wie immer du es nennen willst – hineinragen über Raum und Zeit hinweg. Verdammt, damit könnte man unzählige Gesprächsstunden füllen, weißt du, oder ganze Vorlesungen darüber halten. Ich habe ein bisschen damit angefangen, aber das ist längst nicht alles.

[Lange Pause]

JAMIE (lacht): Er – du findest das immer noch lustig, Erik? Er findet es immer noch spaßig, wenn Leute da herauskommen beziehungsweise in ihrem physischen Körper aufwachen, als kämen sie von einem außerkörperlichen Erlebnis zurück, und dann ruckartig [in ihrem Körper] landen.

ICH: Ja, ich habe gehört, dass manche es als Bruchlandung bezeichnen.

JAMIE: Ja, er denkt immer noch, das sei lustig.

ICH: Nun, kann ein menschliches Wesen – das Bewusstsein – den Körper verlassen und anderen helfen, also das Umgekehrte von dem, worüber du gerade gesprochen hast?

ERIK: Ja! Menschen können sich willentlich zurücklehnen oder hinlegen und ihren Körper verlassen. Ich habe gesehen …

JAMIE: Erik, verwende doch bitte unterschiedliche Begriffe, damit ich weiß, was du meinst, einfach um zum Beispiel klarzustellen, ob du »lebend« oder »tot« meinst.

[Pause, in der Jamie Erik zuhört]

JAMIE (mit Nachdruck): Verwende »lebend« oder »tot«!

[Lange Pause]

JAMIE: Oh, okay. Also, er sagt, er hat gesehen, wie eine lebende Person ihren Körper verlassen und jemandem geholfen hat, der gerade gestorben war – einer »toten Seele«. Und die »lebende Seele« begleitet die »tote Seele« ins Jenseits, in ihr Zuhause.

ERIK: Es gibt »lebende« Menschen auf der Erde, die so als Begleiter fungieren.

ICH: Wie faszinierend. Spielen sie, was das angeht, noch andere Rollen? Besuchen sie einander auch einfach, also besuchen sie einen verstorbenen Verwandten oder so etwas? Ich meine, also natürlich weiß ich, dass sie das in luziden Träumen tun.

ERIK: Sie können das so machen, aber eine lebende Person kann auch gerufen werden, ohne es zu »wissen«. Sie könnten das – du hast es erlebt, Mama. Bei dir war es so! Du bist völlig wach und erledigst gerade irgendwelche Routinearbeiten wie Geschirrspülen, und plötzlich wirst du richtig, richtig müde.

ICH: Stimmt.

ERIK: Und du bist einfach so müde, dass du dich hinlegen musst. Es ist, als sei da nichts zu machen, du musst dich schlafen legen. Du weißt nicht einmal, ob du auf dem Boden, auf der Couch oder im Bett schlafen wirst. Du willst es einfach und legst dich hin. Bei diesen Momenten, in denen wir ein so intensives Schlafbedürfnis haben (nennen wir sie einfach »Schlaf«, denn sie fühlen sich für uns so an, und unsere Eltern haben sie uns so beschrieben: »Oh, wir haben dieses Gefühl, und das nennt man ›schläfrig‹«), handelt es sich jedoch nicht immer um gewöhnlichen Schlaf. Manchmal besteht nur das Bedürfnis, den eigenen Körper zu verlassen, damit man jemand anderen begleiten oder ihm helfen kann. Ich meine, das könnte sein, weil es sich um die Verbindung zu einem Seelenfreund handelt, zu einer Seelenfamilie oder zu jemandem, dem du ein Versprechen gegeben oder mit dem du eine Vereinbarung getroffen hast, dass du da sein wirst, um ihm bei seinem Übergang zu helfen.

ICH: Wie ein [Blog]Leser sagte: »Dies wirft ein völlig neues Licht auf die Frage, wo die wahre Realität ist – hier oder im Jenseits.

Wecken wir unsere Seele auf, damit sie im Jenseits sein kann? Oder wecken wir unseren Körper auf, damit er im physischen Leben sein kann? Vielleicht weckt der Tod unsere Seele aus einem schlechten Traum auf.«

ERIK (lacht): Bingo!

ERIK: Und was besonders cool ist, man kann jemanden, der im Zuge einer außerkörperlichen Erfahrung ins Jenseits kommt, nicht von einer Seele unterscheiden, die im Himmel lebt. Wir sind alle gleich; wir haben alle dieselben Eigenschaften, wenn sich die Seele außerhalb des Körpers befindet. Erst wenn die Seele in einen physischen Körper eingeht, nimmt sie verschiedene Eigenschaften an – physische natürlich, aber auch nicht physische.

ICH: Warum nehmen wir uns und das, was wir tun, in unseren Träumen manchmal völlig bewusst wahr – zum Beispiel wenn wir im Schlaf im Jenseits herumspazieren oder so –, wenn wir aber aufwachen, können wir uns nicht mehr daran erinnern, was wir [in unseren Träumen] angestellt haben?

ERIK: Manche Träume sollen dir helfen, Aktivitäten und Gedanken aufzuzeichnen, die du getan oder gedacht hast oder die aus der Datenbank deiner Seele stammen. Nur aufzeichnen, als würdest du den Knopf zum »Sichern« drücken. Dann besuchst du vielleicht Orte, an denen du gewesen bist, und tust Dinge, die du getan hast, als eine Art Wiedergabe dessen, was die Seele aufgezeichnet hat. Es gibt eine Art von Bewusstsein, zu dem die Seele dich führen wird und an das du dich nicht unbedingt erinnern musst, wenn du aufwachst. Natürlich erinnerst du dich zu anderen Zeiten lückenlos an bestimmte Dinge. Es ist ein perfekter Entwurf. Dein höheres Selbst weiß genau, was aus dem Unterbewusstsein – wie auf der Seelenebene – aussortiert werden muss und was auf die bewusste Ebene gelangen soll, um Wachstum und Fortschritt am besten zu fördern. An die Dinge, von denen die

Seele möchte, dass du dich auf einer bewussten Ebene erinnerst, an die erinnerst du dich auch.

ICH: Verstehe. Das klingt absolut sinnvoll.

ERIK: Wenn sie [die Seele] nur aufzeichnet, was du bereits getan oder gesagt hast, und du davon weitgehend geheilt bist oder wenn es etwas Unwichtiges ist, wirst du dich vermutlich nicht daran erinnern.

ICH: Okay. Und was ist mit Menschen, die im Koma liegen – in einem vegetativen Zustand – oder die eine Hirnschädigung haben? Erzähl mir, was du darüber weißt.

ERIK: Manches davon ist Quatsch.

ICH: Oh!

JAMIE: Ich frage ihn, wieso. Was meinst du, Erik?

ERIK: Obwohl der Körper nicht funktioniert – sich also etwa die Augen nicht öffnen, die Finger nicht bewegen und der Körper absolut tot aussieht –, ist es so, dass wir einfach nicht die Instrumente haben, um zu messen, was das Gehirn tatsächlich macht. Die Ohren funktionieren, und die Person kann ein inneres Gespräch führen, so etwas wie einen inneren Dialog, aber sie kann den Mund nicht aufmachen oder die Finger krümmen oder die Augen öffnen, um dir zu zeigen, dass sie dich versteht. Sobald man [die Forscher] noch genauere Studien zum Komazustand macht, werden sie herausfinden, dass das Gehirn bestimmte Muster auslöst, um zu zeigen oder einen Beweis dafür zu liefern, dass die Person im Inneren zuhört, alles versteht und in der Lage ist, mit einer Antwort oder einer Frage zu reagieren.

ICH: Okay. Was ist mit einer Vollnarkose? Warum kommen wir unter Narkose nicht aus unserem Körper und sind uns auf einer Seelenebene bewusst, wo wir sind?

ERIK: Nun, bei manchen Leuten ist genau das der Fall!

ICH: Oh, okay!

ERIK: Manche Leute machen das, aber eben nicht alle, und das hat etwas mit Überzeugungen zu tun. Menschen haben Strukturen, Überzeugungen …

ICH: Okay, du sagst also, das hat grundsätzlich etwas mit Überzeugungen zu tun. Manche Leute glauben einfach nicht, dass sie unter Vollnarkose bewusst bleiben können, weil sie ihre Seele nicht als separate, bewusste Wesenheit wahrnehmen …

ERIK: Genau.

ICH: Okay, sie klammern sich also einfach an ihrem Körper fest, verkabelt mit ihrem abgeschalteten Gehirn?

ERIK: Yep.

ICH: Was ist also der Unterschied zwischen Schlaf und außerkörperlicher Erfahrung, bei der man sich der eigenen Situation und der Umgebung bewusst ist?

ERIK: Nun, im Schlaf ist die Seele immer noch mit dem physischen Körper verbunden. Bei der außerkörperlichen Erfahrung wohnt die Seele nicht mehr im physischen Körper. Sie ist außerhalb des Rahmens, den der physische Körper zur Verfügung stellt.

Energiearbeit

Alles – sogar Objekte, die uns aus unserer beschränkten dreidimensionalen Perspektive fest erscheinen – ist Energie. In der Tat bezeichnete Albert Einstein Materie als »gefrorenes Licht«. Stellen Sie sich also vor, dass Sie die Macht haben, diese Energie zu manipulieren und zu kontrollieren! Hier auf der irdischen Ebene steht uns diese Macht nur mit Einschränkungen zur Verfügung, Erik und seine jenseitigen Kohorten jedoch können sie nahezu unbegrenzt nutzen, vor allem mit etwas Übung.

ICH: Wie kommst du voran bei der Arbeit mit deiner Energie, Erik? Was kannst du jetzt schon? Und wie übst du? Unterrichtet dich jemand?

ERIK (mit kleinem Lacher): Nun, es gibt Klassen, aber du kennst mich ja, ich probiere am liebsten selbst etwas aus! Es läuft wirklich gut, Mama! Ich habe zu Hause auch schon Dinge materialisiert, etwa Lichtbälle oder Lichtstrahlen. Ich habe Objekte bewegt. Ich habe beim Autofahren als Beifahrer neben dir gesessen und mit dir gesprochen. Ich finde, es läuft wirklich gut. Der Hund sieht mich ganz deutlich und Baby Arleen [Eriks Nichte] auch. Sie und ich kommen sehr gut zurecht.

[Es wunderte mich nicht, dass er sich den Unterricht in »Energiemanipulation« schenkt. Er hatte noch nie was für Klassenzimmeratmosphäre übrig.]

ICH: Wie übst du genau?

ERIK: Ich mache es einfach, genau wie du das Kommunizieren und Übersetzen übst, indem du es einfach machst – genau wie du auf der irdischen Ebene Dinge einübst, indem du sie oft tust.

[Ich war immer noch ratlos. Ich hatte keine Ahnung, wie wir als ganz normale Menschen mit unserer Energie umgehen, außer den Toaster einzustecken oder das Auto vollzutanken. Also hakte ich noch einmal nach.]

ICH: Ich kann mir nicht vorstellen, wie du das mit dem Manipulieren der Energie übst, aber ich schätze, sobald du auf der anderen Seite bist, wird das deutlicher, oder?

ERIK (in gespielter Verzweiflung): Nun, Mammmma! Du machst das doch die ganze Zeit. Wie heilst du Menschen, was glaubst du?

[Äh, okay, das erklärte es nicht wirklich.]

ICH: Ich weiß nicht. Gute Frage.

[Sicher konnte er den Hauch von Sarkasmus in meiner Stimme hören.]

ERIK: Du nimmst deine elektrische Energie und schickst sie in den Körper anderer Menschen. Du manipulierst die ganze Zeit Energie!

[Arrgghhh! Ich wollte einfach eine Schritt-für-Schritt-Anleitung wie: »Rechter Fuß rein, rechter Fuß raus, rechter Fuß rein, einmal durchschütteln«, aber so einfach war es natürlich nicht.]

ICH (ungeduldig): Indem ich es mir vorstelle? Indem ich daran denke? Wie denn?

ERIK: Durch Visualisieren. Wenn du visualisierst, wie die Energie in eine materielle Form projiziert wird [eine Heilbehandlung], dann passiert es auch.

[Okay, diese Antwort genügte mir im Moment. Ich ging also zu einer anderen Frage über.]

ICH: Hast du uns in Norwegen besucht, indem du deine Energie in einer physischen Form manifestiert hast?

ERIK: Klar, ich war die ganze Zeit da, Mama. Weißt du nicht mehr, dass du mich in deinem Schlafzimmer gesehen hast?

ICH: Doch, gut! Ich hatte das Gefühl, hellwach zu sein, aber die Skeptikerin in mir fragte sich, ob ich in einem Traumzustand war oder mir etwas eingebildet habe. Zur Hölle mit meinem analytischen Verstand.

ERIK: Mama, es wird noch dreieinhalb Monate dauern, bis du absolut positiv und ohne Frage sicher bist, dass ich da bin, und bis du weißt, wie und wann ich mit dir kommuniziere. Vor Ende dieses Jahres wird es noch eine Reise nach Norwegen geben, und dort wirst du mich dann überall richtig stark mitbekommen. Ich werde eine so greifbare Präsenz sein, dass du laut mit mir reden wirst, und die Leute werden dumm dreinschauen und sich fragen: »Hm, wer ist diese Frau, die da offenbar mit sich selbst spricht?« Aber andere Leute werden mich auch sehen. Sie sagen dann vielleicht: »Oh, ein Tisch für drei?«, wenn nur du und Michelle da sind. Ich werde mehr und mehr greifbar.

ICH (mit hoffnungsvollem Enthusiasmus): Gut! Ich bin so stolz auf dich, Erik! Wie kannst du Dinge bewegen? Wie kannst du Objekte auf der irdischen Ebene anstoßen? Du hast beispielsweise Münzen, Konfetti und Softairkugeln erscheinen lassen. Bringst du die selbst hervor, oder nimmst du sie von ihrem ursprünglichen Standort weg?

ERIK: Wenn wir etwas Neues herbeibringen, erschaffen wir es selbst; aber wenn wir ein Glas auf dem Tisch zu bewegen hätten, würden wir eine dichtere Energie dahinter erschaffen, die das Glas wegschiebt. Es ist, als würdest du die dichteren Grenzen deiner Haut, deine Hand benutzen, um gegen das Glas zu drücken und es dadurch verschieben.

ICH: Das ist sooo cool, Erik, und klingt plausibel. Und wie bewegst du dich selbst von einem Bereich in den anderen?

ERIK: Indem ich mein Bewusstsein ausdehne. Ich visualisiere einfach, dass meine Energie hier oder dort ist, und boom! bin ich schon dort, wo ich mich hinvisualisiert habe. Mama, es ist, als würdest du dir vorstellen, dass du in Venedig bist, und im nächsten Moment wärest du in der Lage, dich dorthin zu begeben.

ICH: »Beam mich hoch, Scotty!«

ERIK: Ich lerne immer noch eine Menge. Ich kann ganz einfach zu dir oder zu anderen kommen, aber wenn ich rausgehen und jemandem helfen sollte, den ich nicht sehr gut kenne und der Probleme hat, dann wäre das schon schwieriger. Ich lerne gerade, wie man das macht, damit ich Menschen führen kann. Diejenigen, die am meisten Hilfe brauchen, sind am schwersten zugänglich. Es geht also vor allem darum, die eigene Absicht zu fokussieren, die eigene Energie. Es ist wirklich einfach, mich auf dich zu konzentrieren und auf alle, die ich liebe. aber auf diejenigen, die ich nicht kenne – dafür ist ein besonderes Training erforderlich.

ICH: Warum das, Süßer?

ERIK: Es geht darum zu lernen, wie man sich umherbewegt – wir können gehen, wohin wir wollen, weißt du. Aber das erfordert eine Menge Training, in der Art, wie ein Pilot trainieren muss. Konzentration ist dafür nötig und eine ganz bestimmte Fähigkeit. Ich kann überall hinschauen, aber um tatsächlich gehen und mich umherbewegen zu können, brauche ich Zeit, in der ich genau das lerne.

ICH: Zu einem »Fremden in Bedrängnis« – um es mal so zu sagen – zu gehen, dich auf ihn auszurichten, ist also schwerer, als an Orte zu gehen, die du kennst, etwa in unser Haus oder in die Häuser von Blogteilnehmern, die du kennst?

ERIK: Ja, es frisst Energie. Wir haben viel Energie, müssen aber trotzdem lernen, wie man sie sich einteilt.

ICH: Ja, das glaube ich gern. Bist du manchmal ausgelaugt?

ERIK: Ich werde müde, sicher, aber es ist eine andere Art von Müdigkeit. Ja, meine Energie kann ein wenig abfallen, aber nicht so, wie es auf der Erde für mich war. Das war anders.

ICH: Warum kann ich Dinge wie eine Dose Cola bewegen, aber du sagst, es koste dich so viel Energie, das zu tun? Ich dachte, körperlose Seelen hätten mehr Energie als inkarnierte Seelen.

ERIK: Okay, Mama, okay. Ich sag dir was, Mama: Setz dich mit dieser Dose Cola, leer oder voll, an den Tisch und versuche, sie zu bewegen, ohne sie zu berühren! Siehst du, wie einfach das ist?

ICH: Ja, ich verstehe!

ERIK: Siehst du, die Dose ist auf der physischen Ebene, und du bist es auch. Als Geistwesen müssen wir alles mit Energie bewegen, Punkt. Wenn du Arme hast, Hände …

ICH: Ja, wir haben Materie [unsere Hände], die wir einsetzen können, um Materie zu verschieben.

ERIK: Ja, wir vergleichen Äpfel mit Äpfeln. Wenn du dich hinsetzen und versuchen würdest, die Dose mit deiner Energie zu bewegen, dann würdest du mal sehen, wie einfach das ist! Du könntest es schaffen! Du könntest an diesen Punkt kommen.

ICH: Wow, wirklich?

ERIK: Ja. Und wenn du es dann kannst, Mama, dann reden wir weiter!

[Wir lachen alle.]

ICH: Ich mache mich gleich daran, Sir! Aber ich habe gesehen, wie du Teller voller Essen, Pfefferstreuer und andere Sachen über ziemlich große Entfernungen geschoben hast. Du musst also, was das angeht, rasante Fortschritte gemacht haben.

ERIK: Ja. Ich habe den Bogen allmählich raus.

Berufung

Jetzt, wo ich kurz vor dem Ruhestand stehe, entdeckte ich, dass es auch nach dem Tod noch Aufgaben gibt. Wir kommen offenbar nie zur Ruhe. Aber anscheinend lieben körperlose Seelen das, was sie als ihre »Berufung« bezeichnen. Um dies weiter zu vertiefen, stellte ich Erik ein paar allgemeine Fragen, diesmal mithilfe von Kim O'Neill:

ICH: Haben Seelen im Jenseits eine Art Spezialgebiet, eine besondere Berufung?

ERIK: Sicher, wir alle haben unterschiedliche Begabungen und Talente.

ICH: Und was ist deine Aufgabe dort?

ERIK: Jetzt im Moment? Ich soll Licht in das Thema Teenagerselbstmord bringen. Meine Berufung besteht jetzt im Lehren und Heilen, genau wie die deinige. Es geht darum, jedem zu helfen, besonders Kindern und Jugendlichen. Ich bin total begeistert davon und ganz darauf konzentriert. Ich habe meine Erfüllung gefunden! Mama, Mama, Mama! Ich fühle mich irgendwie ruhig und friedlich!

KIM: Erik, bist du müde?

ERIK: Ja, irgendwie schon.

KIM: Wie kannst du im Geist müde sein? Ich frage nur.

ERIK: Nun, ich hatte eine lange Nacht gestern.

KIM: Aber im Geist, ohne einen physischen Körper zum Wiederaufladen …

ERIK (in gespielter Frustration): Können wir nicht einfach weitermachen?

KIM (lacht): Okay, okay! Schauen wir mal, was er Ihnen sagen will.

[Pause]

KIM: Oh, er umarmt mich!

ICH: Oh!

KIM (unter Tränen): Er umarmt mich! Oh! Er sagt, er habe gearbeitet. Deswegen sei er müde. Er sagt, eine Menge Leute aus der ganzen Welt möchten jetzt wegen Ihrem Blog mit ihm sprechen. Daher habe er versucht herauszufinden, wie er das bewerkstelligen könnte.

ERIK (lacht): Es ist wie in diesem Film, Mama. In diesem Jim-Carrey-Film über Gott.

ICH: *Bruce Allmächtig*!

ERIK: Ja, verdammter Mist! Es gibt eine Menge Leute da draußen! Also versuche ich herauszufinden, wie ich mit ihnen allen sprechen kann. Ich weiß nicht, vielleicht trage ich sie in einen Terminkalender ein, Mama. Ich weiß noch nicht. Wenn ich es mache wie Kim, komme ich nie bei irgendjemandem an! Weißt du, wie sie Leute mit Terminen hinhält?

ICH: Ja.

ERIK: Und sie kann an einem Tag nur mit einer bestimmten Anzahl Menschen sprechen. Dann erschöpft sich ihre Energie. Ich versuche herauszufinden, wie man es anders machen kann.

ICH: Auch da drüben brauchst du Ausgeglichenheit. Ist das alles zu viel für dich?

ERIK: Nein, das sage ich nicht. Und ich bitte dich auch nicht um Hilfe, Mama. Ich werde es selbst herausfinden. Ich möchte dir nicht noch mehr Verantwortung aufbürden, als du bereits trägst. Du bist schon ziemlich ausgepowert. Das ist einfach etwas, was ich selbst erfahren muss.

ICH: Welche Art von Arbeit kannst du auf der »anderen Seite« tun? Ich weiß, dass du mit mir zusammenarbeitest, um Menschen hier [auf der Erde] zu helfen, und ich bin sicher, es gibt weitere, die dasselbe tun. Aber finden sich auch Wesen, die Menschen retten, die nach ihrem Übergang verwirrt sind – etwa Skeptiker, Atheisten oder Menschen mit rigiden religiösen Ansichten? Mit anderen Worten, was können Menschen in der nächsten Phase des Daseins tun?

ERIK: Sie geben Anleitung, führen andere. Das ist es, was ich mache. Etwa so, als wäre man Taxifahrer in New York. Das ist sehr üblich hier. Viele Geistwesen sind auch einfach pensioniert. Sie haben nicht wirklich eine Stelle oder Position inne. Sie sind hier, um bei ihrer Familie zu sein, um Spaß zu haben, an andere Orte zu reisen, solche Sachen eben.

ICH: Halt den Job für mich frei. Hört sich gut an. Bekommen sie irgendwelche Altersruhegelder?

ERIK (kichert): Gott sei Dank brauchen wir hier kein Geld, um zu überleben!

ICH: Oh, ich wünschte, wir bräuchten hier auf der Erde auch keines. Es scheint einfach nur Hindernisse, Trennungen und Enttäuschungen zu verursachen. Okay, ihr könntet also ein kleines Zuhause haben, in einem Wohnzimmer sitzen und Pizza essen. Gibt es auch Pizzaboten vom Lieferdienst? Und gibt es Buchhändler? Oder andere Berufe?

ERIK: Ja, es gibt Historiker. Nun, auf der Erde bezieht sich das Wort »historisch« auf alles, was in der Vergangenheit liegt, aber ein Historiker ist für uns eine Person, die sich der Zeit und der Zeitschleifen so bewusst ist, dass sie für die Vergangenheit, die Gegenwart und die Zukunft gleichzeitig sprechen kann. Es gibt auch Geistwesen, die uns helfen, uns wieder zu verkörpern. Sie helfen uns, unsere Lebenspläne anzuschauen, weißt du, so eine Art Berater. Sie helfen uns, jeden Lebensplan einzuschätzen, um zu sehen, welche Auswirkungen er haben wird. Sie sind [auch] Heiler, wie eure Ärzte auf der Erde. Wenn wir sterben und unsere Energie zerrissen ist, helfen sie uns, wieder heil zu werden. Diese Ärzte sind gleichzeitig auch Lehrer. Sie zeigen uns, warum dies oder jenes passiert ist, warum die Energie durcheinandergeraten ist. Alle arbeiten zusammen.

ICH: Das ist faszinierend. Gibt es denn auch Wesen, die typische »Erdenjobs« haben, Busfahrer zum Beispiel?

ERIK: Nein. Wir haben kein System, in dem so etwas erforderlich ist. Du hast ja auch nach Pizza-Lieferdiensten gefragt. Wir können unsere Pizza sofort manifestieren. Oder wir manifestieren einen Ofen und alle Zutaten und machen sie selbst. Wir brauchen keine Busse, weil wir sofort und mittels Gedankenkraft reisen. Aber wenn wir die Erfahrung machen wollen, einen Bus zu lenken oder in einem Lieferwagen von Dominos Pizzaservice herumzufahren, dann können wir das auch.

ICH: Ja, so habe ich mir das vorgestellt.

ERIK: Wir haben Kunsthandwerker. Wir musizieren gemeinsam. Wir haben alle möglichen Gruppen, an denen wir teilnehmen können.

ICH: Okay, aber keine Schreiner oder Klempner oder dergleichen?

ERIK: Nein, alles, was mit Bauen zu tun hat, ist nicht nötig, weil wir Dinge von innen nach außen erschaffen. Ich könnte einen Hammer und ein paar Nägel erschaffen oder Holz, um etwas zu bauen, wenn ich wollte, und ich könnte einfach drauflosbhämmern, aber …

ICH: Ja, okay.

ERIK: Oh, und zu deiner Frage bezüglich der Retter: Ja, wir haben Leute, welche die gerade Verstorbenen führen, aber das sind in der Regel Ahnen, Familienmitglieder und Freunde. Wenn jemand an einer bestimmten Überzeugung festhält und dieses Nichts kreiert, in dem er herumschwebt, weil er nicht an ein Leben nach dem Tod glaubt, wird ihn irgendwann jemand retten und ihm helfen, sich zu orientieren. In der Regel kommen sie allerdings selbst klar, sobald sie merken, dass sie immer noch denken können. Ihre Schwingungen öffnen sich allmählich und werden höher, und diese Gedanken können ein Leben nach dem Tod für sie erschaffen. Das Gleiche passiert mit Menschen, die glauben, sie seien in der Hölle gelandet.

ICH: Es ist gut, dass niemand für immer im Nichts oder im Fegefeuer bleiben muss!

ERIK: Oh nein! Das kann nicht passieren!

ICH: Wie hast du deine Aufgabe entdeckt, Erik? Warst du in der Vergangenheit jemals ein Guru, oder bist du einfach jemand, der gerade lernt, ein Guru zu sein? Lernen durch handeln?

ERIK: Als ich ankam, wussten sie, was meine Gaben sind. Und du weißt ja, dass ich wirklich nicht gern gelernt habe [auf der Erde]. Ich wollte lernen, was ich gern lerne, und nicht, was sie mir beigebracht haben.

ICH: Genau!

ERIK: Für mich ist es [das Jenseits] so faszinierend. Das Leben auf der Erde war so kompliziert, und es fanden sich so viele Widersprüche – Menschen sagen das eine und tun das andere. Das war eines meiner größten Probleme.

ICH (traurig): Ja.

[Ich wusste, dass er auf seine Freunde anspielte, die ihm in der einen Minute treu ergeben schienen und ihm in der nächsten aus dem Weg gingen.]

ERIK: Ich kann also helfen. Von hier aus kann ich jetzt all denen helfen, die so sind, wie ich war: verwirrt. Mama, mir war nie aufgefallen, dass es so viele gibt, die sich so fühlen, wie ich mich gefühlt habe – fast, als würden sie nicht dazugehören. Ich weiß, ich habe zu euch und zum Rest der Familie gehört, und ich kann gar nicht in Worte fassen, wie wunderbar das war, dennoch hatte ich das Gefühl, nicht in die Welt zu gehören.

ICH: Ich auch. Manchmal habe ich auch das Gefühl, ich gehöre nicht hierher auf die irdische Ebene. Ich fühle mich manchmal fremd hier.

ERIK: Ja, aber Mama, schau, was du gemacht hast!

ICH: Ja, natürlich mag ich so manches an diesem Leben hier, aber ich fühle mich irgendwie unbehaglich. Im spirituellen Bereich würde ich mich viel wohler fühlen, glaube ich. Ich bin eine von denen!

ERIK (mit Sympathie): Ja, ja. Auf jeden Fall. Das sehe ich auch so.

ICH: Ja.

ERIK: Zurück zu deiner Frage über die Berufung [für Seelen] hier drüben. Wir können uns aussuchen, was immer wir tun wollen. Wir können landschaftsgärtnerisch tätig werden; wir können ein Schutzengel sein; wir können Seelen helfen, die gerade ankommen und denen es nicht gefällt, hier zu sein, äh …

ICH: Nun, da du allein durch Gedankenkraft überall hinreisen kannst, gibt es offensichtlich keine Taxifahrer, oder?

ERIK: Wie ich schon sagte, wir können uns alles aussuchen, was wir wollen. Nehmen wir mal an, Taxi fahren sei etwas gewesen, das uns auf der irdischen Ebene wirklich Spaß gemacht hatte. Vielleicht möchten wir diesen Service auch den Menschen hier drüben anbieten. Vielleicht fahren manche Seelen gern in Taxis herum. Wir können beschließen, hier und dort im Jenseits zu materialisieren. Wir können manifestieren, was immer wir wollen, und zwar in einem Augenblick. Wir können in jeder Umgebung leben, die wir uns aussuchen, und jeder Arbeit nachgehen, die wir tun möchten. Also können wir natürlich auch ein Taxi heraufbeschwören und darin herumfahren, und natürlich können wir ein Taxi rufen und uns fahren lassen. Hinzu kommt, dass die Taxifahrer besser drauf sind und die Fahrt nichts kostet!

ICH (lachend): Ich hoffe, die Taxis riechen besser als manche von denen, die hier herumfahren!

[Erik lacht.]

ICH: Wie wird der Ort, an dem du jetzt bist und arbeitest, bevorzugt genannt, »das Leben nach dem Tod«, »das Jenseits« oder wie?

ERIK (denkt einen Moment nach, runzelt die Stirn und zuckt dann mit den Schultern): Er hat viele Namen – und sie sind alle gut. Aber ich nenne ihn am liebsten mein Zuhause. Manchmal sage ich auch Himmel, weil ich weiß, dass viele Menschen etwas mit diesem Begriff anfangen können.

Seelenhierarchie

Seele ist gleich Seele, oder? Nicht laut Erik. In der folgenden Sitzung (mit Kim als channelndes Medium) erklärte Erik die grundlegende Ausdifferenzierung der Seelenhierarchie.

ICH: Gibt es verschiedene Seelenebenen, die den verschiedenen Stufen der Erleuchtung entsprechen? Und wenn ja, haben sie unterschiedliche Farben? Ich meine, wie funktioniert diese ganze Sache mit der Hierarchie?

ERIK: Manchmal erscheint das Licht, das von Seelen ausgeht, in unterschiedlichen Farben, aber das hat nichts mit der Erleuchtung zu tun, sondern damit, welche Farben wir mögen. Kim beispielsweise würde ein blaues Licht aussenden.

KIM: Ja, du hast recht, Erik! Blau ist meine Lieblingsfarbe! Das stimmt!

ICH: Gibt es jetzt verschiedene Stufen der Erleuchtung?

ERIK: Verschiedene Stufen der Erleuchtung – ja, ja. Sie sind nicht voneinander getrennt, aber irgendwie hängt man mit den Seelen rum, die vom selben Kaliber sind wie man selbst, oder mit Seelen, mit denen man bereits in vielen früheren Leben zusammen war – die entweder die eigenen Schüler oder Lehrer waren. Oh, und mit Gleichgesinnten auch. Ich meine, jeder interagiert mit allen anderen, aber du verkehrst eben mit den Seelen, die du schon von früher her kennst. Jeder steht auf einer anderen Stufe der Erleuchtung, die hängt von vielen Dingen ab, etwa vom Alter deiner Seele, aber das muss nicht unbedingt etwas heißen. Jemand kann ein »Arschloch« sein und eine alte Seele. Eine alte Seele zu sein bedeutet also gar nichts. Es geht eher darum, was man mit seiner Zeit angefangen hat, sowohl auf der irdischen Ebene als auch hier.

ICH: Wenn du also zu faul oder nicht mutig genug bist, um bestimmte Themen während deines Lebens zu bearbeiten, bist du dann vielleicht eine alte Seele, aber auf einer niedrigen Stufe der Erleuchtung?

ERIK: Ja, du hast es erfasst.

ICH: Gut, aber woher weiß man das? Woher weiß man, wie erleuchtet man als Seele ist?

ERIK: Wenn deine Seele den Körper verlässt, erinnert sie sich an absolut alles, und dann schaust du zurück und siehst, wie du dich im Laufe dieses Lebens entwickelt hast. Hast du getan, was du alles getan haben könntest oder getan haben solltest? Du beurteilst dich selbst. Nun, eigentlich ist »beurteilen« das falsche Wort, »messen« oder »einschätzen« ist besser. Du schätzt also ein, wie gut du dich entwickelt hast, und versuchst es dann besser zu machen. Wenn du hier angekommen bist, wird nicht sehr viel Wert auf Selbstkritik gelegt. Hier erkennen wir alle, welche Zeitverschwendung das ist. Darin besteht ein weiterer wirklich großer Unterschied zwischen dem Jenseits und der irdischen Ebene. Du weißt, wie selbstkritisch Menschen sind, wie kritisch sie sich selbst auf der irdischen Ebene beurteilen? Absolute Zeitverschwendung! Wenn sie diese ganze Energie doch nur einsetzen würden, um sich selbst zu verbessern! Na, klinge ich jetzt nicht wie jemand, der einen Dreck von irgendetwas versteht? Ha! Wie lange bin ich jetzt hier? Nicht so lange. Aber ich habe viel gelernt, Mama, und ich bin immer noch in Behandlung.

ICH: Gut, Süßer. Du gehst also von einer Stufe zur nächsten, während du …

ERIK: Oh ja. Es sind nicht wirklich Stufen … Es ist schwer zu erklären. Weißt du, Mama, es fällt uns sehr schwer, euch, die ihr immer noch auf der irdischen Ebene seid, Dinge zu erklären, weil wir sie in eine sequenzielle Sprache übersetzen müssen. Und weil die Dinge hier nicht sequenziell sind, also nicht der Reihe nach geschehen, gerät die Botschaft manchmal ein wenig durcheinander, aber …

ICH: Gut, ich versuche, den Ausdruck »Stufe« nicht zu benutzen, aber was ist dein Status im Jenseits, Erik? Bist du ein Bote irgendeiner Art? Ich meine, du scheinst so leicht mit Menschen in Kontakt zu kommen, und der Einfluss, den du auf alle hast, ruft einen riesigen Welleneffekt hervor, der wiederum eine große Wirkung auf sehr viele Menschen haben muss. Manche der Blogmitglieder haben das Gefühl, du habest eine erhöhte Schwingung oder vielleicht einfach nur eine andere Schwingung.

ERIK: Nun, ich bin ein Orientierungshelfer in der Ausbildung, und nichts, was ich jemals getan habe, fühlt sich ähnlich an. Man ist von einem solchen Licht erfüllt, Mama, und je mehr ich lerne, desto weiser werde ich und desto mehr Licht ist in mir. Wir arbeiten alle daran, das kollektive Bewusstsein in Richtung spirituelle Erleuchtung zu verschieben, damit die Erde nicht ganz so dramatische und traumatische Veränderungen durchmachen muss. Ich hätte nie gedacht, dass ich einmal etwas so Wichtiges tun würde!

ICH: Das ist so aufregend. Ich könnte gar nicht stolzer auf dich sein. Hast du einen persönlichen Ausbilder dort, wo du bist, Erik? Wenn ja, welchen Namen trägt er oder sie?

ERIK: Ich habe viele Ausbilder.

ICH (lachend): Ah, du brauchst jede Hilfe, die du bekommen kannst, was? Du und ich auch!

ERIK (kichert): Nun, ich mehr als du im Moment!

ICH: Davon weiß ich nichts!

[Erik lacht laut.]

ERIK: Ich gehe zur Schule und lerne, wie ich besser mit dir zusammenarbeiten und mich mit anderen Wesen verbinden kann – sowohl mit Wesen des Lichts als auch mit Wesen auf der Erde, in beiden Sphären. Ich werde selbst ein Ausbilder sein! Ich weiß es einfach!

[Ich lache über seinen spitzbübischen Charme und seine Zuversicht.]

ERIK: Ich werde andere anleiten, die gerade angekommen sind. Es gibt also Lehrer, Orientierungshelfer, Engel ... Ich kann dir Namen nennen, wenn du willst, aber sie sind alle Energie. Jeder erkennt jeden an seiner Energie.

Heilbehandlung

Laut Erik durchlaufen alle Seelen, die nach einem schweren Leben die Schwelle überqueren, einen traumatischen Tod gestorben sind oder Selbstmord begangen haben, eine Art Therapiephase. Manche Geistwesen sind speziell darin ausgebildet, die zerrissene oder verstreute Energie dieser Seelen zu heilen. Sie helfen ihnen auch, von der durchlittenen Mühsal zu lernen und diese harten Prüfungen in wertvolle Hilfsmittel für spirituelles Wachstum zu verwandeln.

ERIK: Mama, ich hätte keine Ruhe und keinen Frieden hier, wenn ich nicht in Behandlung wäre. Die Leute sollten wissen, dass man diesen emotionalen Frieden nicht wie durch ein Wunder erfährt, sobald man ins Jenseits zurückgekehrt ist. Manchmal hat man hier sehr viel mehr Schmerzen zu ertragen als auf der Erde. Das müssen wir klarstellen. Es ist eben nicht nur: »Oh, ich bin ein Geistwesen! Alles ist Glück und Licht!« Es geht vielmehr um Heilung. Man kann vor diesem ganzen Mist davonlaufen, aber man kann sich nirgendwo davor verstecken. Man muss diese Heilungsarbeit durchlaufen. Das geht manchmal einfacher, solange man noch auf der Erde ist, aber die Leute merken es nicht. Wir werden ihnen also helfen, das zu lernen, Mama, nicht wahr?

ICH: Gut! Da bin ich ganz bei dir! Erik, kannst du mir ein bisschen mehr über die Behandlung sagen, die du nach deinem Übergang durchlaufen hast? Es ist schwer vorstellbar, dass Geistwesen in der Praxis des Therapeuten auf einer Couch liegen und über kindliche Schikanen und strenge Eltern sprechen. Wie funktioniert das?

ERIK: Ich hatte eine Einzeltherapie, genau wie auf der irdischen Ebene, die ich besuchte, um zu reden. Im Jenseits ist es jedoch ein bisschen anders, weil der Behandler sehr viel mehr sagt. Ich kenne mich ja ziemlich gut aus damit, wie Therapeuten auf der Erde sprechen, weißt du, wie sie versuchen, den Patienten dazu zu bringen, etwas zu sagen und mit Einsichten aufzuwarten. Hier handelt es sich mehr um eine Kombination aus Geben und Nehmen. Und dabei ist es eine sehr vertrauliche Sache genau wie auf der Erde. Ich hatte Glück, denn meine Therapeutin ist wirklich heiß.

[Ich muss schmunzeln, weil ich mich an seine Vorliebe für schöne Frauen erinnere.]

ERIK: Ja und es gibt auch Gruppensitzungen. Die sind besonders hilfreich für Seelen, die ins Geistige zurückkehren, nachdem sie Selbstmord begangen oder einen gewaltsamen Tod etwa durch Mord oder Unfall erlitten haben, aber auch für Seelen, die vor ihrem Tod nur ganz kurz krank gewesen waren. Diese Todesarten sind irgendwie schockierend für die entsprechenden Seelen, die sich dann in der Gruppe neu »organisieren« müssen. Es ist ein Schock für die Emotionen, selbst wenn es das Schicksal einer Seele war, auf diese ganz bestimmte Weise zu sterben. Diese Seelen brauchen eine Therapie, die ihnen hilft, darüber hinwegzukommen, aber die Heilbehandlung hier im Jenseits geht in der Regel sehr schnell vonstatten. Die Seelen sind wirklich daran interessiert, zu heilen und weiterzugehen. Diese Behandlung wirkt ganz anders als auf der irdischen Ebene, denn hier wollen wir viel schneller heil werden und sind auch eindeutig dazu bereit.

ICH: Welche speziellen Behandlungsarten erhalten diese Seelen? Kannst du mir ganz allgemein sagen, über welche Dinge da gesprochen wird?

ERIK: Ich weiß nichts über die Therapie, die andere durchlaufen haben. Ich kann nur sagen, über welche Dinge ich gesprochen habe. Meine Behandlerin hat mir geholfen zu erkennen, wie manche meiner früheren Leben mein letztes Leben beeinflusst haben, und das, Mama, hat sich wirklich gut angefühlt! Es tat wirklich so gut, das alles loszulassen. Ich habe immer und immer wieder darüber nachgedacht. Ich kann gar nicht glauben, wie viele Probleme ich mit mir herumgeschleppt habe und wie schwer das alles war! Es ist erstaunlich, wie menschliche Wesen überhaupt einen Fuß vor den anderen setzen und ihr Leben führen können, wo sie doch dieses ganze schwere Gepäck mit sich herumschleppen müssen. Man weiß eben gar nicht, wie viel Mist man mit sich herumträgt. Man hat keine Ahnung, wie schwer das alles ist, bis man Regressionen auf der Erde durchlebt oder hierherkommt und eine Behandlung erfährt. Es ist einfach unglaublich, wie schnell man sich von allem befreien kann – wie man würdigen kann, was man alles durchgemacht hat, und dann alles loslässt! Ich begreife es immer noch nicht.

ICH: Ja, ich bin so froh, dass du jetzt glücklich und im Frieden bist. Das ist alles, was zählt.

ERIK: Ja, das stimmt.

Nachdem wir uns auf diese Gespräche über die Seele und ihre Möglichkeiten im Jenseits eingelassen hatten, wurde mir klar, dass sich Erik in seinem Dasein nach dem Tod zurechtgefunden hatte. Als wir kurz nach seinem Tod zum ersten Mal kommunizierten, war er mir verwirrt und desorientiert vorgekommen. Aber jetzt wusste ich, dass er Orientierung gefunden hat. Ich weiß es wegen der Wunder, über die er gesprochen hat, und aufgrund der Zuversicht und der Gelassenheit, die er als körperlose Seele an den Tag legt. Er ist zwar nicht mehr in seinem physischen Körper, vermag aber in seiner aktuellen Gestalt zu funktionieren und versteht es, die enormen Fähigkeiten dieser Form für sich zu nutzen, vor allem die Fähigkeit, sich seine eigene Realität zu erschaffen – sich sein Leben genau so einzurichten, wie er es möchte. Das ist definitiv etwas, wozu er, als er noch auf der Erde gelebt hatte, nicht imstande gewesen war.

Seit Eriks Tod verbringe ich viel Zeit damit, das Verhältnis, das wir jetzt zueinander haben, mit demjenigen vor seinem Tod zu vergleichen. In vielerlei Hinsicht ist es nicht sehr anders, abgesehen von dem enormen Mangel an körperlicher Nähe, die ich sehr vermisse. Als er noch am Leben gewesen war, habe ich getan, was ich konnte, um Erik ein erfülltes Leben mit Sinn und Anerkennung zu ermöglichen. Doch alle meine Bemühungen waren vergebens gewesen, weil Erik nie an seiner Zukunft interessiert gewesen zu sein schien. Für ihn hatte es nur den Augenblick gegeben. Vielleicht hatte er tief drinnen gewusst, dass seine Zukunft woanders liegen würde. Heute strebe ich zwar immer noch danach, ihn zu seiner persönlichen Erfüllung zu führen und auf dem Weg dorthin zu unterstützen, doch tue ich dies, indem ich dazu beitrage, seine Stimme hier auf der Erde zu sein.

8. DIE BESCHAFFENHEIT DES JENSEITS

Wie ich in diesem Buch bereits erläutert habe, war es beim Ausfindigmachen dieser neuen Beziehung zu meinem Sohn vielleicht mein wichtigstes Ziel, den Aufbau und die Strukturen von Eriks Aufenthaltsort als körperlose Seele zu verstehen und auch, was das Jenseits eigentlich ist. Ich wollte doch sicher sein, dass er an einem sicheren Ort und in guten Händen war! Ich fand sowohl Erleichterung als auch Erleuchtung in den folgenden Gesprächen, die ich mit Erik über die Beschaffenheit des Jenseits führte. Ich hoffe, dass Ihnen diese Informationen ebenso viel Trost spenden werden wie mir. Das Wichtigste, was Sie, liebe Leser, aus unseren Unterhaltungen in diesem Kapitel erfahren mögen, ist, dass das Jenseits ein Ort ist, an dem die Möglichkeiten endlos sind und wir unser wahres Zuhause finden, nachdem wir unseren Körper verlassen haben. Das wünsche ich mir. Erik hat das Jenseits als »Meer der bedingungslosen Liebe« beschrieben – vielleicht das Einzige, in dem wir zu versinken bereit sind.

Wie sieht das Jenseits aus?

ICH: Erik, wie sieht das Jenseits wirklich aus?

ERIK: Wie immer du willst! Stell dir das Leben auf der irdischen Ebene vor, als hättest du eine Brille mit richtig, richtig grauen Gläsern auf. Hier leuchten die Farben so viel lebendiger – das kannst du dir kaum vorstellen –, 100-mal kräftiger als auf der irdischen Ebene. Es [das Jenseits] hat immer das Aussehen, das dich gerade in dem Moment anspricht. Wo ich jetzt bin, ist das Gras violett, und das ist so schön. Es wachsen überall Blumen, und man hört die ganze Zeit Musik. Sie sagen mir, die Musik sei die Verbindung zwischen dem Jenseits und der Erde. Sie ist Schwingung. Es ist so cool, Mama – all die Informationen, die du hier bekommst. Und alles ergibt so verdammt viel Sinn. Du weißt, als ich noch bei dir war, erschienen mir die Dinge sinnlos: die Menschen und ihre Probleme, die Kriege und diese ganze Disharmonie – das hat einfach keinen Sinn ergeben. Es gab so viele Widersprüche – Leute, die das eine sagten und das andere taten. Aber hier ist alles so anders – wirklich sehr schön. Es gibt andere Personen hier, die ich besuchen kann, und sogar Tiere. Weißt du eigentlich, dass ich hier mit Tieren sprechen kann?

ICH: Oh, das ist wunderbar, Baby!

ERIK: Ja, und ich mag das wirklich. Ich weiß, du hast es bei deiner Arbeit auch mit dem Tod zu tun. Daher hoffe ich, dass dir meine Erklärungen weiterhelfen, wie es hier ist. Ich kann nur sagen, es ist die coolste Sache überhaupt! Man findet Orte hier wie große Sportstadien, wo man hingehen kann, und da ist Musik! Überall ist Liebe, und du kennst ja den alten Spruch, dass Liebe alles heilt, oder? Natürlich habe ich ihn gehört, als ich dort [bei euch] lebte, aber erst jetzt erkenne ich, wie wahr er wirklich ist.

ICH: Das hilft mir auf jeden Fall, Süßer. Okay, du sagst also, dort, wo du jetzt bist, sei das Gras violett. Ist das nur für dich so oder auch für alle anderen? Mit anderen Worten, kann eine andere Seele direkt neben dir sein und eine andere Landschaft sehen?

ERIK: Nun, wir können beides, Mama. Wir können dieselbe Landschaft mit den »Augen« der anderen Person sehen, weil, hör zu, hör zu …

[An diesem Punkt unseres Gesprächs ist er sehr erregt.]

JAMIE (schmunzelt): Er hält seine Handflächen in Richtung Decke.

ERIK: Hör zu, Mama, wenn die Person neben mir sitzt, sitzt sie in meiner Energie, und dabei können wir hier die Perspektiven verschmelzen und unser Bewusstsein mit dem der anderen Person vereinen. Wenn ich also das violett schimmernde Gras wahrnehme, dann kann die Person, die neben mir sitzt, durch meine Augen sehen, was ich sehe – und ich kann durch ihre Augen sehen.

ICH: Das ist wunderbar, Erik! Und was ist, wenn du mit deinen Freunden am Strand surfen willst? Müsst ihr diese Realität dann als Kollektiv erschaffen?

ERIK: Ja, aber es gibt so viele Leute, die denselben Wunsch haben. Diese Strände existieren also [bereits], und wir können jederzeit dorthin gehen.

ICH: Oh, verstehe! Kann der eine Freund Snowboard fahren, während du surfst, und könnt ihr beide dann immer noch nah beieinander sein?

ERIK: Yep. Du kannst sozusagen eine erschaffene Umgebung mit einer anderen erschaffenen Umgebung überlagern. Es ist erstaunlich, Mama.

ICH: Hinzu kommt, dass man sich nicht unbedingt ein Bein bricht oder vom Hai gefressen wird!

[Erik lacht.]

Der Alltag im Jenseits

ICH: Nun, Erik, warum sieht das Jenseits nach deiner Beschreibung fast so aus wie die irdische Ebene in so manchem Leben?

ERIK: Ja, La-Z-Boy-Möbel und Pizza. Mama, das hat uns das Leben auf der irdischen Ebene angenehm gemacht. Das sind unsere Erinnerungen und unsere Gedanken, die immer noch an diesem Leben hängen. Es sind die Annehmlichkeiten, die gern noch lebendig wären.

ICH: Ah! Okay.

ERIK: Und daher erschaffen wir sie. Wir erschaffen diese Annehmlichkeiten mit diesen in unserer Erinnerung gespeicherten Gedanken. Allerdings machen das nicht alle.

ICH: Ja, ja.

ERIK: Aber es ist wirklich wunderbar.

ICH: Ja. Und wenn ihr eine solche Umgebung erschafft, ist eure Schwingung dann auch da, also eher auf einer irdischen Wellenlänge?

ERIK: Ja, und das ist toll, weil wir dann nie den Raum hinter uns lassen!

ICH (lachend): Natürlich nicht! Und wie lernst du im Jenseits andere Wesen kennen? Muss es da eine Art Verbindung geben, so etwas wie gemeinsame frühere Leben?

ERIK: Nein, es muss keine Verbindung aus der Vergangenheit geben, weil wir sowieso alle verbunden sind. Aber es gibt diese Seelenfamilien, die gemeinsam wiedergeboren werden. Sie können wirklich richtig groß oder ganz klein sein, und du wirst von deiner Seelenfamilie begrüßt, wenn du ins Jenseits kommst. Natürlich haben sie mittlerweile Freunde gefunden und du auch. Du denkst einfach an jemanden, und schon ist er da. So, wie wenn du an mich denkst, Mama. Dann bin ich da. Oh, oder wenn es sich um jemanden Berühmten handelt wie etwa Michael Jackson, dann kannst du einfach an ihn denken und darum bitten, mit ihm in Kontakt zu kommen. So, als würde man ein Telefon benutzen, aber man braucht keine Nummer.

[Jamie und ich lachen.]

ERIK: Und wir haben gesellschaftliche Ereignisse!

ICH: Oh, cool!

ERIK: Wir haben Musik, wie ich bereits sagte, und wir haben – ich denke, man könnte sie Tänze nennen. Wir kennen Versammlungen, Vorträge, Gespräche. Und ich stelle mir vor, auf ähnliche Weise haben die griechischen Philosophen der Antike auf der Agora in Athen vielleicht über Astrologie oder anderes diskutiert. Wir hören Vorträge, sprechen über den Glauben und das Schicksal der Erde und darüber, wie wir einbezogen werden und helfen können.

ICH: Das klingt erstaunlich! Gut. Habt ihr auch Krankenhäuser, Schulen, Einkaufspassagen, Restaurants oder andere Einrichtungen, die wir hier auf der Erde haben?

ERIK: Nun, wir haben keine Restaurants, weil wir kein Essen brauchen. Es gibt Musik, Chöre, Tanz – wunderschön, überall Gärten, Tiere und auch Bibliotheken. Dort finden sich Bücher von unvorstellbarer Weisheit! Du erfährst aus ihnen alles über jedes Wesen im ganzen Universum und aus anderen Welten – und es existieren andere Welten, Universen und Dimensionen, Mama. Krankenhäuser, wie ihr sie auf der Erde habt, gibt es nicht, weil wir medizinische Hilfe in dem Sinne nicht brauchen, aber es gibt Orte für die Energieheilung, eine Art Heilzentren. Die sind besonders für die Seelen gedacht, die neu hierherkommen, ich beispielsweise oder andere, die an einer plötzlichen Krankheit gestorben sind, ein traumatisches Leben oder einen traumatischen Tod hinter sich haben. Diese Zentren sind Ruheorte mit Heilern und Engeln. Es gibt auch keine Kinos, denn wir sehen alles, was wir sehen müssen, wenn wir die Erde beobachten. Wir können sehen, wie du weißt. Ich besuche dich, und das ist besser als jeder Film.

ICH: Oh! Aber könntest du oder könnten deine Freunde sie [solche Dinge] erschaffen, wenn ihr es wolltet?

ERIK: Ja, wenn man die Erfahrung machen möchte. Wir haben Zusammenkünfte mit Freunden und Familienmitgliedern – es gibt natürlich Familie hier. Viel Spaß und Spiel. Schulen überall. Alle, die hierherkommen, lernen irgendein Handwerk oder eine Fertigkeit. Manche lernen, energetische Heiler zu sein, und andere werden zu Orientierungshelfern ausgebildet so wie ich.

ICH: Du sagst, du hast einen Flachbildschirmfernseher da drüben; was für Programme schaust du dir an?

ERIK (mit breitem schelmischem Grinsen): Was immer mir verdammt noch mal passt!

[Erik lacht hysterisch über seine eigene Antwort.]

ERIK: Mama, das ist deshalb so großartig, weil wir, wie ich schon sagte, jedes Programm anschauen können, das wir wollen, wann immer wir wollen.

ICH: Himmlisches Fernsehen on demand!

ERIK (lacht): Genau. Während ich dasitze und meine Pizza esse.

[Erik, Jamie und ich lachen uns kaputt.]

ICH: Begeht ihr im Jenseits irgendwelche Feiertage? Kennt ihr zum Beispiel den Muttertag, Todestage, Geburtstage, Weihnachten, Chanukka und all das?

ERIK: Nein, nicht wirklich. Aber wir feiern trotzdem. Oftmals feiern wir – weil wir der Erde so nah sind – den Wechsel der Jahreszeiten auf der Erde, aber wir feiern auch den Tag, an dem wir hier angekommen sind, der eigentlich unser Geburtstag ist.

ICH: Ja, das macht Sinn.

ERIK: Aber vergiss nicht, Mama, die meisten dieser Feiertage hat Hallmark [Grußkartenhersteller in den USA] gemacht.

ICH (lachend): Ich weiß!

ERIK: Hallmark haben wir hier nicht!

[Jamie lacht.]

Schwingungsdichte und Seelenebene

Als Mensch bin ich daran gewöhnt, dass meine Umgebung eine gewisse Struktur besitzt, zu der auch verschiedene Bereiche gehören, etwa die unmittelbare Nachbarschaft, Einkaufszentren, Schulen oder die Innenstadt. Ich habe Erik gebeten, uns mitzuteilen, ob das Jenseits eine ähnliche Struktur aufweist.

ICH: Also, gibt es irgendwelche Regionen im Jenseits? So wie wir hier beispielsweise [die Orte] »The Heights«, »Piney Point«, »River Oaks« oder »The Fifth Ward« haben?

ERIK: Alle Energie ist geschichtet, Mama. Auf der irdischen Ebene gibt es keine Differenzierung zwischen Seelenschichten, wie es hier der Fall ist.

ICH: Okay. Sind das Schichten, die sich aufgrund der Dichte bilden wie Wasser und Öl?

ERIK: So ähnlich, ja. Nicht ganz genauso, aber …

ICH: Ist deine Fähigkeit also, dich von einer Schicht zur nächsten zu bewegen, von deiner Schwingungsdichte abhängig, Erik?

ERIK: Richtig. Und weil meine Schwingungsdichte im Laufe meiner spirituellen Evolution abnimmt, kann ich in die Schicht der Schwingungsfrequenz eintreten, die zu meiner passt. Das erlaubt meiner Energie, sich durch andere Energien hindurchzubewegen. Mit meiner gegenwärtigen Dichte kann ich mich durch Energieschichten bewegen, welche die gleiche oder eine größere Dichte haben, aber nur wenn meine Schwingungen höher werden, kann ich mich nach oben in die leichteren, weniger dichten Schichten begeben. Es handelt sich jedoch um keine Hierarchie im Sinne von überlegen/unterlegen. So ist es einfach.

ICH: Du sagst also, dass sich Teile des Jenseits im Hinblick auf Schwingungen oder Energie unterscheiden?

ERIK: Verschiedene »Bereiche« des Jenseits basieren auf verschiedenen Energieintensitäten und -arten. Ich verwende diesen Ausdruck, obwohl es sich nicht wirklich um zwei- oder dreidimensionale Bereiche handelt, aber damit kann ich es in einer Weise erklären, die du verstehst. Du kannst es auch auf Schwingungsstufen beziehen. Bestimmte Schwingungen verengen deine Perspektive, andere erweitern sie.

ICH: Okay. Die niedrigere Schwingung ist also deine [persönlich] engere?

ERIK: Ja. Wir haben ja auch über Atheisten gesprochen; sie entscheiden sich, an nichts zu glauben. Sie haben eine engere Schwingung; sie haben schwingungsmäßig ein anderes Leben nach dem Tod. Aber strecken sie die Hand aus und sagen: »Ich kann gar nicht glauben, dass ich so gedacht habe« oder »Ich frage mich, wo mein Hund ist«, dann sind wir in der Lage, uns mit einer anderen Schwingungsenergie einzumischen und dieser Seele zu der Wahrnehmung zu verhelfen, dass an einer solchen Existenz mehr dran ist. Aber wir können nicht eingreifen, wenn wir nicht irgendwie eingeladen werden.

ICH: Was meinst du mit »einladen«?

ERIK: Sich zu öffnen oder die eigene Schwingungsstufe zu erhöhen.

ICH: Das erinnert mich daran, wie schwer es für euch Geistwesen ist, euch zu manifestieren oder mit uns zu kommunizieren, wenn wir ganz tief in der Trauer stecken.

ERIK: Ja! Das stimmt genau! Wenn du trauerst, ist deine Schwingungsenergie viel zu dicht, als dass wir durchkommen könnten.

ICH: Ich habe gelesen, zwischen der physischen Ebene und dem »Ursprung« liegen sieben weitere Ebenen. Stimmt das? Also weißt du, du hast die Astralebenen: Sieben Dimensionen und die siebte ist der Ursprung. Ist es so?

ERIK (lacht): Nein!

ICH: Okay, das stimmt also nicht. Ich wollte dich schon fragen, auf welcher Ebene du bist, aber …

ERIK: Nein, es gibt Schichten, aber sehr viel mehr als sieben.

ICH: Cool!

ERIK: Es wäre schön, wenn man versuchen könnte, es als Sieben-Schichten-Kuchen darzustellen …

ICH: Aha.

ERIK: … aber es gibt noch andere Dimensionen dazwischen. Da ist noch so viel mehr dazwischen, Mama.

ICH: Das kann ich mir vorstellen. Aber in dem Buch, das ich gerade lese, es heißt *The Lightworker's Way*, steht, Gandhi stehe auf der sechsten Stufe, Mutter Teresa auch auf Stufe sechs und so weiter.[3]

Die Astralebene ist die erste nach der physischen Ebene. Aber ich habe den Eindruck, dass es vielleicht nicht so ausgeprägte Stufen sind wie in dem siebenschichtigen Kuchen, den du gerade erwähnt hast. Es handelt sich vermutlich nicht um Stufen in dem Sinne, wie wir sie im physischen, dreidimensionalen Raum verstehen.

ERIK: Stimmt! Und du hast mit den Mitteln deiner Sprache auch keine Möglichkeit, sie zu beschreiben.

ICH: Also, aus welcher Dimension kommst du jetzt, Erik? Mutter Teresa lebte auf der Erde, aber sie war vermutlich schon hier ein sechsdimensionales Wesen.

ERIK: Ja, es gibt Menschen auf der Erde, die einer höheren Dimension angehören, aber in einem dreidimensionalen Körper wohnen.

ICH: Aha. Also, aus welcher Dimension kommst du, Erik, wenn du von einer Aufteilung in sieben Ebenen ausgehen würdest?

ERIK: Also, es geht nicht so sehr darum, wo man herkommt. Die Frage ist, wo man drin ist, denn wo du herkommst, sagt nichts darüber aus, wer du bist.

ICH: Okay. Das ergibt [gerade noch!] Sinn.

[Jamie hört Erik ein paar Sekunden zu und kichert dann.]

JAMIE (zu Erik): Schaffst du das, wirklich? Fünfeinhalb?

ICH: Oh, okay! Du bist also wirklich so weit oben! Und welcher Dimension gehöre ich an? Ich weiß, dass ich nicht immer ganz auf der Erde bin – das kann ich dir sagen!

[Jamie kichert.]

ICH: Gott, ich bin die halbe Zeit irgendwo anders. Ich glaube, ich parke in zweiter Reihe in der Grauzone.

---

3 Doreen Virtue: *The Lightworker's Way. Awakening Your Spiritual Power to Know and Heal*. Carlsbad, CA: Hay House Publishing, New Ed. 2005.

JAMIE (lacht immer noch): Er ordnet Sie bei viereinhalb ein.

ERIK: Die Grauzone – du hättest gern, dass die existiert, Mama! Die liegt irgendwo zwischen deinen Milchkaffees und dem Schlaf!

[Ich lache zustimmend.]

ICH: Also, ich schätze, als ich dich die ganze Zeit auf den Pausenstuhl verbannte, habe ich dich im Rang heruntergezogen!

[Erik lacht.]

ICH: Muss man tot sein oder im Reich des Geistigen, damit man sich auf einer dieser höheren Ebenen aufhalten kann, oder …

ERIK: Okay, Leute gehen durch mehrere Ebenen, sobald sie hier angekommen sind. Ich bin mir ziemlich sicher, dass die Erde auf der dreidimensionalen Ebene ist. Es gibt also Orte mit höherer und Orte mit niedrigerer Schwingung.

ICH: Ich kann mir keine niedrigeren Schwingungen vorstellen als die auf der Erde. Die niedrigeren sind ziemlich schwer! Wie heißt die oberste Ebene?

ERIK: Ich nenne sie den Ursprung.

Sprache und Kommunikation

Erik erklärte, dass die Kommunikation mit uns so schwerfällt, weil unsere Sprache sequenziell ist, anders als die Sprache der Geistwesen im Jenseits. Aber ich wollte mehr über die Art wissen, wie Geistwesen kommunizieren, und über die Sprache, in der sie es tun.

ICH: Habt ihr eine einheitliche Sprache, dort, wo du bist, Erik? Ich meine, wie sprechen Seelen da drüben?

ERIK: Wir haben eine Art Telepathie, aber es hat mehr damit zu tun, dass man fühlt, was gesagt wird. Gefühle basieren auf Energie, und wir sind Energie, also ... Oh, und unser Mund bewegt sich nicht.

ICH: Oh!

ERIK: Natürlich nicht! Es ist ja nicht so, als hätten wir echte Lippen und Stimmbänder und so! Das brauchen wir nicht. Da könnte man viel drüber sagen – oh, ich zeige es dir.

[Lange Pause]

JAMIE: Ah! Das war eine echt coole Veranschaulichung. Stellen Sie sich, wenn Sie können, Folgendes vor: Eine Person steht in einem Raum, und alle ihre Gedanken, Worte und Gefühle drehen sich um sie herum, fast wie ein Sonnensystem. Wenn eine andere Person nun auf sie zugeht, ist ihr die ganze Information zugänglich. Sie muss nicht übersetzt werden.

ERIK: Ja, Information ist sozusagen in der Energie verschlüsselt. Information ist Energie und umgekehrt. Und da wir alle Energie sind, auch ihr auf der Erde, sind alle Informationen zugänglich, aber hier sind sie den Seelen viel besser erreichbar. Wie, glaubst du, kommunizieren medial veranlagte Menschen oder Hellseher, wie zapfen sie die Vergangenheit oder die Gegenwart an? Wie kann es sein, dass jemand, der im Auto neben dem deinen an der Ampel steht, merkt, dass du ihn dabei beobachtest, wie er in der Nase bohrt, und er dann zu dir hinschaut? Das kann auf viele verschiedene Arten gefühlt, aufgenommen und kommuniziert werden. Aber telepathisch … Nun, ich schätze, besser kann ich es nicht erklären, Mama.

ICH: Wie klingt diese Sprache?

ERIK (kichernd): Es gibt keinen wirklichen Klang, Mama, sondern ein Seelenerkennen. Es wird sofort gefühlt. Erinnere dich, wie Geistwesen auf der Erde reisen. Wir denken daran, wo wir hinwollen, und schon sind wir dort.

ICH: Aha.

ERIK: Nun, wenn wir etwas wissen wollen und unsere Schwingungsebene hoch genug ist, dass wir es auch verstehen können, dann denken wir daran und wissen es. Und die Geistwesen, die unser Feld anzapfen, bekommen die Kommunikation mit. Wir lesen eine Sprache nicht, und wir kommunizieren auch nicht in langen, ausführlichen Gesprächen. Dennoch kennen wir Klang. Wir sind nicht einfach stille Energie. Wir haben Töne, Tonlagen, Geräusche und Sprachen aller Art, aber alles ist verständlich. Alles.

ICH: Und was ist mit der *Akashachronik*?

ERIK: Das sind Dokumente, in denen alles – sämtliche Informationen – visuell in einer Sprache aufgezeichnet ist.

ICH: Okay. Und warum?

ERIK: Das ist wirklich archaisch. Wir brauchen keine geschriebenen Sprachen. Wir greifen auf Energie zu, um Informationen zu bekommen, aber irgendwo im Laufe unserer Evolution als menschliche Wesen kam das geschriebene Wort ins Spiel. Fortan gab es die Dokumentation.

Jamie (kichert): »Fortan«? Echt, Erik? Fortan?

[Erik kichert.]

ERIK: Also wirklich, das ist eine Art menschlicher Gedanke, eine menschliche Entscheidung.

ICH: Okay. Das ist interessant. Und wie kommst du dazu, das alles zu wissen, Erik? Gibt es eine Art Netz, das du anzapfst – also ein Energienetz?

ERIK: Ja, und es befindet sich nicht über oder unter dir, Mama. Es ist nichts, was dich zwingt oder vereinnahmt. Es existiert einfach, und du kannst die Achtsamkeit in deinen Körper – deinen spirituellen Körper – lenken, ganz ruhig sein und die Information in dir aufnehmen, nach der du suchst. Es geht nicht abrupt vor sich, sondern ganz sanft und leicht. Es »springt dir nicht ins Gesicht«, wenn du verstehst, was ich meine.

ICH: Ja, verstehe.

ERIK: Es kommt nur, wenn du bereit bist, es zu empfangen. Und viele Leute …

JAMIE (in gespielter Frustration): Er wird geschwätzig! Langsam, Erik!

ERIK: Viele Leute wissen nicht, wie man das macht, wenn sie sterben, und wollen es auch gar nicht wissen. Also bleiben sie in den niedrigeren Schwingungen.

ICH: Es scheint immer um die passenden Schwingungsebenen zu gehen.

ERIK: Yep.

Die Evolution des Jenseits

Nun, da ich das Jenseits als dynamischen Bereich betrachte, besonders hinsichtlich der Art, wie es von unseren Überzeugungen beeinflusst wird, frage ich mich, ob es sich auch mit der »Zeit« verändert oder weiterentwickelt, und zwar aus einer eher kollektiven Perspektive gesehen.

ICH: Erik, entwickelt sich das Jenseits weiter, da wir uns doch ständig weiterentwickeln? Du sagtest, das Jenseits würde sich für uns als Individuen entwickeln, soweit ich das verstehe, aber wie entwickelt es sich als Kollektiv? Ich meine, gibt es mittlerweile Computer dort?

ERIK: Nein.

ICH: Es gibt dort keine Computer?

ERIK: Mama, wir sind die Computer. Das ganze Jenseits, das ganze Universum, jede Dimension im Universum – und ich meine jede Dimension im Universum – besteht aus Information. Wellen der Information.

ICH: Halt mal, das ist wirklich faszinierend! Und wie war das Jenseits für den Höhlenmann und die Höhlenfrau beschaffen nach deren Tod? Was passiert mit dem Jenseits, wenn sich die Menschheit weiterentwickelt?

[Lange Pause]

JAMIE: Er holt jemanden, der ihm helfen soll. Erik hat vorher erwähnt, dort, wo er ist, bewege sich alles wie Musik.

ICH: Hm! Wie nett.

JAMIE: Aber die Art, wie er es gesagt hat, hatte so etwas unglaublich Anschauliches. Demnach geht alles in Harmonie vor sich; alles bewegt sich wie Musik. Nichts stößt gegen etwas anderes; nichts setzt sich über die Existenz von etwas anderem hinweg. Er sagt, alles, was ist, ist.

ICH: Okay.

JAMIE: Das ist mein neuer Lieblingssatz!

ICH: Ja, ich mag das auch! Hier [auf der Erde] stoßen richtig und falsch ständig zusammen. Daher kann ich verstehen, wie schön es da drüben sein muss.

JAMIE (lässt sich jedes Wort auf der Zunge zergehen): »Alles bewegt sich wie Musik.« Alles ist in Harmonie. Das ist mein Lieblingssatz!

ICH: Ja, den mag ich auch!

JAMIE: Äh, jetzt haben wir einen sehr großen Herrn hier drin.

ICH (im Scherz): Oh, vielleicht ist er ein Höhlenmensch!

JAMIE (lachend): Ich dachte immer, Höhlenmenschen seien eher klein und breit. Dieser passt nicht durch meine Tür, und ich habe vermutlich diese industriell gefertigten Türen, die etwa zwei Meter hoch sind.

ICH: Aha.

JAMIE: Er ist also locker 2,10 bis 2,30 Meter groß.

ICH: Wow, wirklich?

JAMIE: Adam. Er sagt, sein Name sei Adam. Das sei ein einfacher Name, meint er, aber auch: »Ihr möchtet es einfach.«

[Jamie und ich schmunzeln.]

JAMIE: Ich habe »okay« gesagt. Sein Name ist vermutlich sehr viel länger.

ICH: Oh ja, darauf wette ich.

JAMIE: Er sagt Ihnen »Hallo«.

ICH: Hallo zurück!

JAMIE: Er sagt, er habe mit Erik gesprochen. »Er-ikkkk«. Seine Konsonanten sind sehr akzentuiert.

[Jamie kichert.]

[Lange Pause, in der Jamie Adam zuhört.]

JAMIE: Die Frage war also: Was haben die Höhlenmenschen gesehen, als sie starben?

ICH: Aha.

JAMIE: Er sagt, das Leben auf der Erde sei zu dieser Zeit noch für neu gehalten worden. Die Quelle Gottes hatte sich noch nicht in so vielfältiger Weise aufgeteilt. Sie war noch viel reiner. Niedere Schwingungen – Überleben, Essen, Vergnügen – wurden erfahren, und man freute sich auf ganz einfache Weise daran. Und es war ein Segen, so eng ausgerichtet zu sein – nicht auf Erleuchtung, sondern auf Überleben. Auf diese Weise konnte Gott sich selbst erfahren [erfahren, was es heißt, Gott zu sein]. Reinkarnation war trotzdem schon eingeführt? Hm. Ich schätze, er sagt, sie existierte schon damals.

ICH: Okay.

JAMIE: Wenn sie also starben, holte das Licht sie ganz nah zu sich und setzte sie dann zurück ins Leben auf der Erde. Die Freude der Trennung sorgte für den Kick, die Aufregung – die Freude der Trennung und des Wachsens fern von der Quelle des Lichts.

JAMIE (zu Adam): »Quelle des Lichts« und »Quelle Gottes« sind also austauschbar für dich?

JAMIE: Ja. Er nennt es »Quelle des Lichts«, weiß aber auch, dass das Wort in unserer Terminologie »Gott« ist.

ICH: Oh, okay.

JAMIE: Er sagt, [die] Quelle des Lichts dehne sich auch auf andere Lebensformen aus. Sie ist nicht nur auf die Erde bezogen.

ICH: Ja. Das ergibt absolut Sinn. Also, wie »Gott« sich aufteilt und selbst erfährt, wie Er sich entwickelt, genau wie sich der Teich des Bewusstseins oder Ähnliches ebenfalls entwickelt.

JAMIE: Er hat ein wirklich großes, irgendwie jungenhaftes Lächeln auf dem Gesicht.

ICH: Nun, Adam, danke!

JAMIE: Oh, er neigt den Kopf. Er sagt: »Gern geschehen.« Und er sagt, er stehe Ihnen auch weiterhin zur Verfügung – zu Ihrer und Eriks Verfügung.

ICH: Oh, gut, danke, Adam!

JAMIE (kichernd): Er winkt Erik zu. Erik sagt: »Danke!«

Was ist wirklich »wirklich«?

Nachdem ich so viele Informationen über das Leben nach dem Tod erhalten hatte, fragte ich mich allmählich, was eigentlich real ist: das Leben hier auf der irdischen Ebene oder das Dasein dort, wo Erik jetzt lebt. Oder ist alles eine Illusion, die wir selbst erschaffen haben – fühlende Energie, die sich ihrer selbst bewusst ist und die jede Realität erschaffen kann, die sie will?

ICH: Wir halten einen großen Teil unseres Lebens in der Inkarnation für eine Illusion. Wir wissen, dass Menschen, die ihr inkarniertes Leben verlassen, nach Hause gehen und ein Jenseitserlebnis haben, das auf ihren Überzeugungen und Erwartungen basiert – wie Höllenfeuer, Höllenqualen, Fegefeuer und so weiter. Und wir wissen, dass es sich dabei um Illusionen handelt. Ist der Himmel auch eine Illusion? Ist überhaupt alles eine Illusion? Du sagst, du machst alles, was du willst: Pizza essen, fernsehen, was auch immer. Ist all das nur eine weitere Form von Illusion, genau wie auf der irdischen Ebene? Ach, ich drehe mich im Kreis. Tut mir leid. Also einfach: Ist die ganze Schöpfung eine Illusion?

ERIK (lacht): Nein, nicht alles kann eine Illusion sein. Man muss einen Ausgangspunkt haben. Man muss das Echte mit der Illusion ins Gleichgewicht setzen.

ICH: Okay. Der Himmel ist also keine Illusion, aber wir können Illusionen oder illusorische Elemente darin erschaffen?

ERIK: Alles ist wirklich an dem Ort, den manche Himmel nennen. Auch für die Menschen, die sich ein Bild von der Hölle machen, gibt es keine Hölle per se, aber sie sind durchaus in der Lage, das Höllen- und Fegefeuer zu erschaffen, von dem in manchen Religionen die Rede ist. Doch diese Hölle ist eine persönliche Hölle. Es ist nicht der Ort, an dem Menschen zur ewigen Verdammnis verurteilt werden. Die einzigen Illusionen, die es gibt, sind die auf der irdischen Ebene.

ICH: Gibt es noch etwas, das du über das Jenseits sagen möchtest, Erik?

ERIK: Oh, über das Thema könnten wir den ganzen Tag reden, Mama.

ICH: Nun, da wir nicht den ganzen Tag Zeit haben, kannst du mir vielleicht nur noch eins sagen?

ERIK: Nichts ist fest vorgegeben. Alles existiert, weil daran geglaubt wird und nicht, weil es von einer Person erschaffen wurde.

ICH: Okay.

Es tröstete mich, den Ort zu kennen, an dem Erik sich aufhält. Er ist glücklich, er blüht auf, man kümmert sich um ihn. Letzten Endes scheint sich das Jenseits nur wenig von der physischen Welt zu unterscheiden, in der wir leben. Dort haben wir keinen Körper und können die Wirklichkeit mit unseren Gedanken sehr viel unmittelbarer erschaffen. Doch das sind offenbar die einzigen größeren Unterschiede.

9. ALLGEMEINE ERKENNTNISSE ÜBER DIE SEELE

In diesem Abschnitt lässt sich Erik über die Eigenschaften der Seele selbst aus. Zu den Fragen, die er beantwortete, gehören: Gibt es Reinkarnation? Entwickeln sich Seelen weiter? Werden Seelen geboren, altern und vergehen sie? Entwickeln sie sich im Jenseits in derselben Weise weiter wie auf der irdischen Ebene? Erik spricht auch über bestimmte Seelentypen: über die Seelen von Kindern, über Menschen, die ein Nahtoderlebnis hatten, und vieles mehr. Was passiert mit ihnen? Wie werden sie behandelt? Dies ist nur ein Ausschnitt aus einer Vielzahl von Erkenntnissen. Indem Erik in dieser Weise darüber spricht, hilft er uns, besser zu verstehen, wer wir im großen Muster des Lebens und des Universums wirklich sind.

Reinkarnation

ICH: Wann verbindet sich die Seele mit dem Körper, bei der Zeugung, bei der Geburt oder bei beidem?

JAMIE (kichert): Er hat gesagt: »Antwort C, bei beidem!«

ERIK: Die Lektion mancher Geistwesen geht gleich zu Beginn in

die Zellentwicklung eines Fötus ein. Bei ihnen beginnt der Prozess also lange vor der Empfängnis.
ICH: Oh, wow!

ERIK: Ja, [sie machen das], weil sie sich ihren Weg nach unten bahnen müssen, weil sie ihre Schwingung auf die Ebene einer menschlichen Zellschwingung herabsetzen müssen. Das ist eine sehr reine, sehr saubere, aber harte Arbeit. Die meisten Geistwesen, die ich gesehen habe, reiten im Damensattel.

[Jamie kichert über Eriks Wortwahl.]

JAMIE: Das ist ein so lustiges Bild. Er sagt, sie reiten im Damensattel auf dem Bauch der Mutter, bis das Baby – nun ja, nicht vollkommen, aber zum größten Teil – entwickelt ist, sodass die Seele damit verschmelzen kann.

ERIK: In seltenen Fällen kommt es vor, dass das Baby geboren wird und die Seele noch nicht ganz in ihm ist; das kann passieren. Aber meistens, ähm…

[Es entsteht eine lange Pause. Ich schätze, an diesem Punkt hat Erik beschlossen, den Satz nicht zu beenden. ADHS bei Geistwesen!]

ICH: Ich glaube, das kann im Laufe dieses Prozesses jederzeit passieren. Kann man denn, wenn man Baby ist, nicht einfach in den Körper hineingehen und wieder herauskommen, wann immer man möchte?

ERIK: Ja, als Babys und als Kleinkinder. Was wir »Traumzustand« nennen, in dem du deinen Fokus ändern und einfach deine Imagination, deine Absicht projizieren kannst – das ist für ein Kind eine außerkörperliche Erfahrung. Kinder können sich viel leichter in den Körper hinein und aus ihm heraus bewegen als Jugendliche und Erwachsene. Danach, wenn Menschen so richtig alt werden, fällt ihnen eben dies auch sehr viel leichter als zuvor.

ICH: Als würden sie für den Weg nach Hause in einen höheren Gang schalten.

ERIK: Ja, so ungefähr.

ICH: Nun, wie fühlt es sich an, bei der Reinkarnation wieder in einen Körper zurückzukehren? Schlaft ihr erst mal? Wie ist das? Ich wette, es fühlt sich an, als würde ich versuchen, nach dem Urlaub wieder meine sogenannte hautenge Jeans anzuziehen. Ich muss die Daumen in die Gürtelschlaufen einhaken und auf und ab springen!

[Jamie und Erik lachen laut los. Ich bin sicher, Erik hatte vor Augen, wie sich mein Gesicht rötete, während ich mich in eine solche Jeans zwängte. Mädchen haben einfach keine Privatsphäre, oder?]

ERIK: Diese Frage ist schwer zu beantworten, weil du dich auf eine bestimmte Person beziehst. Die Erfahrung ist für jeden anders, aber in der Regel fühlt sie sich wie Schlaf an. Ich weiß nicht, wie ich es beschreiben soll, außer dass es wie ein Moment erscheint, der alles vereinfacht. Außerdem hängt es davon ab, wie du reinkarnierst. Kommst du in deinen Körper bei der Empfängnis, bei der Geburt oder mit vier, sechs oder acht Monaten? Deine Seele muss sich also auf ganz unterschiedliche Weise integrieren, um in das Gefäß deines Körpers zu passen.

ICH: Zum Thema Reinkarnation, kommen Tiere als Tiere zurück, Pflanzen als Pflanzen und Menschen als Menschen oder …?

ERIK: Tiere haben eine Seele ganz ähnlich wie Menschen. Wenn sich jemand also zu bestimmten Tieren hingezogen fühlt, dann hat das eine Bedeutung. Es ist alles energetisch; alles ist Energie. Tiere können also als Tier zurückkommen oder als Person. Wenn du dich zu einem Tier besonders hingezogen fühlst – wenn du dieses Tier verstehst, wie etwa ein Pferdeflüsterer –, dann warst du vermutlich zu irgendeiner Zeit selbst eines von dieser Tierart.

ICH: Okay. Dann war ich jedenfalls nie eine Kakerlake. Das ist schon mal klar.

Der Lebenszyklus von Seelen

Als Menschen werden wir geboren, wir leben und wir sterben – alles nach einer vorhersehbaren Abfolge. Deswegen gehen wir wie selbstverständlich davon aus, dass jedes andere lebende Wesen, ganz unabhängig davon, in welcher Dimension es ist, ebenfalls einem sequenziellen Lebenszyklus folgt. Doch weil Annahmen mich schon immer in Schwierigkeiten gebracht haben, habe ich beschlossen, Erik nach der Geburt und dem Tod körperloser Seelen zu fragen und danach, ob beides bei ihnen überhaupt vorkommt.

ICH: Wurde die individuelle Seele jemals in der Quelle oder im Ursprung geboren, oder war sie schon immer da? Wie weit kann sich die Seele in der Zeit zurückerinnern?

ERIK: Individuelle Seelen werden nicht geboren. Sie sind einfach ein …

JAMIE (zu Erik): Los. Erklär es einfach.

[Pause]

JAMIE (zu Erik, lachend): Nein, ich glaube auch nicht, dass es ein Wort dafür gibt! Er hat gesagt: »Ich möchte ein Wort, das Stück bedeutet … wie ›ein Stück davon‹, aber ›du bist immer noch ein Teil davon‹.« Er sagte, wie nichtssagend die Sprache doch sein kann. Ich habe gesagt: »Erklär es einfach ausführlich.« Und er: »Okay.«

ERIK: Die menschliche Seele wird nicht geboren. Sie ist einfach ein Teil des Ganzen.

ICH: Richtig.

ERIK (klingt ein wenig frustriert, weil ihm die Worte fehlen): Ich kenne kaum etwas, das so geartet ist – bei dem man also das Ganze zerbrechen und dann alle Stücke aufsammeln und einzeln anschauen kann, wobei alle Stücke ein Bild des Ganzen enthalten. Also, der erste Ursprung, die Gottesquelle, die Lebenskraft, wie immer du es nennen willst, dieses Ganze – daraus sind wir alle kleine Teilchen. Obwohl wir uns in der menschlichen Form als getrennt erleben, sind wir nicht getrennt. Wir sind ein Teil des Ganzen. Wir sind verbunden. Das findet allerdings in so feinen Energieschichten statt, dass wir diese Verbindung nicht sehen können. Viele von uns spüren sie, aber die meisten können sie nicht sehen. Wir werden also nicht wirklich geboren, weil der erste Ursprung oder so schon immer da war. So weit zurück, wie du dich erinnern kannst? Ähm, das liegt ganz bei dir. Wenn …

JAMIE (lacht): Kennen Sie Paddleball?

ICH: Oh ja.

JAMIE: Ein Schläger mit einem elastischen Band und einem Gummiball am anderen Ende – damit versucht man, den Ball zu treffen.

ERIK: Kennst du die Kinderversion? Da ist das elastische Band kürzer, und es geht viel leichter. Aber wenn du eine Erwachsenenversion nimmst oder eine billige, bei der das Band 1,20 Meter lang ist und du den Ball noch nicht mal richtig schwingen kannst, weil das Band so lang ist …

ICH: Oh Gott. Ich kann nicht mal mit der Kinderversion umgehen.

ERIK: Okay, der Ball ist also die menschliche Seele und der Schläger die Lebenskraft, die Gottesquelle.

[Jamie kichert über etwas, das Erik jetzt sagt.]

ERIK: Und die Schnur, das elastische Band, ist die feinstoffliche Energie, die uns alle ganz sein lässt und in Verbindung hält. Manchmal, wenn du dich von der Gottesquelle zurückziehst, ist dein elastisches Band wirklich kurz, und du hast immer noch eine intensive Verbindung und entsprechende Erinnerungen. Und diese Erinnerungen können weit zurückreichen …

JAMIE (kichert): Ähm, er flucht.

ICH: Ah, oh.

JAMIE: Das Wort, das er verwenden möchte, ist »Anfang«, aber er weigert sich, es zu sagen, weil es nicht präzise ist.

[Jamie und ich lachen über die Zwickmühle, in der er steckt. Armer Erik.]

ERIK: Aber in unserer linearen Welt würden wir es genau so nennen: »Anfang«.

JAMIE: Er schreit mich an: »Das ist nicht das richtige Wort!« Und ich sage: »Ich weiß, aber dir fällt auch kein anderes ein, oder?«

ICH: Oh, er ist überfragt!

JAMIE: Ja. Da kommt er an seine Grenze! Wow. Wunder Punkt!

ERIK: Ja! Sprache ist ein wunder Punkt für mich. Es ist blöd. Ich wünschte, ich könnte einfach die Augen schließen und – wenn du's gefühlt hast, hast du's auch kapiert.

ICH: Ich kann es fühlen, aber nicht schreiben [in den Blog]. Aber ich spüre genau, was du sagen willst, Erik.

ERIK: Es ist nicht linear, aber schon das, was du zurück zum Anfang nennen würdest. Denn du bist ein Teil der Gottesquelle. Du hast alle Erfahrungen und Erinnerungen, die mit Gott zu tun haben.

ICH: Es ist eher ein Ort als eine Zeitlinie, stimmt's?

ERIK: Ja. Ja, ja, ja, ja, ja! Und manche von uns haben dieses wirklich lange Gummiband, und wir wollten einfach so weit wie möglich weg, einfach nur, weil wir genau das tun wollten. Niemand hat uns dafür verurteilt. Wir haben es einfach gemacht, und manchmal ist es schwer, den Ball wieder zum Schläger zurückzubekommen.

[Jamie lacht sich kaputt.]

ICH: Okay, du kannst dich also an die Zeit der Trennung von der Quelle erinnern?

ERIK: Ja verdammt!

ICH: Wow! Wie fühlt es sich an?

ERIK: Was das angeht, kann ich nur für mich selbst sprechen.

JAMIE (lacht): Er gibt Ihnen das ganze Zen!

ICH: Was?
ERIK: Ich gebe dir das ganze Zen.

ICH (schmunzelnd): Okay. Verstanden.

JAMIE: Ich lache nur, weil die Art, wie er das gesagt hat, so unnatürlich [für ihn] war. Es ist witzig. Er hat die Ellbogen auf die Knie gestützt und lehnt sich nach vorn.

ERIK: Wie wenn der Regentropfen die Wolke verlässt – so fühlt es sich an.

ICH: Oooh! Warte mal, wie fühlt sich das an? Ich bin kein Regentropfen und auch keine Wolke.

ERIK: Vielleicht solltest du es sein, Mama.

ICH (lachend, im Scherz): Oh Gott, du kleiner Wicht. Wenn dem so ist, könnte ich dir deine Parade verregnen. Also erkläre.

ERIK: Nun, es hat wirklich nichts mit Gefühl zu tun. Es ist nicht aufregend oder unheimlich oder irgendwas. Es ist nicht wie bei einer Geburt oder schmerzhaft oder …

ICH: Ähnlich einem Atemzug?

ERIK: Ja, wie wenn du ausatmest. Du weißt schon, die Luft, die deinen Körper so leicht verlässt, wie sie in ihn hineingeflossen ist. Ich enttäusche dich nicht gern, aber es gibt kein Feuerwerk.

ICH: Nun, ich würde es nicht enttäuschend nennen. Du könntest die Gefühle der Quelle verletzen.

ERIK (lacht): Nein, mache ich nicht! Die Quelle urteilt nicht!

ICH: Ich meine das nicht ernst, dumm von mir. Wie werden neue Seelen erschaffen – oder werden sie gar nicht erschaffen? Ich nehme an, sie könnten schon immer existiert haben ohne einen Ausgangspunkt.

ERIK: Ich kenne die Antwort auf diese Frage nicht, also lass mich deine Führer fragen.

[Pause]

ERIK: Okay, okay. Das habe ich von ihnen erfahren: Sie sagen, neue Seelen werden von dem allmächtigen Wesen erschaffen, das ihr manchmal »Gott« nennt, die Quelle, das Licht. Sie zeigen mir, dass sich eine existierende Seele teilen und teilen und teilen kann in immer mehr Seelen, welche die Nachkommen dieser einen Seele sind. Gott oder die Quelle macht dies möglich.

ICH: Okay. Und wer entscheidet, wann das stattfindet?

ERIK: Die allmächtige Quelle.

ICH: Erschafft diese allmächtige Quelle ständig neue Seelen?

ERIK: Ja.

ICH: Wird es eine Zeit geben, zu der das allmächtige Wesen – Er oder Sie – aufhört, Seelen zu erschaffen?

ERIK: Nun, das ist eine Zeitfrage, aber die kurze Antwort ist: Nein, nicht dass ich wüsste.

ICH: Könnte man sich beinahe eine Art Verzweigung von Ranken oder Tentakeln vorstellen?

ERIK: Es sieht genauso aus. Wenn du kannst, versuche dir einen Lichtstrahl vorzustellen, der wie ein frisch befruchtetes Ei aussieht. Es teilt sich in zwei Teile, dann in drei, dann in vier. Es ist die Quelle, die eine Seele teilt, wenn die Zeit reif dafür ist, in eine weitere Seele, in zwei weitere Seelen …

ICH: Hat die ursprüngliche Seele etwas mit unseren Parallelleben zu tun?

ERIK: Nein, jede Seele nimmt eine andere Persönlichkeit an und befindet sich auf einer anderen Ebene der Erleuchtung.

ICH: Ah! Also beginnt nicht jede Seele auf der Ebene der Erleuchtung, von der sie gekommen ist?

ERIK: Nein. Wenn Menschen Kinder bekommen, sind sie [die Kinder] dann genau wie die Eltern? Nein, verdammt!

ICH: Oh, das ist interessant! Okay.

ERIK: Und jede [Seele] steht für sich allein. Auch werden neue Seelen von all diesen Seelen kommen, wenn sie reif dafür sind.

[Nachdem ich Erik einmal verloren hatte, konnte ich den Gedanken nicht ertragen, ihn noch ein weiteres Mal zu verlieren. Was, wenn Seelen zerstört werden konnten? Was, wenn sie »sterben« konnten? Mit großer Beklemmung stellte ich noch weitere Fragen.]

ICH: Als die USA die Atombomben auf Hiroshima und Nagasaki warfen, starben viele, viele Menschen. Wie kann eine Seele einen solchen Angriff überleben, wenn alles um sie herum in die Luft fliegt?

ERIK: Das klingt ja, als wolltest du die Seele mit dem Körper vergleichen oder mit einem Stück Glas, das zerbrechlich ist. Die Seele ist nicht zerbrechlich.

ICH: Okay. Die Seele kann also nie zerstört werden?

ERIK: Nein. Das Einzige, was die Seele tun kann, ist, sich hinzugeben und von der Quelle absorbiert zu werden. Das bedeutete das endgültige Verschwinden.

ICH: Okay.

[Ich bin mir nicht sicher, ob mir dieser Gedanke gefällt, wenn es um Erik geht.]

ERIK: Aber das wird nicht verlangt und ist nicht dasselbe wie Erleuchtung – so etwas wie das Verschmelzen mit der Quelle durch endgültige Erleuchtung. Das ist etwas anderes.

ICH: Verlierst du dein individuelles Bewusstsein, wenn das passiert?

ERIK: Ja.

ICH: Oh, Mann, das ist nicht gut. Ich möchte mein Gefühl für mich selbst nicht verlieren, und auf keinen Fall möchte ich dich und deine »Erikheit« verlieren.

ERIK: Aber Mama, du weißt immer noch, wer du bist, und außerdem gewinnst du das gesamte Massenbewusstsein dazu. Du bist nicht getrennt. Es ist schwer zu erklären, weil es mir nicht passiert ist. Ich sage nur, was ich gehört habe.

ICH: Ich habe nur dieses Problem mit dem Verlust des Selbstgefühls. Es ist wie Sterben.

ERIK: Mama, soweit ich das verstehe, ist es nicht so. Es fällt nur schwer, es mithilfe der menschlichen Sprache auszudrücken. Und zurück zu deiner Frage, ob die Seele verdampft oder sich auflöst. Die Energie einer Seele kann durch bestimmte Traumata irgendwie zerrissen werden. Ich weiß nicht, wie man es besser erklären kann, aber wie du weißt, haben wir hier Therapeuten, die Energie wiederherstellen und heilen können.

ICH: Wurde deine Seele wiederhergestellt, weil dein Tod so traumatisch und gewaltsam war?

ERIK: Nicht wirklich. Ich habe meinen Körper verlassen, bevor die Kugel in meinen Schädel eingedrungen ist. Ich musste eine Therapie durchlaufen, um mich zu orientieren, um mir alles verständlich zu machen und um meine früheren Leben mit den emotionalen Problemen in Verbindung zu bringen, die ich in meinem letzten Leben hatte.

[Daran erinnerte ich mich aus einer früheren Sitzung.]

ICH: Nun, verlieren wir zu irgendeiner Zeit unsere einzigartige Persönlichkeit, wenn wir voll erwacht sind und alle Verästelungen unserer diversen Ichs zu ihrem Ursprung zurückgezogen werden? Ist Erik für immer verschwunden, wenn das passiert?

ERIK: Schau, Mama, wenn du dich entscheidest, zur Quelle zurückzukehren, wenn du genau das möchtest, dann gewinnst du das Bewusstsein von allem, wie ich schon sagte. Du hast zwar immer noch Erinnerungen an dich selbst, wie ich immer noch meine Erik-Erinnerungen habe, aber du bist vollkommen in der Gegenwart Gottes in …

JAMIE (zu Erik, kichernd): »Der Frontmann« – echt, Erik? Hast du das wirklich gesagt?

[Jamie und ich lachen.]

ERIK: Nicht dass ich die Damen brüskieren will oder was.
ICH: Ja, wie wär's denn mit »Frontfrau«?

ERIK: Das ist nur so ein Ausdruck!

ICH: Du erhältst also das Beste aus beiden Welten, willst du das damit sagen? Oder musst du, wenn du zur Quelle zurückkehrst, etwas von deinem Ich-Erleben opfern?

ERIK: Nun, auf eine gewisse Weise opferst du schon dein Ich-Erleben, weil es kein unabhängiges Handeln mehr gibt, wenn du zur Quelle zurückkehrst. Dann bist du ja die Quelle. Aber du verlierst deine Identität nicht. Es gibt nichts zu verlieren, nur zu gewinnen. Sobald du zur Gottesquelle zurückkehrst, verzichtest du auf dein Recht, eine sich wiederverkörpernde Seele zu sein. Du bist dann ein Teil der Quelle.

ICH: Des Sammelbeckens.

ERIK: Ja. Man könnte es mit dem Verhältnis zwischen dir als einzelner Person und dir als einem Teil von vielen in der Schule vergleichen. Du bist immer noch die Persönlichkeit namens Elisa, aber du bist auch eine aus dem Sammelbecken deiner Klassenkameraden, ja sogar der ganzen Schule.

ICH: Kannst du deine Meinung ändern und das Sammelbecken wieder verlassen, die Schule schwänzen sozusagen?

ERIK: Klar, hier ist nichts von Dauer. Der freie Wille herrscht überall.

ICH: Du kannst also definitiv wieder von dort zurückkommen, dich also selbst wieder von der Quelle trennen?

ERIK: Nun, alles ist möglich, aber normalerweise ist dies der Ort, an dem du sein willst, auch wenn du zurückkehrst.

ICH: Okay, es ist also, als hätte man einen Riesenspaß in einem Indoor-Freizeitpark, während es draußen stürmt und regnet. Warum würde jemand den Park verlassen wollen, um draußen im Regen zu stehen?

ERIK: Genau. Aber um eines klarzustellen, eine Seele verliert nie ihre einzigartige Persönlichkeit. Wir alle tragen zum Ganzen bei. Wir sind sowohl die Teile als auch das Ganze, Mama.

ICH: Oh, okay. Ja!

ERIK: Es muss nicht alles eins werden. Es geht um viele Seelen, die sich auf demselben Niveau in ihrem jeweils eigenen Tempo weiterentwickeln. Aber jede einzelne Seele hat ihre ganz einzigartige Persönlichkeit und macht ihre singulären Erfahrungen. Die Seelen können also ein Ganzes werden, ein Ganzes, das weit mehr erleuchtet ist, als wenn wir alle Kopien voneinander wären. Die Einzigartigkeit der Teile ist sehr, sehr wichtig für die Erleuchtung der anderen Teile und des Ganzen. Das Ganze ist viel größer als die Summe seiner Teile.

ICH: Oh!

ERIK: Und Seelen »nutzen« sich nie ab und altern auch nicht. Sie werden reifer, aber weder schwinden sie dahin noch altern sie.

[Natürlich, mein erster Gedanke war: Du kannst mir viel erzählen. Meine Seele fühlt sich an, als sei eine Herde aufgescheuchter Büffel darübergetrampelt.]

ICH: Gut, gut. Sie altern also nicht, es sei denn, sie wollten es?

ERIK: Ja. Nun, wir sammeln Wissen und Erfahrungen, aber wir werden nicht alt oder schwach.

ICH: Aber offensichtlich kannst du wählen, wie alt du aussehen willst. Erik, du siehst vermutlich aus wie 20, 21, aber du kannst auch locker wie 80 oder zehn erscheinen?

ERIK: Ja, ja.

ICH: Du kannst also Kinder großziehen. Ihr habt ebenfalls Ehen und Kinder, natürlich nicht basierend auf biologischer Reproduktion. Erzähl mir davon. Worin unterscheidet sich das von der Art, wie die Quelle Seelen abspaltet?

ERIK: Soviel ich weiß, ist es so, dass, wenn eine Seele hier eine Schwangerschaft erleben möchte, sie das dann kann.

ICH: Hmm! Ich hatte sechs Schwangerschaften und kann nur sagen: »Gott, wer würde das denn wollen?«

ERIK: Viele Seelen möchten einfach einen Säugling oder ein kleines Kind manifestieren.

ICH: Wow, handelt es sich dann um eine wahre Seele?

ERIK: Ja, ja! Es ist dann eine andere Seele des Jenseits.

ICH: Hä? Aber wie funktioniert das, wenn die Gottesquelle für das Erschaffen neuer Seelen zuständig ist? Wie können wir ein Baby manifestieren?

ERIK: Oh, es gibt immer Seelen, die herumhängen und von einer Mutter oder einem Vater umsorgt werden möchten. Viele von ihnen wollen das, im Jenseits ebenso wie auf der irdischen Ebene.

ICH: Oh, es können also auch bereits existierende Seelen sein, nicht unbedingt brandneue!

ERIK: Ja, das ist richtig.

ICH: Aber ich denke, es ist möglich, eine brandneue Seele zu haben, wenn die Quelle eine neue abspaltet. Und dann manifestiert ihr die Form eines Kleinkindes für sie, ist es so?

ERIK: Korrekt.

ICH: Sehr interessant. Sehr cool, Erik!

ERIK: Reden wir ein bisschen mehr über die Vorstellung von einer neuen Seele. Ehrlich gesagt, wir sind überhaupt nicht neu, denn wir kommen alle aus der Quelle Gottes, und Gott ist nicht neu.

ICH: Willst du damit sagen, Gott sei ein wenig in die Jahre gekommen?

[Erik und Jamie lachen.]

ERIK: Aber wenn du im Hinblick darauf fragst, ob die Seele zum ersten Mal auf die Erde kommt oder nicht …

ICH: Oder vielleicht auch nur, wann die Seele unverwechselbar wird und sich von ihrem Ursprung trennt. Verdammt, ich weiß überhaupt nicht so genau, was ich eigentlich frage! Hilf mir hier raus, Kumpel! Sag mir, was ich frage!

[Ich lache über meine eigene Verwirrung.]

ERIK: Nun, denk mal darüber nach, Mama. Wir haben alle [ein] bewusstes, kollektives Gedächtnis.

ICH: Okay.

ERIK: Nun, vielleicht nennen wir es »Unterbewusstsein«, kollektives Gedächtnis. Die Definition von »neu« passt also nicht wirklich.

ICH: Und wenn eine aus der Gottesquelle entsprungene Ranke abbricht, sich sozusagen selbstständig macht? Dann ist sie doch immer noch ein Teil der Quelle, aber von ihrem Standpunkt aus ist sie als unabhängige Ranke neu, oder?

ERIK: Ja. Denn selbst wenn eine Seele ihre erste Erfahrung macht, ist sie nicht neu. Wir können also fragen, ob es immer noch Geistwesen gibt, die erstmals Erfahrungen auf der Erde sammeln.

ICH: Okay.

ERIK: Wir können sagen: Ja, die gibt es. Die Bevölkerung wächst, aber schau dir die Bäume an, die in derselben Zeit gerodet werden. Das sind alles Seelen, die zur Quelle zurückkehren. Und natürlich gibt es auch Seelen, die auf die Erde kommen möchten. Diese Seelen können die Form eines Menschen oder eines Tieres annehmen – wir wachsen uns wirklich selbst über den Kopf.

ICH: Wow, dann stelle ich diese Frage noch einmal: Kommen Tiere immer als Tiere zurück, Pflanzen als Pflanzen und Felsbrocken als Felsbrocken?

ERIK: Nein, das wäre ja, als würde man sagen, ein schwarzer Mensch könne nur als Schwarzer wiederkommen. Wir sind nicht an einen bestimmten Menschenschlag gebunden.

JAMIE: Oh. Also Erik, für dich befinden sich zum Beispiel Insekten, andere Tiere, Bäume und Menschen alle auf derselben Ebene, und du siehst sie nahezu als unterschiedliche Kreaturen an?

ERIK: Ja!

ICH: Okay. Diese neuen Zweige aus der Quelle werden also auf die Erde geschickt, weil sie Gottes Erfahrung seiner selbst irgendwie beschleunigen?

ERIK: Yep.

ICH: Weil wir mehr Körper haben, die …

ERIK: Erfüllt werden möchten.

ICH: Sagen wir, eine ganze Familie stirbt bei einem Autounfall. Können die Eltern dann mit den Kindern weiterleben und sie großziehen?

ERIK: Ja, Mama. Ich weiß, was du sagen willst, und ja. Diese Familieneinheit kann erhalten bleiben, und sie können ihr Dasein so weiterführen wie auf der Erde.

ICH: Okay.

ERIK: Der einzige kritische Moment, der mir einfällt, wenn eine Person auf der Erde stirbt – Säugling, Kind, Teenager, Erwachsener, älterer Mensch oder was immer …

JAMIE (lachend): Er geht alle Altersstufen für uns durch!

ERIK: Also für jedes Alter gibt es diesen kritischen Moment, wenn sie [die Seelen] ankommen und gehen. Du weißt schon: »Ich weiß vielleicht, wo ich bin, aber wie funktioniert das? Was mache ich jetzt?«

ICH: Ja.

ERIK: Und dann tun wir uns zusammen und sagen: »Ich zeige es dir, ich führe dich herum, ich öffne deinen Geist.«

ICH: Verstehe.

ERIK: Aber wir können nur so viel tun, wie sie bereit sind, sich zu öffnen oder auch nur uns anzuhören. Aber wenn es ihnen über den Kopf wächst, ist an diesem Punkt Schluss.

ICH: Das erinnert mich daran, dass alle Kinder viele Dinge für sich selbst herausfinden müssen. Sie begehen dieselben Fehler wie wir in ihrem Alter, weil sie den Rat, den wir ihnen aus unserer Erfahrung heraus geben, nicht annehmen wollen. Sie müssen das Rad neu erfinden.

Wie sich körperlose Seelen weiterentwickeln

Für unsere Entwicklung als Menschen haben die Einflüsse unserer eigenen Erfahrungen und die Erfahrungen anderer auf uns eine entscheidende Bedeutung. Aber entwickeln sich Seelen auch im Jenseits weiter? Und wenn ja, was beinhaltet diese Entwicklung? Erik teilte uns seine Einsichten dazu mit.

ICH: Dauert es eine Weile, bis sich die Verstorbenen sowohl an den Wechsel von der irdischen Zeit in die Zeitlosigkeit als auch an die Umwandlung menschlicher Gefühle in die Emotionen körperloser Seelen gewöhnt haben?

ERIK: Ja. Ja, ja, ja.

ICH: Ja, das muss seltsam sein. Wie fühlt es sich an, von der irdischen Zeit in die Zeitlosigkeit zu wechseln?

ERIK: Das ist eigentlich ziemlich einfach, denn es ist nicht so, wie man im ersten Moment glaubt. Da ist so viel los. Stell dir Disney World oder Las Vegas vor, dort wird man unterhalten, man macht Party und ist ständig beschäftigt – und nirgendwo gibt es Uhren. Aber auf einmal merkst du, dass du Hunger hast, und fragst dich: »Wie spät ist es?« Du hast also das Bedürfnis, das zu wissen, und checkst ein. Wenn du dagegen stirbst, verspürst du nicht diesen Hunger, der dich irgendwie an den Zeitrahmen erinnert. Du bist mit deinem (letzten) Leben beschäftigt und damit, was auf deiner Beerdigung passiert ist, und auch mit den Menschen in deinem Leben sowie mit Lernen und damit, dich auszudehnen. Und dann stellst du fest: Oh, so fühlt sich Zeit an! Das ist also eher einfach. Was wirklich nervt …

JAMIE (lacht): Er hat gerade ein echt witziges Gesicht gemacht! Er zeigt mit dem Finger auf mich.

ERIK: Oh, was wirklich nervt, ist, wie mit einem umgegangen wird und dass man sich ständig okay fühlt. Das macht einen verrückt, weil man ständig mit dem Schlimmsten rechnet. Du fragst dich die ganze Zeit: »Wann bricht das zusammen? Wann hört das auf?« Es hört aber nicht auf! Dann gewöhnst du dich allmählich daran und kommst ganz gut klar damit. Und dann stellst du überrascht fest, dass du auf den Mist anderer Leute reagieren willst.

ICH: Moment. Was?

ERIK: Oh, sagen wir statt Leute »andere Seelen«.

JAMIE: Danke.

ERIK: Eine andere Seele kommt also rein und bringt ihren ganzen Mist mit. Du kommst ihr näher und würdest normalerweise, also als Mensch würdest du …

JAMIE (kichert): Was?

ERIK: Sie verhätscheln und diesen ganzen Quatsch.

JAMIE: Er lacht. »Dich um sie kümmern«, Erik?

ERIK: Ja. Dich um sie kümmern. Aber plötzlich hast du einfach nicht das Bedürfnis, das zu tun. Das liegt daran, dass du ganz genau weißt, sie ist okay. Es gibt nicht diesen inneren Drang, ein »guter Mensch« zu sein, weil Mitgefühl immer praktiziert wird. Es muss nicht ausgelöst werden, um anzukommen. Es ist ziemlich cool. Ich bin immer wieder erstaunt über den ganzen Mist, den ich von anderen abziehe.

[Jamie und ich kichern.]

ICH: Also, was gibt es noch zu sagen über die Umwandlung menschlicher Emotionen in diejenigen körperloser Seelen? Erzähl mir mehr.

JAMIE: Er lacht.

ERIK: Wenn man seine Lieben auf der Erde beobachtet und sieht, wie traurig sie sind, würde man, wäre man noch am Leben, sich entweder schuldig fühlen oder ihnen helfen wollen, indem man etwas tut. Aber hier versteht man, warum sie jetzt traurig sind. Man weiß ganz genau, dass es nicht um etwas geht, das man selbst getan hat. Man versteht sofort, dass sie so reagieren müssen, damit sie die Lektion erkennen, die auf sie zukommt. Und das ist ziemlich cool. Doch dann erkennt man allmählich, dass Menschen einfach sehr emotionale Wesen sind. Das ist nun mal unser Wesenskern, und damit wird klar, was für Geschöpfe wir sind. Und wenn du als Geistwesen in deiner menschlichen Familie auftauchst und die anderen emotional auf dich reagieren, dann ist das ganz schön aufregend. Als du noch gelebt hast, sind sie vielleicht ins Zimmer gekommen, haben dich gesehen und gefragt: »Hey, was machst du? Wohin gehst du?« Sie wollten eher Informationen von dir erhalten als wissen, wie du dich fühlst. Das ist ziemlich cool und ziemlich anders. Deswegen ist es jetzt manchmal ganz schön hart, wenn wir unseren Familienmitgliedern nahe sind und sie weinen, sobald sie uns spüren. Denn das erinnert uns daran, dass wir nicht mehr da sind.

ICH: Aha.

ERIK: Manchmal fällt es viel schwerer, damit zurechtzukommen als mit so manch anderen Dingen. Wir hätten so gern, dass sie mit einem Lächeln auf uns reagieren und sagen: »Ach, ich erinnere mich sehr gut an den Tag, an dem er sich so richtig blöd aufgeführt hat, und ich vermisse ihn so sehr!«

[Jamie und ich lachen über diese unerwartete Bemerkung.]

ICH: Ihr könntet also richtig traurig werden?

ERIK: Ja. Wir können traurig werden, aber vollkommen anders. Man sitzt dann nicht mit anderen traurigen Seelen zusammen und unterhält sich darüber. Es handelt sich einfach um eine innere Erfahrung, die sich nicht aus sich selbst speist. Wie ich an anderer Stelle bereits sagte, ist es wirklich schwer, diese niederen Schwingungen beizubehalten, so, als wolle man ein Feuer bei Regen nicht erlöschen lassen. Man muss wirklich hart daran arbeiten, die Traurigkeit ununterbrochen zu halten. Sobald man in diesen Bemühungen nachlässt, ist sie verschwunden. Die Traurigkeit ist weg, und die Freude nimmt ihren Platz wieder ein.

ICH: Du sagst, Menschen seien emotionale Wesen und Geistwesen seien zwar keine Menschen, aber dennoch emotionale Wesen, oder?

ERIK: Unbedingt.

Wie Seelen kommunizieren

Erik erklärt ganz allgemein, wie Seelen kommunizieren, aber wie halten sie untereinander Kontakt?

ICH: Wie kommunizieren Seelen wie du? Erkläre es im Hinblick auf unsere Symbole (noch einmal), ähm … Was in aller Welt sage ich da? Ich habe so wenig Ahnung! Ich meine, ich weiß zwar, dass es Telepathie gibt, aber kommuniziert ihr überwiegend in Gedankeneinheiten, in Symbolen? Verwendet ihr eine Sprache wie wir? Wie kommuniziert ihr da drüben?

JAMIE (lacht): Erik schaut mich an und sagt: »Was ist los mit dieser Person? Hat sie Durchfall?«

ICH (fest): Nein, Erik, das ist meine Frage. Hör also sofort auf, junger Mann.

[Wir lachen alle.]

ICH: Ich kann eine Magen-Darm-Arznei nehmen, wenn das hilft.

JAMIE: Oh, mein Gott, er lacht sich tot.

ICH: Manchmal brauchst du das auch, Mister Durchfall. Aber ernsthaft, wie kommuniziert ihr miteinander? Nicht mit mir, sondern untereinander? Ich weiß, wir haben das Thema bereits kurz angeschnitten, aber ich möchte gern noch mehr darüber wissen.

ERIK: Wir machen den Mund nicht auf. Wir müssen nicht einmal nebeneinander stehen. Es wird nicht Telepathie genannt, weil es keine Aktivität von Gehirn zu Gehirn ist. Stelle es dir mehr so vor, als ob ein Computersystem kommuniziert, durch die Luft, über die Satellitenschüssel zu der Quelle, auf die es gerichtet ist. [Ich dachte, er meint »Ziel«, aber er klärte das später auf.] Stelle es dir mathematischer vor. Mein Energiekörper, mein Geist wird, wenn er etwas denkt oder fühlt, sofort zur Quelle dieser Gedanken oder Gefühle gelenkt. Und diese Quelle erlebt alles gleichzeitig. Das ist übrigens kein neuer Schwachsinn, denn genauso funktioniert auch der menschliche Körper, nur dass wir uns hier auf einer anderen Schwingungsebene befinden. Aber der menschliche Körper funktioniert ganz genauso und die Telepathie ebenfalls.

ICH: Und statt zur Quelle zu senden, senden wir nach oben zum Gehirn? Meinst du das?

ERIK: Ja. Ja, ja.

ICH: Okay.

ERIK: Gehirn-zu-Gehirn-Aktivität, aber wir haben keine Satellitenschüssel, die etwas abfängt. Wir sprechen hier nämlich von reiner Energie aus der Quelle. Gottesenergie. Lebensenergie. Das trägt oder motiviert unsere Art der Kommunikation wirklich – und bewegt sie. Wir müssen niemanden anrufen und ein Treffen vereinbaren; hier gibt es kein Vorenthalten [von Informationen]. Ich kann keinen Gedanken über jemanden hegen, von dem dieser nichts weiß. Wir sind alle wie offene Bücher. Und selbst wenn ich einen Gedanken [über jemanden] hätte, den er normalerweise für nicht gut halten würde, würde er ihn zwar erfahren, aber er fühlte nicht den Wunsch, mich dafür zu verurteilen. Das ist eine menschliche Eigenschaft – der Wunsch, zu verurteilen, zu messen oder etwas in der Luft zu zerreißen.

ICH: Ja, leider.

ERIK: Du wüsstest einfach, dies ist meine Wahrheit und zeigt, woher ich komme. Du hättest nicht das dringende Bedürfnis, emotional zu reagieren mit sofortiger Liebe oder Ablehnung oder so ähnlich. Es ist einfach so. Und wo diese Freiheit herrscht, wo man keine Urteile oder sofortige Reaktionen an den Tag legt, da ist auch dieser ganze mitfühlende …

[Pause]

JAMIE: Er sucht nach einem Wort.

ERIK: … erstaunliche Raum, in dem ich jetzt bin.

JAMIE (schmunzelt): Er scheint unzufrieden zu sein, gerade das Wort »erstaunlich« verwendet zu haben!

ERIK: Deshalb wollen manche Menschen, die ein Nahtoderlebnis hinter sich haben, gar nicht mehr zurück. Selbst wenn das heißt, dass sie die Liebe ihres Lebens zurücklassen, oder selbst wenn jemand auf sie angewiesen ist, wollen sie nicht zurückkommen. Sie wissen, dass alles gut werden wird. Ich weiß nicht, ob ich das richtig erklärt habe. Ich hab's verbockt.

ICH: Oh, das war doch gut, Erik. Aber wenn du kommunizierst, was gelangt dann in die Satellitenschüssel, sozusagen? Kommt es in Form von Worten, Gedankenfetzen, Symbolen?

ERIK: Nein, es ist, als ob man visuelle Eindrücke, Emotionen und einen Wortschwall zugleich abbekäme.

ICH: Hmm. Verwirrend. Das nennt man Multitasking.

ERIK: Nein, es ist eigentlich eine ganz klare Sache, weil du die exakte Emotion, die dahintersteckt, auch mitbekommst. Du musst nicht raten, wie wenn du zum Beispiel eine E-Mail liest. Du siehst, was die Person kreiert oder denkt, bekommst also mehr visuelle Details mit als bei einer reinen Beschreibung durch Worte, und dann wird ja auch noch der passende Wortschwall mitgeliefert. Und der hört sich nicht wirklich wie Englisch an. Auch nicht wie

Deutsch oder Spanisch oder irgendeine andere Sprache. Es ist eine deutliche Sprache. Es ist eine dieser Kernsprachen, die man versteht. Und in der kommunizieren wir. Selbst mit fremden Mächten und mit anderen Nationen, die [in diese Dimensionen] kommen, können wir kommunizieren. Wir brauchen keinen Übersetzer, um hierherzukommen.

ICH: Okay, hast du gesagt, dass es Worte gibt?

ERIK: Ja. Es gibt Worte.

ICH: Wie nennt ihr diese Sprache?

[Pause]

ICH: In »dieser« Sprache. Sag den Namen der Sprache in »dieser« Sprache.

JAMIE: Wir streiten uns gerade ein bisschen. Er sagt: »Ich habe verdammt noch mal keine Ahnung. Wenn du tot bist, gehst du ja nicht zur Schule und lernst diese Sprache.«

ERIK: Du weißt einfach sofort, wie es geht. Die Sprache ist ein Teil von dir. Sie ist wie eine Art emotionaler Sprache, aber ohne Worte. Sie ist nicht schwer anzuwenden. Du musst dich nicht hinsetzen, um sie zu lernen. Es ist keine Fremdsprache.

ICH: Was heißt: »Wie geht es dir?«

[Lange Pause]

JAMIE (zu Erik): Nein.

JAMIE (zu mir): Er hat mich mit ganz großen Augen angeschaut. Dann hat er die Hände ausgestreckt und gefragt: »Verstanden?«

Ich (lachend): Oh!

JAMIE: Ich weiß. Ich habe nur »Ich liebe dich« verstanden.

ICH: Ach! Du kannst also sprechen, Erik, aber wir können es nicht empfangen.

JAMIE (zu Erik): Oh, ich habe es also als Emotion empfangen. Als Liebe.

ICH: Oh!

JAMIE: Aber dann habe ich es in die Worte »Ich liebe dich« übersetzt, statt einfach Liebe zu empfangen.

ICH: Wie interessant.

ERIK: Ja, denn wenn du jemanden fragst, wie es ihm geht, zeigst du Fürsorge. Du zeigst deine Liebe zu dieser Person.

ICH: Das ist ja faszinierend. Okay, und was ist, wenn ich frage: »Wie funktioniert das Universum wirklich?«

[Pause]

JAMIE: Hey, diese Mitteilung/Botschaft kam eigentlich von mir! Juhu!

[Ich schmunzle.]

JAMIE: Jetzt ist es einfach, Botschaften zu empfangen und mit Erik zu kommunizieren. Ich habe dieses Bild in meinem Kopf – dieses Bild der vollkommenen Einheit. Dabei besaß ich immer noch meine eigene Schale, aber ich stand in Beziehung zu allem um mich herum, nicht nur zum Raum, der Stadt, zu den Vereinigten Staaten oder zur Erde. Es handelte sich um etwas Größeres, um Sonnensysteme und so weiter. Es erschien wie ein elektrisches Spinnennetz mit einer Lichtquelle, kunstvoll gewebt und in 3-D, und hatte überhaupt nichts von einem flachen Bild. Vielmehr gewann ich den Eindruck, von einem Standpunkt irgendwo außerhalb darauf zu schauen. Ich war nicht darin, weil Erik versuchte, mir das ganze Bild zu vermitteln. Aber er sagte, ich hätte auch mehr von den Ideen mitbekommen, die er mir in aller Kürze weitergeben wollte, hätte ich versucht, mehr dranzubleiben.

ICH: Hast du irgendwelche Gefühle oder Emotionen mitbekommen, oder bist du nicht lange genug drangeblieben?

JAMIE: Nein, einfach nur ein vollkommenes Gefühl der Einheit, das absolute Akzeptieren der Tatsache, dass hier nichts unnatürlich, fehl am Platz oder widersprüchlich war.

ICH: Ah, genial. Du Glückliche!

JAMIE (schmunzelt): Er hat auf mich gezeigt und gesagt: »Da geht es auch um deine Schmerzen.«

[Erik bezieht sich auf Jamies Nackenschmerzen von einem Autounfall vor etwa einem Jahr.]

ICH: Was, du bist eins mit deinem Schmerz? Das nervt! Du musst dieses eine kleine Spinnennetz wegnehmen! Schaffst du das?

[Jamie lacht.]

ERIK: Du kannst es abziehen, aber du kannst es weder zerstören noch verändern. Wenn du es irgendwo anders platzierst, ist es vielleicht jemandes Freude und verursacht dort nicht etwa auch Schmerzen. Die Reaktion ist nicht immer die gleiche.

ICH: Okay. Möchtest du uns sonst noch etwas über Kommunikation mitteilen?

ERIK (lacht): Ich liebe das Thema, obwohl es sehr schwer ist, es gut zu vermitteln. Menschen halten irgendwie an der Vorstellung fest, dass sie ihre Stimme einsetzen müssten, um zu kommunizieren. Das ist Blödsinn.

ICH: Nun, es ist schwer, richtig schwer, aber ich verstehe, wovon du sprichst. Wirklich, Erik, denn wenn wir miteinander sprechen, besteht unsere Kommunikation aus visuellen und emotionalen Komponenten. Aber die Person auf der Erde empfängt nur die Worte. Ein gewisser Tonfall und das Timbre der Stimme können zwar etwas von den Emotionen übermitteln, aber nicht alles. Und wir können so manche visuelle Wahrnehmung beschreiben, aber nicht alle und auch nicht vollständig. Andere Menschen in unserem Leben können nicht sehen, was wir sehen. Es ist also frustrierend, sogar hier.

JAMIE: Er grinst und nickt.

Kinderseelen

Kinder unterscheiden sich in vielerlei Hinsicht von Erwachsenen. Besonders wenn sie noch sehr klein sind, sind sie noch unvoreingenommen und haben keine vorgefasste Meinung. Da unsere Glaubenssysteme unseren Tod und unser Leben nach dem Tod bestimmen, frage ich mich, wie sich diese Unbefangenheit auf diese Seelen auswirkt.

ICH: Okay, Erik. Welche Erfahrungen machen Kinder nach dem Tod, denn sie haben ja nun wirklich kein Glaubenssystem, durch das sie geprägt wurden? Kannst du mir mehr darüber sagen?

ERIK: Nun, die meisten Kinder wissen, dass sie sterben werden. Sie fürchten sich nicht davor. Ihre Sicht auf den Tod ist also sehr klar.

ICH: Das ist gut.

ERIK: Denk mal darüber nach, Mama. Angst ist ein Teil des Glaubenssystems, der unsere klare Sicht stark trübt. Angst rührt von unserer Erwartungshaltung dem Tod gegenüber her. Wir stellen uns vor, wie es [der Tod] sein sollte, und dann entspricht er nicht den Erwartungen. Deswegen fürchten sich manche Erwachsene, wenn sie zum ersten Mal die Schwelle überschreiten. Kleine Kinder haben diese Angst nicht. Angst ist die Schattenseite fester Überzeugungen, Mama.

JAMIE: Oh, er hat mir ein cooles Bild mitgeliefert. Ich nehme mal an, es ist die Unterseite eines Tieres – wie der dicke, fette Bauch einer Kuh. Aber er war rot glühend, als brenne er. Das war die Angst, die andere Seite der festen Überzeugung.

ICH: Wow!

JAMIE: Es war nur ein kurzes, ziemlich aufregendes Bild.

ERIK: Also, Kinder kennen das nicht. Sie überschreiten die Schwelle ohne Angst, fühlen sich vollkommen sicher dabei.

ICH: Oh, das ist gut.

ERIK: Ja, ich weiß. Sie machen große Augen, sie schauen sich um. Das Licht ist präsent, und Gott ist in allem und überall spürbar. Wer würde davor schon Angst haben?

ICH: Ja.

ERIK: Und wenn sie ein Familienmitglied kennen oder wiedererkennen (das schon gestorben ist), ist diese Person häufig auch da. Sind sie jung genug, erinnern sie sich sogar an die Geistwesen, die sie von dort in den Mutterbauch heruntergeschickt haben. Wieder gehen zu müssen, weil sie aus irgendeinem Grund nicht bis zum Geburtstermin ausgetragen werden können, ist allerdings eine sehr harte Lektion für sie. Diese Babyseelen erfahren also eine Abtreibung. Sie tun das manchmal aber auch, um sich die Lektion selbst zu erteilen, also um zu lernen, was es heißt, den Prozess nicht vollenden zu können. Oder sie bringen ein wirklich großes Opfer. Sie stehen es durch, damit die Mutter und die anderen Familienmitglieder die Lektion erfahren können. In diesem Fall geht es oft darum, etwas über Verlust zu lernen. Es ist jedes Mal ganz anders. Aber das [alles] ist ein Teil des Plans.

ICH: Klingt einleuchtend.

JAMIE: Ich habe mit vielen, vielen Kindern gesprochen, die bald sterben werden, oft mit Kindern, die sehr krank sind oder schwer verwundet. Und diese Kinder versichern ihren älteren Geschwistern, Eltern oder Großeltern, dass alles gut werden wird. Ihnen fällt es viel leichter, ihre Schutzengel zu sehen, zu spüren und intuitiv ganz einfach und klar zu wissen, was vor sich geht und warum – und dass alles gut werden wird. Sie werden wieder im Himmel sein; sie werden bei den Engeln sein; sie werden bei Gott sein; sie werden bei anderen geliebten Menschen sein, die schon im Jenseits sind. Und daher machen sie eine ganz andere Erfahrung. Wenn sie schwer verletzt oder krank sind, können sie oft – nicht in jedem einzelnen Fall, aber oft – ganz ruhig über die Schwelle gehen, wenn ihre Seele den Körper verlässt. Das kann eine sehr angenehme Erfahrung sein, selbst wenn sie Schmerzen haben.

ICH: Gut. Das ergibt Sinn.

ERIK: Nun, bei Kindern, die eines gewaltsamen Todes sterben, ist der Übergang nicht so angenehm. Mit anderen Worten, wenn Kinder glauben, mehr Kontrolle über ihren Übergang zu haben, etwa bei einer Verletzung oder einer Krankheit, dann haben sie in der Regel auch Menschen um sich, die sich liebevoll um sie kümmern. Aber wenn sie beispielsweise von einem Erwachsenen missbraucht werden, leiden sie, bis ihre Seele aus dem Körper springt. Und dann geht es ihnen wie allen anderen. Die Seele kehrt freudig in den Himmel zurück und nimmt dort ihr Leben wieder auf. Es ist nur nicht ein so schmerzfreier Tod, wie wenn Kinder nach einer schweren Verwundung oder nach einer Krankheit sterben. Wenn der Tod plötzlich kommt, etwa durch einen Autounfall oder so, bleibt nicht viel Zeit, um Schmerzen zu spüren.

ICH: Warum können uns Kinder von ihren Träumen erzählen und Fantasiefreunde haben – was, da bin ich sicher, einfach bedeutet, dass sie ihre »Geistführer« sehen und mit ihnen kommunizieren können – und die Verstorbenen [leichter] wahrnehmen? Warum ist das so?

ERIK: Weil der Teil ihres Gehirns, der das alles dementiert, nicht überwiegt; er ist noch nicht die dominante, bestimmende Kraft in ihrem Dasein. Das ist aber nur ein Grund. Nach einer Weile bekommen sie auch mit, dass die Erwachsenen nicht so oft Geistwesen sehen. Also sagen sie sich: »Was verdammt noch mal ist das? Vielleicht spinne ich.« So wird diese Fähigkeit unterdrückt.

ICH: Ja, hat das auch etwas damit zu tun, dass es ein paar Jahre dauert, bis sie sich vollkommen auf diesen Körper einlassen? Braucht es Zeit, bis sie sich vollständig mit ihrem neuen Körper verbunden haben und ganz darin verankert sind?

ERIK (lacht): Nun, manche Leute schaffen es nie!

ICH (lachend): Und ich glaube, ich bin eine davon!

ERIK: Ha! Ja. Manche Menschen fühlen sich nie wohl in ihrem Körper, betrachten die irdische Ebene als etwas völlig Fremdes und ihr Dasein in einem physischen Körper auch.

ICH: Ja, ja.

ERIK: Und weißt du was? So ist es auch! Wir verbringen die meiste Zeit hier im Himmel, im Geist.

ICH: Ja, das ist wahr! Aber wie kommt es dann, dass wir als Erwachsene unsere Fähigkeit, das Geistige zu sehen, verlieren? Warum kann es nicht völlig okay für uns sein, beispielsweise dich zu sehen? Was ist so verkehrt an Menschen, die in der Lage sind, alle geistigen Wesen zu sehen?

ERIK: Aber Mama, du bist ja dazu in der Lage!

ICH: Ich weiß, ich weiß, aber warum ist es nicht einfacher? Warum ist es nicht ebenso einfach, wie mir jetzt den Toaster auf der Küchentheke anzuschauen? Warum kann es nicht sonnenklar sein – etwa so, dass du deutlich sichtbar durch die Haustür hereinkommst und sagst: »Hey Mama, ich bin wieder da!«

ERIK: Aber so kann es sein.

ICH: Au, ich habe befürchtet, dass du das sagst. Ich war bisher nicht in der Lage, diese Erfahrung zu machen – noch nicht.

ERIK: Wenn ein spirituelles Wesen beschließt, sich zu materialisieren, und wenn ein menschliches Wesen an seiner Fähigkeit arbeitet, elektrische Energie zu empfangen, kann es so geschehen, Mama. Das ist alles, was ich sagen kann. Du weißt ja, spirituelle Wesen schwingen auf einer höheren Frequenz, nicht wahr?

ICH: Ja, das hast du gesagt.

ERIK: Und diese Frequenz liegt nicht im sichtbaren Teil des elektromagnetischen Spektrums. Ich meine, nicht in dem für Menschen sichtbaren Teil. Wie ich schon sagte, müssen wir unsere Frequenz senken, und du musst deine anheben, um die visuelle Manifestation zu erhalten, nach der du suchst. Zurück zu Kindern und ihren besonderen Fähigkeiten. Bei ihnen geschieht dasselbe wie bei uns, wenn wir sterben. Es braucht Zeit, bis unser Menschsein abgeklungen ist, bis wir uns neu positioniert haben und uns an unsere Fähigkeiten erinnern. Wir haben bereits über diese Übergangsphase gesprochen. Bei Kindern ist es genauso. Sie werden geboren und brauchen Zeit, um sich an ihre neue, beschränkte, niedrig schwingende Existenz anzupassen.

JAMIE (schmunzelnd): Er sagt das mit so einer dumpfen Stimme, ein bisschen monoton.

ICH: Du klingst wie Ben Stein, Erik!

ERIK: Hier ist noch etwas: Kinder kommen mit diesen spirituellen Erinnerungen herunter [auf die Welt], weil sie zur Evolution der irdischen Ebene beitragen. Und diese Kinder verlieren die Erinnerung daran, wie man mit den geistigen Reichen kommuniziert, nicht vollständig. Es ist normal für sie.

ICH: Oh, gut! Aber früher haben wir ihnen die spirituellen Fähigkeiten und die entsprechenden Erinnerungen regelrecht ausgetrieben, indem wir Dinge gesagt haben wie: »So etwas wie Fantasiefreunde gibt es nicht!«

ERIK: Ja, Mama. Genau. Aber jetzt machen immer mehr Eltern selbst solche Erfahrungen und betrachten ihr Kind mit neuem Respekt.

ICH: Gut!

ERIK: Und (der bekannte Spruch) verändert sich von »Ein Kind sollte gesehen, aber nicht gehört werden« in »Ein Kind sollte gehört – und respektiert werden«.

ICH: Ja, unbedingt. Okay, da wir schon vor dieser Inkarnation Lebenspläne machen und Verträge abschließen, ist eine Seele ganz klar kein Baby. Wie kommt es dann, dass sie, wenn sie zurückkommen, noch Babys sind? Das ergibt für mich keinen Sinn, vor allem weil es dort sowieso keine Zeit gibt. Ich nehme also an, wenn ein Baby stirbt, kommt es in den Himmel – oder auf die andere Seite oder wie man das nun nennen will – und ist immer noch ein Baby, obwohl es in vielen früheren Leben ein Erwachsener war, oder? Wie funktioniert das?

ERIK: Okay, schau mal, es gibt ein paar Möglichkeiten, wie sich das ausleben kann. Sagen wir, eine Familie verliert ihr Kind mit zwei Jahren, und das Kind möchte sich nicht wiederverkörpern. Das Kind möchte bei seiner Familie bleiben und weiter wie bisher aufwachsen. Das Kind schränkt sich selbst ein, indem es sich wie ein menschliches Wesen benimmt und aufwächst [in derselben Weise wie in seiner irdischen Familie].

ICH: Ah! Verstehe.

ERIK: Für die Familie ist es also immer noch das fehlende Glied in der Kette, wenn auch nicht in einem physischen Körper. Manchmal kommt das Kind wieder zurück und verkörpert sich erneut in dieser oder einer anderen Familie. Für seine ursprüngliche Familie ist es wie ein historischer Schnappschuss. Das Kind ist zwei Jahre alt; das Kind wird immer zwei Jahre alt sein. Seine ursprünglichen Familienmitglieder haben Träume, in denen das Kind im Alter von zwei Jahren auftaucht. Gott, Mama, es gibt so viele Möglichkeiten, je nach den Bedürfnissen der beteiligten Familie und der Seele, um die es gerade geht!

ICH: Na schön. Sie können also da drüben aufwachsen, wenn sie möchten, aber sie können auch einfach so alt bleiben, wie sie waren, als sie gestorben sind.

ERIK: Ja, und wenn sie sterben, können sie auch ihren 30 Jahre alten Körper aus einem früheren Leben wieder annehmen. Sie sind reine Energie. Ihre äußere Erscheinung hat keine Bedeutung für sie, wenn es darum geht, wer sie sind, aber sie bedeutet alles für euch dort auf der Erde.

ICH: Ah!

ERIK: Und oft ...

[Jamie hört zu.]

JAMIE: Ist das wahr, Erik?

[Jamie hört weiter zu.]

JAMIE: Das war durch dich? Brady – wirklich? Ich werde das nachprüfen.

ICH: Wovon redet ihr?

JAMIE: Nun, ich hatte ein Reading diese Woche, wo eine Frau mit ihrem Enkel kommunizieren wollte ...

ICH: Aha. Moment, du meinst Brady? Der kleine Junge, der ...

JAMIE: Überfahren wurde, ja.

ICH: Sie ist ein Blogmitglied!

JAMIE: Ja, okay. Ich habe diese Woche mit ihr gesprochen, und Erik sagt, dass Brady, ähm, er starb sehr jung, war nur ein paar Monate alt.

ICH: Aha.

JAMIE: Und jetzt, wenn man sich Brady jetzt anschaut, ist er etwa drei Jahre alt.

ICH: Okay.

JAMIE: Und der Grund, warum er die Form eines Dreijährigen annimmt, ist, dass er so eine Art »Countdown« planen kann, denn er will in etwa drei Jahren in diese Familie zurückkommen, und zwar durch dieselbe Mutter. Indem er also dieses Alter annimmt, bereitet er sich darauf vor, »nach unten zu wachsen«, seinen Körper neu zu schaffen und dann [auf die Erde] zu kommen.

[Jamie und ich schmunzeln.]

ICH: Brady hat also ab jetzt drei Jahre im Jenseits? Meinst du das, Erik?

ERIK: Ja.

ICH: Sehr cool!

Nicht menschliche Seelen

Ich habe meine Katzen und Hunde immer verehrt. Wenn sie starben und in ihr Jenseits eingingen, habe ich mich immer gefragt, ob sie da sein würden, um mich zu begrüßen, wenn auch ich im Jenseits ankomme. Ich wollte auch wissen, wie sich ihre Seelen von denen der Menschen unterscheiden.

ICH: Sind unsere Haustiere oder, besser gesagt, unsere tierischen Begleiter bei uns, wenn wir sterben?

ERIK: Ja!

ICH: Ah, interessant! Wow! Unsere tierischen Begleiter sind also bei uns. Sind Fische und andere Tiere, die man im Jenseits trifft, ein Ergebnis unserer Gedanken, oder stellen sie eigene Formen des Bewusstseins dar, die hinübergegangen sind?

ERIK: Sie sind eigene Seelen.

ICH: Oh, okay. Es ist also nicht etwa so, dass wir die Fische erschaffen, wenn wir [im Jenseits] angeln gehen. Sie sind eigene Seelen.

ERIK: Ja.

ICH: Reinkarnieren Tiere jemals als Menschen und umgekehrt? Dasselbe gilt für Pflanzen und Steine – sind sie austauschbar, wenn es zur Reinkarnation kommt?

ERIK: Ja. Nun denk doch mal nach, Mama. Indem du das für eine komische Antwort hältst, gibst du ein Urteil ab, nämlich, dass du besser bist als ein Stein.

ICH: Oh! Nun ja, ich verstehe, was du meinst.

[Anmerkung für mich selbst: Im Internet nach Notadoptionen für Hausfelsen suchen.]

ERIK: Es gibt keine Lebensform, die besser oder schlechter ist als eine andere. Und daher, ja, sie sind austauschbar. Der tierische Begleiter kann genauso mit einer menschenähnlichen Seele und Intelligenz begabt sein wie der Baum in deinem Vorgarten.

ICH: Ah! Also, Erik, du kannst demnach auch als Baum zurückkommen, wenn du willst?

ERIK (schmunzelnd): Ja!

JAMIE (kichert): Er hat die Augenbrauen ganz weit oben!

ICH: Oder kannst du irgendwie einen Teil deiner Seele in einen Baum setzen und dann …

ERIK: Ja, und dann immer noch lebendig und geistklug genug sein, um zu kommunizieren und der zu sein, der ich bin!

ICH: Ja? Wow! Kannst du das auch als Hund, also kann ein tierischer Begleiter ein Stück einer menschlichen Seele in sich tragen?

ERIK: Ja, aber, Mama, wenn man »ein Stück« sagt, dann heißt das doch, dass es ein Teil eines Ganzen ist. Wenn wir teilen, dann sind auch die Teilstücke in sich vollständig. Sie sind alle ganz. Denk daran, es ist wie ein Hologramm.

ICH: Ja.

ERIK: Wir müssen bei unserer Wortwahl also vorsichtig sein.

ICH: Genau.

ERIK: Denn selbst wenn wir (etwas) teilen, erhalten wir ganze Teile.

ICH: Aber wird »Erik« halbiert, dann bedeutet das nicht, dass es jetzt zwei Erik-Seelen gibt.

ERIK: Richtig, dabei ist jeder Teil genauso leistungsfähig wie der andere. Zurück zu deinem Beispiel: Wenn mein Leben als Tiergefährte endet, dann verschmilzt die Seele mit der, die ich schon habe. Wir kommen alle gemeinsam zurück. Es ist nicht etwa so, dass wir uns teilen, immer weiter ausdehnen und immer wieder teilen.

Nahtoderfahrungen

ICH: Was passiert energetisch, wenn eine Seele ein Nahtoderlebnis hatte und dann wieder in den Körper zurückkehrt?

ERIK: Dann trennt sich die Seele nicht vom physischen Körper.

[Lange Pause]

JAMIE: Sorry. Er vermittelt Bilder.

ERIK: Sie haben eine außerkörperliche Erfahrung und reisen durch die Dimensionen zurück nach Hause. Sie bekommen die Erlaubnis, diese Reise zu machen und zu sehen, was passiert. Aber weil es für sie nicht der passende Moment ist zu sterben, werden sie zu ihrem Körper zurückgeführt und wieder hineingeschoben.

JAMIE: Nett. »Hineingeschoben«. Reingequetscht.

ICH: Wie japanische Pendler, die in die U-Bahnen gequetscht werden. Nicht so angenehm!

[Jamie lacht.]

ICH: He, geh da wieder rein! Aber auf der Zellebene sind sie immer noch mit ihrem Körper verbunden, stimmt's?

ERIK: Ja, richtig.

ICH: Wenn sie dann in die andere Dimension reisen, nach Hause, hängt ihre Seele an anderen Zellen … Ich verstehe das Bild nicht.

ERIK: Die Seele verlässt den Körper, wird aber kein Geistwesen. Es ist eine Art außerkörperliche Erfahrung. Der einzige Unterschied zwischen einer außerkörperlichen Erfahrung und einer Nahtoderfahrung besteht darin, dass ein [medizinisches] Team anwesend ist, also jemand, der den physischen Körper überwacht und aufgrund der Messungen sagen kann, dass das Herz nicht mehr schlägt und es zum Atemstillstand gekommen ist. Die Person wird also für tot erklärt. Aber es gibt eine Art Band und eine Verbindung, und diese Verbindung zum Körper wird nicht freigegeben.

ICH: Und bei der außerkörperlichen Erfahrung hat man offensichtlich immer noch Vitalfunktionen und auch weiter das Band, aber die Seele ist in beiden Fällen auf der Zellebene mit dem Körper verbunden. Das würde ich gern verstehen. Wie ist sie mit den Zellen verbunden?

ERIK: Bei einer außerkörperlichen Erfahrung ist die Seele immer mit jeder einzelnen Zelle verbunden. Aber bei einer Nahtoderfahrung hängt es davon ab, welche Art von Trauma oder Stress der Körper gerade verarbeiten muss. Wenn der Körper unter Sauerstoffmangel leidet, findet bereits eine chemische Reaktion statt, die dem Körper Energie entzieht. Wenn er ausblutet oder wenn es sich um ein Schädel-Hirn-Trauma handelt, dann ist es jeweils noch einmal anders. Die im Körper ablaufenden chemischen Prozesse bestimmen also auch darüber, welche Zellen mit der Seele in Kontakt bleiben und welche nicht. Ganz allgemein und ohne ins Detail zu gehen, kann man es so ausdrücken: Auch bei einer Nahtoderfahrung ist das Band immer noch da. Man ist immer noch über das Band mit dem Körper verbunden.

ICH: Man ist also nur beim endgültigen Tod nicht mehr über das Band mit dem Körper verbunden?

ERIK: Ja. Dann ist man vollständig getrennt. Und dann gibt es auch keine Möglichkeit mehr, die Seele in den Körper zurückschnellen zu lassen.

ICH: Wie bei einem Mobiltelefon – ohne Kabel.

ERIK: Ja. Schneide das Kabel durch, aber du kannst immer noch kommunizieren.

ICH: Genau. Und darüber bin ich so froh.

Mit jedem Gespräch, das ich mit Erik führte, wuchs mein Vertrauen in seine Stimme und in mein eigenes wachsendes Verständnis für die Art und Weise, wie die Dinge für körperlose Seelen funktionieren. Während ich meine Reise mit dem Ziel fortsetzte, Erik so kennenzulernen, wie er jetzt ist, fing er an, mich durch wirklich knifflige Themen herauszufordern. Ich begann mich dafür zu interessieren, wie er sich in seiner neuen Umgebung zurechtgefunden hat, und lernte, das riesige Netz von Informationen anzuzapfen, das ihm zur Verfügung steht. Wie Sie in Teil drei sehen werden, habe ich erfahren, wie er seinen Blick erweiterte, um größere Konzepte, etwa das Wesen des Bewusstseins, des Raums und der Zeit, der Realität selbst und vieles, vieles mehr, zu erfassen. Als ich anfing, Erik »umfassendere« Fragen zu stellen, und wir unsere Beziehung durch den Schleier hindurch weiterentwickelten, begann meine Skepsis zu schwinden, und der Weg wurde frei für einen offenen, neugierigen Geist und ein offenes Herz. Ich war immer stolz auf meinen Sohn gewesen, aber jetzt beschlich mich ein Gefühl der Ehrfurcht, wenn ich daran dachte, was er der Welt zu bieten hat. Er verfügt über Einsicht, über Weisheit. Er ist ein Lehrer. Ich schlage vor, dass Sie bei den Gesprächen, die jetzt folgen, den »Sicherheitsgurt« anlegen, denn Erik nimmt Ihren Verstand mit auf eine Achterbahnfahrt, wie Sie sie wohl noch nie erlebt haben.

TEIL 3

DER BLICK IN ANDERE DIMENSIONEN

10. DIE STRUKTUR DES BEWUSSTSEINS

Auf meiner ständigen Suche nach Wissen und Erkenntnis entwickelte ich auch verschiedene Theorien, was das, was wir »Leben« nennen, tatsächlich ist, dabei stellte ich mir zahlreiche Fragen. Zum Beispiel: Was sind die Ursprünge des Bewusstseins? Woraus ist es, falls überhaupt, gemacht? In welcher Beziehung steht es zu unserer physischen Form? Ist es vom denkenden Geist unabhängig oder ein Teil von ihm? Kurz, gehört es »zu uns«? In meinen Gesprächen mit Erik habe ich gelernt, dass all das, was wir »Bewusstsein« nennen, manchmal sich selbst bewusst ist, manchmal nicht. Als Menschen sind wir nicht mehr und nicht weniger als sich selbst bewusste, empfindsame Energie. Ich habe auch erfahren, wie sich das Bewusstsein auf der Zellebene, woraus es gemacht ist, an den physischen Körper heftet. Außerdem setzte sich Erik mit der Wissenschaft auseinander, die sich mit der Struktur des Bewusstseins beschäftigt. Darauf folgte ein langer Weg, auf dem die aufgebrachte und irritierte Wissenschaftlerin in mir wieder besänftigt wurde.

Das ist aber noch nicht alles. In den folgenden Gesprächen wird Erik auch das Bewusstsein von Tieren, Pflanzen und unbelebter Materie beschreiben. Für mich waren diese Enthüllungen beunruhigend, weil sie mich zwangen, mich selbst und meine Umwelt, Leben und Nicht-Leben neu zu definieren und mein Verständnis für das Dasein noch einmal zu erweitern. Mittlerweile halte ich mich nicht mehr für eine Frau mit einem Körper, einem Gehirn und einem ganzen Satz von Gefühlen, alle klar voneinander getrennt. Dank meinem Sohn verstehe ich jetzt, dass ich noch viel mehr bin als das alles.

Was ist Bewusstsein?

ICH: Erik, ist das »Bewusstsein« dasselbe wie die »Seele«?

JAMIE (kichernd): Erik murmelt irgendetwas. So etwas wie: »Das ist eine gute Frage.« Er hat die Ellbogen auf den Knien und sitzt auf der Rückenlehne meiner Couch. Wenn er denkt, rauft er sich die Haare.

ICH (kichernd): Oh ja, als seien die nicht schon zerrauft genug! Das hat er früher die ganze Zeit gemacht. Ich glaube, ich habe sogar ein Bild, auf dem er das tut.

JAMIE: Sie liegen nie richtig am Kopf!

ICH: Ich weiß! Er hat ein paar Schmachtlocken!

JAMIE: Daran liegt es?

ICH: Ja, und er war nicht besonders scharf darauf, mit dem Kamm durchzugehen!

JAMIE: Ich dachte, die Haare seien nur wellig!

ICH: Nun ja, wellig sind sie auch. Er besitzt das Beste aus beiden Welten. Schmachtlocken und Wellen.

JAMIE (lacht): Witzig!

ERIK: Ähm.

[Pause]

ERIK: Das Bewusstsein ist so etwas wie ein Zweig der Seele, aber in sich selbst, definiert durch sich selbst. Sagen wir, du hast einen Laden, und der Laden ist die Seele.

ICH: Okay.

ERIK: Die Eingangstüren sind das Bewusstsein. Sie öffnen und schließen sich. Nun, die Türen sind ein Teil des Ladens, aber sie haben ihre eigene ganz spezifische Funktion. Das ist in etwa die Idee, die ich vermitteln möchte. Das Bewusstsein kann sich öffnen [Simsalabim!] oder schließen. Und wenn es geschlossen ist, hast du noch das Unterbewusstsein dahinter, im Laden.

ICH: Interessant. Ich habe etwas über Mikrotubuli in den Zellen als Ursprung des Bewusstseins gelesen. Ist das wahr, und hat Bewusstsein Substanz?

[Mikrotubuli sind winzige Röhrchen im Inneren von Zellen, die unterschiedliche Funktionen haben. Sie halten die Zellstruktur aufrecht, sind an intrazellulären Transporten beteiligt und spielen eine wichtige Rolle bei der Zellteilung.]

ERIK: Nun, Energie ist Substanz, also ja, es hat Substanz. Aber die Wissenschaft möchte, dass diese Substanz eine sehr niedrige Schwingung hat und greifbar ist. Nun, diese Mikrotubuli können die Energiemuster dafür enthalten, wie sich das Bewusstsein im physischen Körper verwurzelt, weil sie in sämtlichen Zellen des ganzen Körpers vorhanden sind.

JAMIE: Oh, sind sie? Was ist das überhaupt? Oh, macht ja nichts. Ich muss diese Fragen nicht stellen.

ICH: Nein, mach weiter! Du sagst also, dass diese Mikrotubuli nicht der Ursprung des Bewusstseins sind, aber vielleicht verankern sie das Bewusstsein in den Zellen?

ERIK: Ein Mikrotubulus ist ein Behälter.

ICH: Enthält er die Wurzeln des Bewusstseins, über die sich dieses mit dem Körper verbindet, oder … Ich weiß nicht …

[Jamie lacht.]

ERIK: Ja, es gibt jede Menge Wissenschaftler, die glauben, dass der Hohlraum, den die Mikrotubuli bilden, keinen Zweck im Körper erfüllt und keine Funktion hat. Oder wenn sie diese Hohlräume untersuchen, stellen sie fest, dass sie eine Funktion haben, die sie nicht definieren können. Hier kommen Spiritualität und Wissenschaft zusammen, reichen sich die Hand. Sie fangen an zu verstehen, dass alle Energie Materie ist und alle Materie Energie, und sie werden Messinstrumente schaffen, mit denen sie das beweisen können.

ICH: Mikrotubuli sind also …

ERIK: Sie sind eine Art Verankerungssystem, mit dem sich die Seele oder das Bewusstsein im physischen Körper verbindet.

ICH: Okay, hier ist eine Frage von einem der Blogmitglieder: »Was ist die Verbindung zwischen Seele, Körper und Geist?«

ERIK: Nun, das könnte man ganz unterschiedlich auffassen. Meint derjenige die genaue physische Verbindung oder die energetische?

ICH: Hm. Weiß ich nicht. Die physische vielleicht? Oder beide?

[Jamie lacht sich kaputt, bevor sie Eriks Antwort übersetzt.]

JAMIE (zu Erik, immer noch lachend): Oh, wirklich? Ist das kein Scherz, Erik?

[Sie lacht weiter, bis sie schließlich wieder in der Lage ist, mir mitzuteilen, was er gesagt hat.]

ERIK: Es ist der Bauchnabel.

ICH: Oh, okay!

JAMIE: Und ich so: »Was?«

ICH (schmunzelnd): Ah, deswegen muss man über seinen Nabel meditieren. Jetzt passt alles zusammen! Der Schlüssel zu allen Antworten im Universum liegt im Bauchnabel!

ERIK (lachend): Nun, alles ist mit dem Nabel verbunden. Die Nabelschnur geht von hier aus. Dies ist die erste Nahrungsquelle, hier ist das Kind mit der Gebärmutter verbunden. Oder im Hinduismus sitzt ein Chakra direkt dahinter – die Basis der Seele.

ICH (im Spaß): Aha, deswegen ist es also so wichtig, von Zeit zu Zeit die Flusen aus dem Bauchnabel zu entfernen.

ERIK: Bingo! Auch das Gehirn ist wie ein Container, den man mietet und der dann in die Einfahrt gestellt wird. Man packt seinen ganzen Mist rein. Er steht immer noch auf dem Grundstück. Dann packt man auch schöne Sachen rein, aber es dreht sich nicht alles um diesen Container.

JAMIE: Also, er sagt, wenn er einen physischen Ort benennen sollte (wo sich Geist und Körper verbinden), dann wäre es der Bauchnabel.

ICH: Okay. Und was ist mit der energetischen Vereinigung der Seele mit Körper und Geist?

ERIK: Ein Energieaustausch zwischen Körper, Geist und Seele findet auf allen Ebenen statt, in jeder Zelle, und zwar regelmäßig und durchgängig. Es ist nicht etwa so, als wären da wenige undichte Bits unterwegs, etwa in einer Arterie oder Vene, die verschiedene Bereiche versorgen. Dieser Austausch umfasst das gesamte Wesen, von der intrazellulären Ebene an.

ICH: Die energetische Verbindung zwischen den dreien ist also allgegenwärtig?

ERIK: Ja, denn vergiss nicht, dass alles Energie ist. Alles ist Energie – der Geist, der Körper und die Seele.

ICH: Wie du das sagst, klingt alles ganz einfach, Süßer!

ERIK: Ist es auch, Mama. Alles ist ganz einfach, wirklich. Es erfordert nur eine andere Art und Weise, die Dinge zu betrachten.

Über Neutrinos

ICH: Sprechen wir über Neutrinos. Es heißt, das seien die Bewusstseinsteilchen, die Träger aller Information. Ist das wahr? Wenn nicht, woraus bestehen Seele und Bewusstsein?

ERIK: Nun, die Seele und das Bewusstsein …

[Lange Pause]

JAMIE (zu Erik): Tolle Bilder, aber du musst das für mich in Worte fassen, Erik.

ERIK: Die Seele und das Bewusstsein müssen ihre Gestalt umwandeln, um in jeweils die Dimension zu passen, in der sie sich gerade befinden. Es gibt nicht das eine und einzige Paket, das in allen Dimensionen funktioniert. Für das menschliche Leben, das du erwähnt hast, Mama, ist es das Neutrino. Für das Geistige gilt eine andere Terminologie.

[Pause]

JAMIE (zu Erik): Richtig, weil es (das Neutrino) keine niedrigere Schwingungsfrequenz haben kann als ein physikalisches Teilchen.

ICH: Das Neutrino verhält sich also im Physischen anders als im Geistigen?

ERIK: Ja.

ICH: In welcher Weise? Ist es dort eher ein Wellen- als ein Teilchenmuster?

ERIK: Bei Wellen denke ich an Schall, ich spreche aber von Schwingungen.

ICH: Oh, okay. Es hat also eine höhere Schwingung. Und was ist das Wesentliche? Was macht das Neutrino so besonders?

ERIK: Wie die Seele gehört es zu einem der wenigen Dinge, welche die Transformation vom dreidimensionalen Leben ins Jenseits mitvollziehen. Es besteht weiter, ohne zerbrochen oder zerstört zu werden, während deine Haare das nicht tun. Nichts in deinem physischen Körper vermag das.

ICH: Okay. Und wenn es heißt, dass es durch alles durchgehen kann, sogar durch Blei, dann muss das der Grund dafür sein, dass man durch Wände gehen kann, wenn man in der geistigen Welt ist. Stimmt das, Erik?

ERIK: Stimmt.

ICH: Sie sind also Bausteine des Bewusstseins. Meinst du das?

ERIK: Ja.

ICH: Wie funktioniert ein Neutrino?

ERIK: Es funktioniert ähnlich wie ein Faden. Es hält alles zusammen, nur dass es in der Existenz kein Loch oder keinen Spalt gibt.

ICH: Aber auf der Ebene der Teilchen selbst, wie funktioniert es da? Erzeugt es beispielsweise eine Art von Energie?

ERIK: Nein, es erzeugt keine Art von elektrischem Strom. Es verhält sich mehr wie ein Kleber. Es besitzt keine Informationen oder Daten, aber es hält sie fest.

JAMIE (zu Erik): Okay, das, mein Freund, leuchtet mir nicht ein.

ERIK: Es besitzt keine Energie. Es trägt sie. Es schafft diese klebstoffartigen Verbindungen und trägt die Information.

ICH: Oh. Es ist also nicht die Information selbst.

ERIK: Nein, es ist quasi ein Übermittler.

ICH: Oh, es übermittelt die Information?

ERIK: Ja, ähnlich wie Bluetooth, weißt du.

ICH: Oh!

ERIK: Wie Bluetooth in deinem Auto.

ICH: Oh, verstehe.

ERIK: Es besitzt nicht alle Informationen, aber du kommst mithilfe von ihm an alle Informationen.

ICH: Wir sind also die Information? Sind wir fühlende Energie, sozusagen?

ERIK: Ja.

ICH: Es ist so interessant, was Bewusstsein ist, nicht wahr?

ERIK: Ja. Wir sind Information, die sich ihrer selbst bewusst ist.

ICH: Und die Neutrinos – Wellen im Geistigen und Teilchen hier – tragen nicht nur die Selbst-Bewusstheit, sondern auch alle Informationen, die wir in verschiedenen Leben gesammelt haben?

ERIK: Bingo.

ICH: Wow. Das Neutrino ist also die Bluetooth-Technologie, die uns alle Informationen gibt, die wir brauchen, einschließlich unserer eigenen Bewusstheit von uns selbst.

[Erik nickt.]

ICH: Puh! Mein Kopf explodiert gleich. Okay. Dann kommt hier eine Frage von deinem Vater: »Wo im Körper wohnt die Seele, und welche Form hat sie? Sitzt sie im Kopf, im Herzen oder wo?« Ich nehme an, sie ist wahrscheinlich viel größer als der physische Körper.

ERIK: Du hast recht. Sie ist größer, da unsere Energie nicht auf das Ausmaß unseres Körpers begrenzt ist. Stell es dir wie einen Eiswürfel in Wasser vor. Gleicher Inhalt, nicht wahr? Aber das Eis ist fest, bevor es in Wasser und später in Dampf übergeht. Das Eis wäre hier also unser Körper. Der Großteil unserer Seele ist da drin und erstreckt sich durch jede Vene, jede Zelle, jede Fingerspitze. Sie ist nicht im Kopf konzentriert oder irgendwo hinter dem Herzen versteckt. Sie umfasst unseren ganzen Körper und durchdringt letztendlich sogar die Haut, verändert ihre Form ein wenig und erschafft das Energiefeld. Ihre Form variiert jedes Mal, wenn sie uns durchdringt – wie Wasserdampf –, und hat so ein anderes Energiefeld.

ICH: Cool. Papa wollte auch, dass ich dir diese Frage stelle, und die finde ich richtig süß: »Wenn du dir völlig unerwartet die Hand abhackst, was passiert dann mit dem Teil der Seele, der in der Hand war?«

ERIK (schmunzelnd): Die existiert immer noch in der Form der Hand. Sie bewegt sich immer noch, wie die Hand sich bewegen würde, ist immer noch mit dem Gehirn verdrahtet, empfängt seine Signale und verhält sich dementsprechend.

ICH: Oh, deswegen kann man Phantomschmerzen in den Gliedmaßen haben, schätze ich!

ERIK: Absolut! Du hast es erfasst!

Tiere, Pflanzen, Minerale

ICH: Ich schätze, alles hat eine Form von Bewusstsein, oder? Selbst Tiere, Pflanzen und unbelebte Objekte?

JAMIE: Erik streckt die Hände und sagt: »Hallooooo, ich weiß! Die Leute vergessen zu fragen, was mit Pflanzenseelen passiert.«

ICH (schmunzelnd): He, was ist mit meiner schönen *Bougainvillea* passiert, die letztes Jahr im Frost gestorben ist? Ich will es wissen! Die hatte ich 20 Jahre!

JAMIE: Oh, die Arme.

ICH: Ich weiß. Dann zeigt also alles eine Art von Bewusstsein? Auch ein Stein? Besitzen Steine irgendeine Form von primitivem Bewusstsein?

ERIK: Nun, ja, aber … Was hat Bewusstsein? So lautet, glaube ich, deine Frage, das würde nur Lebewesen umfassen, die eine komplexere Lebensenergie produzieren können, die Nahrung brauchen, sich vermehren und wachsen. Dann haben sie eine Seele. Steine und ähnliche Dinge besitzen nur ein primitives, ihrer selbst nicht bewusstes Bewusstsein. Mama, es gibt so viele verschiedene Arten von Lebenskraft auf der Erde, aber wir haben lange so getan, als seien wir die Einzigen, die darüber verfügten.

ICH: Menschen können so ungehobelt sein!

ERIK: Ich weiß!

[Jamie hört Erik zu, der so schnell drauflosredet, dass sie mit dem Übersetzen gar nicht nachkommt. Später fasst sie zusammen, woran sie sich erinnert.]

JAMIE: Er spricht über diese Vögel, die Beerdigungen haben. Ich kann ihm nicht folgen, er spricht so schnell! Er spricht über Spatzen und Krähen und Amseln, die Zweige bringen und weinen und die Zweige über ihren toten gefiederten Freund legen.

ERIK: Das passiert seit Jahrhunderten, das ist nicht neu. Nur sehen wir das endlich. Ich glaube, die Menschen denken, sie hätten sich alle neuen Entdeckungen bereits erschlossen, oder? Sie haben allem einen Namen gegeben. Sie haben alles protokolliert. Und jetzt können sie mit ihren eigenen Augen die Spiritualität sehen, die in allem liegt, was sie benannt haben.

ICH: Wie funktioniert das Bewusstsein von Steinen und Pflanzen und Tieren im Vergleich zum menschlichen Bewusstsein? Kannst du das näher beschreiben?

ERIK: Nun, Steine unterscheiden sich von Pflanzen und Tieren.

ICH: Okay.

ERIK: Pflanzen und Tiere haben einen lebendigen Ursprung, stammen aus einer Lebensquelle, wie ich schon sagte. Sie bringen Lebenskraft hervor, Lebensenergie, ähm …

[Sehr lange Pause. Jamie summt in gespielter Ungeduld.]

ERIK: Beschreiben?

JAMIE: Ja, in Farbe oder Form oder so.

[Pause]

JAMIE (lacht laut): Beschreiben, Erik!

[Sehr lange Pause (Dies ist wohl eine harte Nuss.)]

JAMIE: Er sucht wirklich nach Worten. Er will zuerst über Felsen sprechen.

ERIK: Steine und Minerale – das ist Energie. Da gibt es nicht so viel, was man Bewusstsein nennen könnte, aber sie haben eine primitive und unbewusste Lebenskraft in sich. Ähm, Pflanzen und Tiere haben eine höher und komplexer schwingende Lebenskraft, die bewirkt, dass sie wachsen und sich bewegen.

ICH: Interessant!

ERIK: Wenn wir uns also die Energie [von Pflanzen und Tieren] anschauen, nehmen wir einen Impuls wahr. Zu ihrer Energie gehört die Bewegung an sich, im Unterschied zur Energie eines Steins, der sich nicht bewegt. Auch Steine besitzen ein bestimmtes Energiepotenzial.

ICH: Oh, okay.

ERIK: Aber so etwas wie Holz, das einst eine nachhaltige Lebenskraft war – bevor wir es gefällt und Möbel oder Ähnliches daraus gemacht haben –, beinhaltet alle Erinnerungen an die Zeit, als es noch am Leben war. Es enthält den Ursprung, die Quelle. Aber wie beim Sterben eines Menschen kommt die Bewegung zum Erliegen. Und die Holzenergie wird zu Energie, die nur »ist«. Also, ich denke, das ist der Hauptunterschied: ruhende Energie im Gegensatz zu Bewegungsenergie.

ICH: Wow, ich streichle meinen Schreibtisch. Oh, es tut mir so leid, dass du gefällt wurdest! Also Erik, ich glaube, Pflanzen haben Empfindungen, sensorische Empfindungen. Kennen sie auch Emotionen?

ERIK: Ja! Sie sind glücklich, sie fürchten sich, sie haben Angst. Sie spüren Schmerzen. Wenn sie beispielsweise mit Chemikalien in

Berührung kommen, ziehen sie sich zurück – ihre Energie zieht sich zurück. Sie kommunizieren miteinander über Bewegung und Wurzelsysteme.

ICH: Aha.

ERIK: Sie kämpfen sogar!

ICH: Wow! Und was ist mit dem Bewusstsein von Tieren im Vergleich zu demjenigen von Pflanzen?

ERIK: Die Energie von Tieren können wir eher mit unserer eigenen Energie gleichsetzen. Allerdings haben sie mehr, ähm …

[Lange Pause]

JAMIE (schmunzelt): Ja, gleich sitzt du in der Falle, Erik, denn jetzt musst du unsere beschreibenden Worte benutzen.

ICH: Ha!

JAMIE: Er sagt, er meine nicht, Pflanzen seien geringere Lebensformen als Menschen, aber ich denke, er kann es nur so ausdrücken, dass Tiere eher ein denkendes Bewusstsein haben, Problemlösungen zum Überleben kennen …

ERIK: Aber sieh mal, Pflanzen kennen das auch. Sie haben nur eine vollkommen andere Struktur.

ICH: Also, ist das Bewusstsein von Tieren nur komplexer, nicht unbedingt besser?

ERIK: Na, da haben wir's doch. Das gefällt mir.

ICH: Wie präzise vermagst du mit Tieren zu kommunizieren? Wie konkret kann eine Diskussion zwischen dir und einem Tier werden?

ERIK: Sie haben diese energetischen »Gedankenblasen«, mit denen ich verschmelzen oder die ich anzapfen kann, aber das gilt nicht nur für Tiere, auch Pflanzen haben Gedankenblasen. Wir [Menschen] haben nur nicht die Instrumente, um ihre Aktivität zu messen. Nun, es wurden einige Artikel über Tiere als spirituelle Wesen geschrieben – haben sie Überzeugungen? Ja, haben sie. Sie folgen dem gleichen Moralsystem …

JAMIE: »Moral«, Erik?

ERIK: Oh, »Moral«. Sie halten sich an das gleiche Moralsystem.

ICH: Also, wie genau kommunizierst du telepathisch mit Tieren?

ERIK: Wenn du kannst, stell dir vor, dass ein unsichtbarer Übersetzer zwischen dir und dem Hund sitzt. Du sagst etwas, es wird übersetzt und dann an den Hund geschickt. Das gleiche Gefühl hast du, wenn dich jemand anstarrt. Du weißt, wie sich das anfühlt, oder? Dann drehst du dich um und stellst fest, dass es so ist.

ICH: Ja, sicher. Kommt mir vor, als hätten wir bereits darüber gesprochen, aber ja, das passiert mir die ganze Zeit, wenn ich Auto fahre. Ich spüre, wie mich der Fahrer des Autos, das neben mir an der Ampel steht, anstarrt. Ich muss lustig aussehen.

ERIK: Auch das hat etwas mit Energieverschmelzung zu tun und mit einem Bewusstsein für alle Informationen in diesem Energiefeld. Ich glaube nicht, dass sich Menschen dessen heute noch bewusst sind. Das ist der Teil von uns, der wieder aktiviert werden muss. Mit deinem Hund dazusitzen, Gedanken zu senden und

Gefühle zu empfangen wird also irgendwann zu einer ganz gewöhnlichen Sache werden.

ICH: Gut! Also, unsere Gedanken werden übersetzt, gehen zu dem Tier und dann? Wie funktioniert das?

ERIK: Es findet eher eine Kommunikation über Emotionen statt. Wir verwenden vielleicht Worte, die in Gefühle übersetzt werden. Dann setzt der Hund sein Bellen, seinen Körperausdruck oder seine inneren Bilder ein, und das wird dann für uns in ein Gefühl übersetzt. Manche Menschen können das sehen und nachempfinden, was die Emotionen des Tiers bedeuten.

ICH: Wenn du über Emotionen kommunizierst, wie präzise können deine Diskussionen dann sein?

ERIK: Oh, sehr konkret. Du kannst über Gott und den Tod sprechen. Und er (der Hund) kann dir sagen, wie der Räuber aussah, als er in das Haus eingebrochen ist.

ICH: Oh, wow!

ERIK: Ja, Mensch, sie (Tiere) können sehr nützliche Lebensbegleiter sein. Ich weiß also gar nicht, warum Leute sie derart ignorieren.

ICH: Ach, das ist eine Schande. Was sagen Tiere über Menschen? Junge, Junge, diese Antwort wird nicht schön ausfallen, oder?

ERIK: Die Tiere sehen uns komplett als »Beherrscher« der Welt. Sie erkennen das an, betrachten uns aber mehr als individuelle Maschinen denn als emotional verbundene Wesen. Sie sind mehr mit dem kollektiven Bewusstsein verbunden, sind uns also einen Schritt voraus.

ICH: Oh, darauf wette ich. Sie scheinen spiritueller zu sein und können so bedingungslos lieben.

ERIK: Ja, weil ihre Strukturen anders beschaffen sind, Mama. Sie kennen die Anforderungen und Belastungen nicht, die wir Menschen uns selbst geschaffen haben. Ich meine, wir Menschen bereiten den Tieren Ungemach, aber Tiere erzeugen keine Strapazen für sich selbst, so viel ist sicher. Wir haben dieses Hamsterrad ganz allein in Gang gesetzt. Wir könnten auch aussteigen, aber die Menschen haben zu viel Angst, ohne Netz zu springen oder in ein anderes Land zu ziehen – im Grunde vor jeder radikalen Veränderung. Menschen haben das Gefühl, nicht überleben zu können, weil sie eben so programmiert sind.

ICH: Gibt es noch etwas, das uns Tiere wissen lassen möchten?

ERIK: Tiere können unsere negative Energie absorbieren. Wenn unser Haustier also krank ist, sollten wir sofort mit dem Finger auf uns selbst zeigen.

ICH: Oh, verstehe. Das verstehe ich gut.

ERIK: Und Mama, Tiere können körperlose Seelen, »Geistführer« und Ähnliches wahrnehmen, und sie sehen sie dreidimensional, genauso wie Tiere Geistwesen sehen, weil sie so offen sind. Ihr Gehirn funktioniert nicht so wie unseres. Den Teil des Gehirns, der negativ, pessimistisch oder analytisch sein kann, besitzen sie nicht. Sie können nicht selbstkritisch gegenüber sich selbst sein.

ICH: Ja, manchmal nervt es, ein Mensch zu sein.

ERIK: Sie machen sich keine Sorgen, sind nicht deprimiert und …

ICH: Sie sind nämlich nicht hier, um die menschliche Erfahrung der spirituellen Weiterentwicklung zu machen wie wir, oder?

ERIK: Richtig. Sie sind nicht hier, um ihre Themen zu bearbeiten. Also den Teil des Gehirns, der Menschen so oft scheitern lässt, den haben Tiere nicht. Und sie wachsen nicht in Religionen auf, in denen die geistige Welt abgewertet oder kritisiert wird. Fast so wie bei ganz kleinen Kindern. Ihnen wurde auch noch kein starres Glaubenssystem anerzogen. Kleine Kinder können sowohl mit Tieren als auch mit Geistwesen telepathisch kommunizieren.

ICH: Das wusste ich nicht!

ERIK: Und Tiere können dich in Träumen besuchen, wenn du schläfst, indem sie ihre elektrische Energie in dein Bewusstseinsfeld bewegen oder sie damit verbinden. Manchmal bekommst du nachts im Schlaf mehr visuellen Input von Geistwesen, als wenn du wach bist.

ICH: Sehr cool! Viele Blogmitglieder wollen wissen, warum Tieren so viel Leid und horrende Grausamkeit zugefügt werden. Welchen Sinn hat das? Warum müssen sie solche Schmerzen ertragen?

ERIK: Nun, es gibt verschiedene Gründe dafür, dass Tiere auf die irdische Ebene zurückkehren, Mama. Einige gehen vor allem dorthin, um unsere Familienmitglieder zu sein, als Haustiere …

ICH: Ich bin nicht so scharf darauf, sie »Haustiere« zu nennen. Ich sage lieber »Familienmitglieder« oder »tierische Begleiter«.

ERIK (in gespielter Verärgerung über die Unterbrechung): Ähm.

ERIK: Diejenigen, die ausgewählt wurden, um als tierische Begleiter bei uns zu sein, werden uns zugewiesen. Ihre Seelen werden uns genauso zugeordnet wie Schutzengelseelen.

ICH: Wie cool!

ERIK: Also, sie kommen in einer Lebenszeit manchmal zwei, drei, vier Mal in verschiedenen Tierkörpern zu uns. Sie sterben, kehren hierher in den Himmel zurück und warten und warten [und warten] auf uns, bis sie wieder den Körper eines anderen Tieres annehmen. Und dann geht ihre Seele in diesen Körper ein. Viele der Tiere, mit denen wir auf der irdischen Ebene interagieren, sind uns aus vielen, vielen vergangenen Leben bekannt. Manchmal sind sie ein Falke, ein Pferd oder vielleicht ein Krokodil, eine große Schlange, ein Hund oder eine Katze. Sie können im Körper irgendeines Tieres erscheinen. Auch beispielsweise als Delfin.

ICH: Das ist so erstaunlich, Erik!

ERIK: Sie vertrauen darauf, dass wir sie gut behandeln werden, aber sie verstehen auch, dass das vielleicht nicht geschieht. Oh, und manchmal kommen Tierseelen zu Menschen, von denen sie wissen, dass sie sie misshandeln werden, genau wie wir uns entscheiden, Beziehungen mit Menschen einzugehen, von denen wir wissen, dass sie uns missbrauchen werden – um daraus zu lernen.

ICH: Warum? Warum entscheiden sich Tiere dafür?

ERIK: Nun, das Tier trifft diese Wahl nicht, um etwas zu lernen. Menschen treffen solche Entscheidungen, um entweder zu lernen, zu lehren oder beides. Tiere entscheiden sich dafür, mit Menschen zusammen zu sein, die sie missbrauchen, um ihnen ein Lehrer zu sein, sie zu pflegen, zu lieben, zu unterstützen, zu fördern oder einfach nur zum Lachen zu bringen.

ICH: Wir wissen also etwas über die Seelen von Tiergefährten, aber wie verhält es sich mit Tieren, die zu Nahrung, zu Pelzmänteln oder Ähnlichem verarbeitet werden? Und was ist mit den Tieren, die in freier Wildbahn leben?

ERIK: Die Tiere, die in der Wildnis leben, kommen nur auf die irdische Ebene, um ihre Zeit dort zu genießen. Nicht, um etwas zu lernen, das sie sich gegenseitig beibringen könnten, lediglich um zu genießen.

ICH: Und die Tiere, die wir zu Fleisch oder Kleidung verarbeiten?

ERIK: Diese besonderen Seelen kommen genau dafür auf die irdische Ebene, und bevor sie geschlachtet werden, springt ihre Seele aus dem Körper und kehrt zurück auf die himmlische Ebene. Sie verlassen ihre Körper wirklich ganz leicht, weil sie kein Muster dafür haben, den Tod zu erleben. Manchmal wollen wir einen schmerzhaften Tod erleben, aber für sie gilt das nicht.

ICH: Oh, da bin ich aber erleichtert.

ERIK: Manchmal kommen Tierseelen auf die irdische Ebene, um den Menschen zu Diensten zu sein.

ICH: In einer Art gegenseitigem Einvernehmen?

ERIK: Ja.

ICH: Aber warum behandeln wir sie nicht mit mehr Respekt? Sind wir einfach noch nicht weit genug entwickelt?

ERIK: Ja, Mama. Auf der irdischen Ebene gibt es immer noch Leute, die ihre eigenen Kinder missbrauchen! Auf der irdischen Ebene wirst du immer Leute haben, die hohle Nüsse sind.

[Jamie und ich lachen.]

JAMIE: Das zeichnet ein anderes Bild.

ERIK: Nun, ich dachte, du hättest gern eine erfrischende Abwechslung zum »Arschloch-Image«.

[Wir alle lachen.]

ERIK: Viele Menschen sind sehr arrogant. Sie glauben, das menschliche Leben sei anderen Lebensformen überlegen. Aber es finden sich auch immer Leute, die das Leben respektieren, sei es das eines Säugetieres, einer Pflanze, eines Käfers oder eines anderen menschlichen Wesens. Sie respektieren das Leben an sich. Wenn Menschen das Revier eines Tieres verletzen, kann es sein, dass sie Verletzungen davontragen. Vielleicht sticht sie eine Wespe, oder ein Alligator beißt oder frisst sie. Das hat nichts mit Respektlosigkeit zu tun, sondern ist eine Frage des Überlebens. Wenn Tiermissbrauch über das einfache Schlachten von Tieren für ihr Fleisch oder ihr Fell hinausgeht, etwa in grausamen Tierversuchen oder anderen Aktionen, die massenhaftes Leid verursachen …

ICH: Ja?

ERIK: Dann geht es fast immer darum, das Bewusstsein zu erweitern – und der Menschheit eine Lektion in gegenseitigem Respekt, Demut und bedingungsloser Liebe zu erteilen. Diese Lektion ist in der Regel eine gemeinsame Anstrengung von Menschen- und Tierseelen. Sie arbeiten zusammen, um diese Gräueltaten als Lektion für das kollektive Bewusstsein zu manifestieren.

ICH (im Scherz): Gräueltaten? Ganz großes Wort für einen kleinen Jungen!

ERIK: Hey, mein Wortschatz wird immer umfangreicher. Nachdem ich erst mal die meisten Schimpfwörter weggelassen habe, brauchte ich etwas anderes, um die Leere zu füllen.

ICH: Wow, dann hast du ja bestimmt ein enormes Verständnis der Sprache!

[Erik und ich lachen.]

ERIK: Das große menschliche Ego, die fehlende Verbindung zu allen Lebewesen und der mangelnde Respekt für sie – das zusammengenommen steckt tatsächlich hinter all der Grausamkeit gegenüber Tieren und allen lebenden Wesen. Werden wir mal wirklich fachspezifisch. Pflanzen sind lebende Wesen. Nimm dir mal einen Moment Zeit, um über die Bäume im Amazonas-Regenwald nachzudenken.

ICH: Ja.

JAMIE: Oh, er ist gerade ziemlich rauflustig!

ERIK (traurig): Mama, du solltest die Gefühle sehen … oh!

ICH: Wie schrecklich.

JAMIE: Oh, das hat mir gerade den Magen umgedreht.

ERIK: Du solltest sehen, was das für ein Gefühl ist, wenn die Bäume gefällt, zersägt und verbrannt werden. Das sind Schreie, die ihr nicht hört.

ICH: Oh, da bin ich sicher.

ERIK: Das alles kommt von diesem Ort [dem Amazonas].

ICH: Wie schrecklich, Erik. Manchmal schäme ich mich, ein Mensch zu sein. Und das alles geschieht, damit wir Möbel aus exotischem Holz und solche Sachen haben können.

ERIK: Ja, und Land – Weideland für Kühe. Das muss aufhören. Gleichzeitig ist der, den viele Menschen Gott nennen, kein Gott, der verurteilt. Wir verurteilen nur uns selbst. Und daher solltest du nie etwas tun, das sich für dich nicht richtig anfühlt, etwa Tiere essen oder Bäume fällen. Setze dich nie über dein eigenes Urteil hinweg.

ICH: Okay, grundsätzlich gilt also: Wenn sich etwas für dich nicht richtig anfühlt, dann tu es nicht!

ERIK: Richtig, so wirkt Gott durch uns.

ICH: Gibt es irgendeine Art von Seelenvertrag zwischen den Tieren und uns, wenn wir sie essen?

ERIK: Es gehört zum Lebenszyklus. Dabei ist es nicht unrechtmäßig, Tiere zu essen, aber dies sollte mit dem entsprechenden Bewusstsein geschehen. Tiere sollten nicht en masse in Fabriken geschlachtet und verarbeitet werden. Es geht um Respekt und Mitgefühl für alle Lebewesen.

ICH: Ich mag solche Fragen. Was passiert, wenn die Tiere Winterschlaf halten? Was geschieht mit ihrer Seele? Oder mit den Pflanzen? Wie verhält sich ihre Seele, wenn sie im Winter sterben und bevor sie im Frühjahr wieder zurückkehren? Gehen ihre Seelen auf eine Reise um die ganze Welt oder durchs Universum? Machen sie eine kleine Pause oder ein bisschen Urlaub?

ERIK: Nun, das Absterben von Pflanzen und der Winterschlaf von Tieren – das ist das Gleiche. Sie ziehen sich für einen Moment der Ruhe tief in sich selbst zurück. Pflanzen ziehen sich in ihre Wurzeln zurück oder in den Kern ihrer Äste, aber die Seele verlässt die Pflanze oder das Tier im Winterschlaf nicht. Es ähnelt einem erweiterten Traumzustand.

Diese Einsichten, die Erik mir da vermittelte, haben meinen Horizont erweitert. Durch das Wissen, dass es keine Hierarchie der Lebenskräfte gibt und dass auch unbelebte Dinge eine Form von Bewusstsein haben, fühle ich mich viel mehr mit meiner Umgebung und mit dem Leben verbunden. Ein Verständnis für die Struktur des Bewusstseins gewährt mir auch eine erweiterte Einsicht, was mich selbst betrifft. Ich bin mehr als nur mein Körper und mein Gehirn, aber sie alle sind eng miteinander verwoben und definieren letztlich, wer ich bin.

11. ZEIT UND RAUM

Im Folgenden nimmt Erik uns mit auf eine großartige Reise über die Bedeutung und das Wesen von Zeit und Raum. Was er uns mitteilt, stimmt in geradezu unheimlicher Weise mit dem überein, was weltbekannte Physiker überall auf der Welt herausgefunden haben. Es gab Zeiten, in denen ich mich mit diesen Theorien äußerst schwergetan habe, wahrscheinlich auch, weil es so unendlich kompliziert ist, nichtlineare Denkansätze mit den Mitteln der Sprache zu beschreiben.

Wie sich Zeit generiert

ICH: Was hat es mit der Zeit dort drüben auf sich, Erik?

ERIK: Überhaupt nichts. Es gibt hier nichts dergleichen. Die einzige Art und Weise, wie ich mit der Zeit in Verbindung stehe, ist …, indem ich daran erinnert werde, sobald ich bei euch auf der irdischen Ebene weile. Weil es hier drüben weder Hungergefühl noch Schlafbedürfnis gibt, stellt sich die Zeit mehr wie ein ununterbrochener Kreislauf dar als ein linearer Zeitfaden, an dem man entlanggeht und sagt: »Oh, ich habe Hunger, es ist Mittagszeit« oder: »Oh, ich habe schon wieder Hunger, Zeit fürs

Abendessen« oder: »Oh, ich bin müde, es muss Schlafenszeit sein«. Ich denke, wir [als Menschen] müssen dieses Konstrukt [der Zeit] oder diese Einschränkungen haben, damit wir mit solchen Dingen auf der irdischen Ebene klarkommen. Die Zeit hilft uns, Zustandsänderungen, Sequenzen, Ursache und Wirkung und andere zeitbezogene Dinge, die ein notwendiger Teil der menschlichen Erfahrung sind, in Begriffe zu fassen.

[Bin ich stolz auf mein kleines Genie!]

ICH: Nun, wie nimmst du die Zeit wahr, und wie passt das in unsere Auffassung von Zeit, in unser Konstrukt? Wie ist es mit vergangenen und zukünftigen Leben in Einklang zu bringen?

JAMIE: Er zieht etwas heraus – es sieht aus wie ein Slinky [Spielzeug aus einer Metall- bzw. Kunststoffschraubenfeder] –, er dehnt es und lässt es wieder in sich zusammensinken, dehnt es und lässt es zusammensinken ...

ICH: Cool!

[Lange Pause, während Jamie zuhört.]

JAMIE (kichert): Er leiert alles Mögliche herunter! Mensch, Erik, laaaangsaaamer! Sprich bitte langsam, weil das hier meine grauen Zellen zu sehr strapaziert.

ERIK: Alles klar. Als ...

[Pause]

JAMIE: Einfach, Erik! Einfacher!

[Pause]

JAMIE (schmunzelnd): Er lacht mich aus! Nein, nein, nein, Erik. Wenn es einfach ist, kann man leichter darüber schreiben. Du kannst ja komplizierter werden, wenn wir erst mal drin sind.

ICH: Ja, bitte. Schraub das Niveau für uns herunter.

ERIK: In jeder Dimension gibt es verschiedene Zeitmessungen. Beginnen wir damit.

ICH: Okay.

ERIK: Als Menschen lernen wir die Zeit in einem linearen Muster kennen. Nehmen wir unsere Sprache. Aufgrund der menschlichen Sprachstruktur sind Aneinanderreihungen möglich. Dadurch können wir Ereignisse und Aktionen der Reihe nach anordnen. In dieser sequenziellen Sprache sind gegenwärtige mit vergangenen und zukünftigen Momenten umgeben. Es ist also eine vom Menschen konstruierte Sache. Denk mal an die Zeiten, die wir verwenden: Vergangenheit, Gegenwart, Zukunft.

JAMIE: Was ist das, Erik? Er sagt: »A zu B, tick, tack, tick, tack«, und er tut so, als sei seine Hand eine Uhr.

ERIK: Ihr Menschen geht nicht rückwärts. Ihr geht nur nach vorn und nur in einer bestimmten Geschwindigkeit. Nun, in der Dimension, in der wir als Menschen ansässig sind, gibt es aber auch einen Messwert, der nicht berücksichtigt wird und uns alle betrifft: Die Zeit beschleunigt und verlangsamt sich. Ähnlich wie beim Atmen. Du kannst tief einatmen, den Atem anhalten und so deine Herzfrequenz verlangsamen, oder du atmest schnell und flach und treibst so deine Herzfrequenz hoch. Dies geschieht beispielsweise, wenn wir im Auto sitzen und wissen, dass wir spät dran sind, aber nicht beschleunigen – und trotzdem kommen wir rechtzeitig an, vielleicht sogar ein wenig zu früh. Und dann fragen

wir uns, wie das geschehen konnte!
ICH: Ah!

ERIK: Obwohl du immer bei Rot an der Ampel und bei den Stoppschildern brav angehalten und Leute über den Zebrastreifen rübergelassen hast – warst du dennoch rechtzeitig am Ziel.

ICH: Ja. Das ist mir schon oft passiert.

ERIK: Und es gibt diejenigen, die glauben, ganz viel Zeit zu haben. Sie sammeln ihre Sachen zusammen, und das hätte nur eine Minute dauern sollen, aber plötzlich sind zehn Minuten um. Die Zeit hat sich beschleunigt.

ICH: Oder du arbeitest an einem Projekt und bist wirklich »im Fluss«, ganz und gar darin versunken … Dann schaust du auf die Uhr, und was dir wie eine Stunde vorkam, waren am Ende drei.

ERIK: Ja. »Im Fluss«. Darüber sprechen wir noch, denn es ist ein emotionaler Zustand.

JAMIE: Er zeigt mit dem Finger, als wolle er sagen: »Ich spreche über einen wichtigen Punkt.«

ICH: Oh, dann passen wir besser mal auf!

JAMIE (kichernd): Sein Finger ist unterwegs.

ERIK: Es handelt sich um einen emotionalen Zustand. Bei Freude – nicht Glück –, was denkst du, wird die Zeit da beschleunigt oder verlangsamt?

ICH: Verlangsamt? Oh, Mist, ich weiß es nicht. Es hängt wahrscheinlich davon ab, auf welcher Seite der Zeit man sich befindet. Es hängt vom eigenen Bezugspunkt ab. Ich bin so verwirrt!

ERIK: Das ist wahr. Wenn man sich freut, bedeutet das meistens Expansion. Und in dieser Expansion ist die Zeit trügerisch, schwer fassbar – aber sie beschleunigt sich.

ICH: Oh, sie beschleunigt sich! Sobald du draußen bist, siehst du, dass sich die Zeit beschleunigt hat. Während du drin bist, erscheint sie …

ERIK: Expansiv, riesig.

ICH: Und dann, wenn es vorbei ist, denkst du: »Wow, wo ist die Zeit geblieben?«

ERIK: Ja, und denk mal an deine Hochzeit, Mama: Du heiratest [in der Kirche], schreitest den Mittelgang hinunter, alles scheint überlebensgroß. Und dann, wenn die Nacht vorüber ist, fühlt es sich an, als seien es nur dreißig Minuten gewesen.

ICH: Ja. Okay.

ERIK: Jetzt denke an die Trauer – den traurigen Geisteszustand.

ICH: Oh, Gott. Die Zeit dauert ewig.

ERIK: Ewig, für immer. Man ist wirklich eingeschränkt. Es ist, als schaue man direkt nach unten, nur auf die eigenen Füße. Und die Zeit vergeht ganz langsam.

ICH: Das ist also das Slinky? Willst du damit sagen, wenn man eine Ameise ist, die auf diesem Slinky krabbelt, während es auseinandergezogen ist, dann erscheint einem die Strecke von einem Ende zum anderen länger, aber da das Slinky nicht wirklich länger geworden ist, ist auch die Strecke nicht wirklich länger? Und das Gegenteil ist der Fall, wenn die Ameise auf dem komprimierten Slinky krabbelt?

ERIK: Ja! Auf diese Weise beeinflusst dein emotionaler Zustand die Zeit – das menschliche Konstrukt der Zeit. Die Sprache verleiht ihm sozusagen einen Rahmen, und die Emotionen können ihn erweitern oder zusammenziehen.

ICH: Faszinierend.

ERIK: Mama, ist dir schon mal aufgefallen, wie schnell Menschen altern, wenn sie trauern, Probleme haben oder Herausforderungen meistern müssen?

ICH: Ja, weil ich im vergangenen Jahr selbst um zehn Jahre gealtert bin. Und schau dir mal sämtliche Präsidenten an, wie schnell die grau werden.

ERIK: Aber wenn die Menschen fröhlich sind, bleibt ihr Körper jugendlich.

ICH: Ja.

ERIK: Das ist Zeit. Eine Art der Zeitmessung.

ICH: Wow, interessant!

ERIK: Also, in der irdischen Dimension ist Zeit eine Funktion von Sprache, Bewegung und Gefühl. Bewegung und Sprache bringen deine Wahrnehmung der Zeit hervor, und das Gefühl erweitert oder verkürzt sie. Zeit existiert nur im Bewusstsein. Außerhalb des Bewusstseins ist sie nicht [existent].

ICH: Oh. Das gibt mir ordentlich was zu denken, Erik!

ERIK: Wenn du nun über die Dimension hinausgehst, in der du lebst – ah, okay, auf der Erde, wirst du feststellen, dass die Zeit sehr unterschiedlich sein kann. Sie kann – ich bitte um Verständnis – eine Vorder- und eine Rückseite aufweisen. Die Vorderseite ist vielleicht das, worauf du dich konzentrierst. Du konzentrierst dich darauf, du erzeugst sie. Du konzentrierst dich auf Expansion – das kannst du machen. Die Rückseite ist da, wenn du nicht fokussiert bist, wenn keine Messung stattfindet. Zeit kann sein, wie sie ist. Dann geschieht alles gleichzeitig.

JAMIE: Oh! Ich streite nur ein bisschen mit ihm, denn er sagt: Soweit wir die Richtigkeit der Gegebenheiten verstehen können, bedeutet Zeit, dass alles auf einmal stattfindet. Es gibt keine Zukunft, keine Vergangenheit. Es gibt einfach nur das, was »ist«, und genauso stellt sich die Zeit dort in Eriks Dimension dar.

ICH: Okay.

JAMIE: Also, meine Frage an ihn war: »Willst du mir wirklich sagen, dass auch etwas Größeres, wie etwa der Zyklus der Erde – die Erde wird erschaffen, wir leben auf ihr, sie wird wieder zerstört –, dass all das gleichzeitig geschieht?«

[Pause]

JAMIE: Er schaut mich an und lacht und sagt: »Yep.«

ICH: Ich nehme also an, dass wir unser gegenwärtiges Leben und unsere vergangenen und zukünftigen Leben gleichzeitig führen, richtig?

ERIK: Ja, ja!

ICH: Okay. Also, wenn Leute dort drüben wiedergeboren werden, sind sie dann immer noch dort im Himmel und führen dieses neue Leben?

ERIK: Ja, ja, Mama. Genau.

ICH: Das ist so interessant. Also, in welcher Form erscheint die Zeit dort drüben? Nur als ein Punkt? Als eine Bahn, als eine Schleife? Ich spreche über die ganze Bandbreite von Vergangenheit, Gegenwart und Zukunft.

ERIK: Ich verstehe, was du sagst. Wenn du ein Bild brauchst, nimm ein Netz und setze ein paar Wellen so hinein, dass sich alle Linien schneiden. Auf diese Weise kannst du an jeden beliebigen Ort reisen, in jede Dimension, in jede Zukunft oder Vergangenheit oder in die Gegenwart. Es ist alles ein einziger Momentpunkt. Es passiert alles auf einmal.

ICH: Okay. Und was hat es mit diesen Schnittpunkten auf sich?

ERIK: Leben. Schnittpunkte von Leben. Wir müssen in diesem Zusammenhang von früheren Leben sprechen, weil für [uns als] Menschen die Zeit linear ist und man nicht an die Zukunft glaubt, bevor man sie betreten hat. Daher sprechen wir nicht einmal über zukünftige Leben; das klingt wie Science-Fiction. Aber bald wird der Begriff »zukünftiges Leben« genauso gängig sein wie der Begriff »früheres Leben«. Was, glaubst du, hat Leonardo da Vinci angezapft?

ICH: Hm!

ERIK: Schau dir seine Skizzen und Konstruktionen an und du siehst, dass er ganz klar durch die Zeit und die Dimensionen gereist ist und dann aufzeichnete, was er erlebt hat.

JAMIE (in gespielter Frustration wie eine strenge Lehrerin, die sich über einen renitenten Schüler aufregt): Erik! ERIK! Langsam!

ERIK: Du kannst auch vergangene, gegenwärtige und zukünftige Leben so betrachten. Denk an ein Wagenrad. Deine Seele ist die Nabe und jedes Leben, das du lebst, ist eine Speiche. Die Leben ziehen sich zurück in die Nabe, wenn du stirbst – wenn dieses Stück von dir resorbiert wird –, und es dehnt sich an den Speichen entlang aus, wenn du geboren wirst und dein Leben lebst. Und das Rad rollt durch den Schlamm und zieht so eine Spur. Diese Spur ist deine Wahrnehmung von Zeit. Alle deine Leben laufen gleichzeitig ab, aber dir kommt es so vor, als bewegten sie sich linear voran.

ICH: Das ist so cool, Erik. Du bist so gut darin, Dinge mithilfe von Analogien zu vereinfachen. Ich habe noch ein paar Fragen zu der Vorstellung von Zeit. Weißt du, kaum stellen wir eine Frage, kommen gleich drei oder vier weitere auf. Hier sind ein paar: Existiert die Zeit nur als Funktion von Bewegung? Wird sie erst durch Bewegung geschaffen? Wenn also alles im Universum gestoppt und wieder neu gestartet würde, gäbe es gar keine Möglichkeit festzustellen, wie lange dieser Stopp gedauert hat, nicht wahr? Mit anderen Worten: Zeit existiert nur als eine Funktion der Bewegungsenergie, oder?

ERIK: Ja.

ICH: Noch etwas darüber?

ERIK: Nein, nur dass die Zeit ein menschliches Konstrukt ist, das von der Bewegung einer Reihe von Schöpfungen erzeugt wird. Ein Moment wird erzeugt, dann noch einer, dann noch einer, und das Bewusstsein – die Energie, die Bewusstsein ist –, bewegt sich von einem Schöpfungsmoment zum nächsten. So entsteht die Illusion von Zeit.

ICH: Also, wenn du uns anschaust, sehen wir dann aus, als bewegten wir uns in Zeitlupe oder scheinen wir in der Zeit eingefroren zu sein? Und wenn wir dich sehen, scheinst du dich dann schneller zu bewegen? Ich versuche nur, ein Verständnis für die Sichtweise von beiden Seiten des Schleiers aus zu bekommen.

ERIK: Wenn wir mit den Menschen kommunizieren, begeben wir uns auf ihre Ebene, in ihr Reich.

ICH: Okay.

ERIK: Ja, wir können uns mit Lichtgeschwindigkeit bewegen, wir können an der Haustür sein, und dann drehst du dich um, und wir sind vielleicht an der Hintertür.

ICH: Okay. Wow. Also, wenn du uns betrachtest, sehen wir dann aus, als bewegten wir uns richtig, richtig laaangsam, während du dich schneller bewegst?

ERIK: Wir können euch so betrachten.

JAMIE: Er lacht!

ERIK: Das tue ich aber normalerweise nicht so gern. Es ist nämlich nicht schön.

ICH: Oh Gott, darauf wette ich!

ERIK: Aber es macht Spaß, Sportveranstaltungen so zu beobachten. Da braucht man keine Zeitlupenkamera.

ICH (schmunzelnd): Nun, ja, richtig. Du kannst uns also so anschauen, wie du uns gesehen hast, als du noch am Leben warst?

ERIK: Ja, genau so. Wir können euch allerdings so sehen, wie wir möchten – in welcher Geschwindigkeit wir wollen –, aber in der Regel bevorzugen wir die irdische Zeitgeschwindigkeit.

ICH: Okay, Erik, du sagst, du lernst – lernst neue Dinge – aber das ist irgendwie eine lineare Aktion, oder? Zuerst kennst du Information A nicht und dann schon.

ERIK: Ja.

ICH: Wie funktioniert das an einem Ort ohne Zeit?

ERIK: Als würdest du dir die Zeit nehmen, um mit einem Erlebnis zu verschmelzen. Dann verstehst du es und lernst etwas darüber. Aber es ist nicht so, als würdest du dich mit einem Buch hinsetzen und eine Seite nach der anderen umblättern.

ICH: Aber wenn du lernst, bedeutet das doch, dass du etwas vorher nicht wusstest, und wenn du »davor« und »danach« hast, dann heißt das doch, dass es eine zeitliche Abfolge geben muss.

ERIK: Nun, geh mal nicht von der Vorstellung aus, dass Lernen bedeutet, eine neue Erfahrung zu machen. Wenn du dir vorstellst …

JAMIE (schmunzelnd über das, was er sagt): Clever!

ERIK: … du stapelst ein paar Teller, dann ist der oberste der, den du am besten siehst, mit dem du interagierst. Er ist der, den du am häufigsten benutzt. Lernen bedeutet für uns, dass wir bereits alle Teller kennen, aber wir nehmen den von ganz unten und legen ihn nach ganz oben. So kannst du das anzapfen, was du wissen willst, und es an die Oberfläche bringen. Und irgendwann wird vielleicht der zweite Teller im Stapel dran sein. Dann wandert er auf den dritten Platz im Stapel. Die Einfachheit kommt daher, dass man sich auf den obersten Teller der erinnerten Information konzentriert.

ICH: Oh, super!

ERIK: Wir bringen die Information nur näher. Erinnern sie. Bringen sie mehr an die Oberfläche.

ICH: Eine fantastische Art, es zu erklären!

ERIK: Ja, so kann man die Zeit als einen vertikalen Tellerstapel betrachten. Alle Teller stehen auf einem Punkt und nicht in einer horizontalen Linie, auf der man von einem zum nächsten springt – von der Vergangenheit in die Gegenwart und in die Zukunft. Bei dem vertikalen Tellerstapel muss man sich im Gegensatz zum horizontalen nicht in einer linearen Zeitabfolge bewegen.

ICH: Okay, hier habe ich eine weitere Frage, über die ich nachgedacht habe. Es muss für dich, Erik, eine große Herausforderung sein, mit uns zu kommunizieren, zu interagieren und uns zu beobachten, da wir linear orientiert sind und du nicht. Wie machst du das?

ERIK: Es ist eigentlich gar nicht so verwirrend!

ICH: Oh, ich bin verwirrt, deshalb frage ich!

ERIK: Stell dir mal eine Schildkröte als Haustier vor. [Jamie und ich lachen uns kaputt. Erik und seine Metaphern!]

ERIK: Du kannst sie irgendwo hinsetzen, weggehen und gefühlte 1000 Besorgungen machen – in dein Auto steigen, wegfahren, dich um andere Dinge kümmern, ins Kino gehen –, und wenn du wieder zurückkommst, hat sich deine Schildkröte nur ein ganz kleines bisschen fortbewegt.

ICH (kichernd): Oh nein! Wir sind deine Schildkröten!

ERIK: So ungefähr erscheint es, wenn man Menschen auf ihrem linearen Weg beobachtet.

JAMIE (laut lachend): Das ist genial, Erik!

ICH: Ja, das ist wirklich gut! Ich mag das! Erik, du bist so klug, Süßer. Du kannst sicher sein, dass unser Käfig gesäubert wird. Als ich klein war, hatte ich eine winzige Schildkröte als Haustier, und manchmal habe ich vergessen, ihr Schüsselchen zu reinigen. Das war nicht schön! Ich will gar nicht daran denken, dass sie vielleicht das erste Haustier ist, das mich grüßt, wenn ich sterbe – dieses schleimige grüne Ding, über und über mit Algen und schrecklich schmuddeligem Teichschaum behangen, das mich fragt: »Warum hast du mein Schüsselchen nicht sauber gemacht?«

[Erik lacht.]

ICH: Und Raum? Existiert so etwas wie Raum dort, wo du bist? Was ist Raum eigentlich? Nicht der Weltraum, weißt du, aber …

ERIK (lachend): Es gibt definitiv Raum. Wir haben den Weltraum, wir haben Raum …

ICH: Also, natürlich, Raum existiert. Ist Raum die Leinwand, auf die wir unsere Realitäten malen, oder …

ERIK: Er setzt sich bis in die Unendlichkeit fort.

ICH: Oh ja. Unendlich.

[Lange Pause]

ICH: Sonst noch was?

JAMIE (schmunzelnd): Er vermittelt mir ein Bild. Ich weiß gar nicht, wie ich es beschreiben soll! Es sieht aus wie ein viereckiger Kasten – ein Glaskasten. Er ist winzig klein und steht auf einem Regal in einem Raum mit einer ganzen Reihe von anderen Glaskästchen. Wenn man näher herangeht, sieht man, dass es Licht in der Box gibt.

ERIK: Wir haben uns selbst darauf abgerichtet zu denken, wir könnten unsere Existenz und das, was wir wissen, in ein Kästchen oder in eine Schublade stecken – damit es Parameter und Grenzen dafür gibt. Wenn Menschen also über den Raum und das »Raum-Zeit-Kontinuum« sprechen, zerbricht ihr Glaskasten, und das ist sehr unangenehm für sie.

ICH: Ja, das glaube ich gern.

ERIK: Und daher sagen die Leute eher: »Ach, das brauche ich hier nicht zu wissen.« Und weißt du was? Sie haben recht. Deshalb kommen wir auf die Erde. Wir kommen, um uns zu beschränken; wir kommen, um einfacher zu werden; wir kommen, um dieses »Glaskasten«-Bild zu erlangen. Wenn du also über das Wesen des Raums sprechen willst, sollten wir uns wirklich bemühen und uns fragen: »Was willst du präsentieren? Was versuchst du zu zeigen?« Ich denke, die beste Lektion ist diese: Es ist toll, ein bisschen engstirnig zu sein, solange wir als Menschen das können, denn das Leben ist kurz. Natürlich kannst du über die unendliche Natur des Raumes und eine weiter ausgedehnte Perspektive nachdenken, aber man kann das Leben nicht aus dieser Perspektive heraus führen, wenn das zur Folge hat, die eigenen spirituellen Verträge nicht zu erfüllen und die Lektionen nicht zu lernen, die man auf der irdischen Ebene eigentlich erfahren sollte. Du musst das Leben aus dem Blickwinkel eines menschlichen Wesens führen. Lass mich rekapitulieren. Du musst das Leben als ein spirituelles Wesen führen, das eine Erfahrung als Mensch macht, und nicht als ewiges Geistwesen, das »frei ist wie ein Vogel«. So lernst du rein gar nichts.

ICH: Ja, wir müssen uns auf die Lektionen konzentrieren, die zu lernen wir hier sind, indem wir die Dualität des irdischen Spielfeldes zu unserem Vorteil nutzen. Es fiele sehr schwer, diese Dualität – diesen Gegensatz – auszuhalten, wenn wir die umfassende Perspektive einer körperlosen Seele hätten, unsere unendlichen

Wirklichkeiten, Möglichkeiten, Dimensionen und verschiedenen Ichs.

JAMIE: Er streckt den Zeigefinger in die Luft.

ERIK: So ist es! Wir müssen uns auf einen engeren Blickwinkel konzentrieren, wenn wir im Physischen sind. Und was ist das Wichtigste, worauf wir uns dort konzentrieren müssen? Ehre. Das ist ein Prinzip der Liebe.

ICH: Ah!

ERIK: Offene Kommunikation zwischen einem menschlichen und einem anderen Wesen.

ICH: Ja.

ERIK: Und das bedeutet, Liebe gegenüber einer Pflanze, einem Baum, einem Insekt, einem Tier, gegenüber jedem lebenden Wesen zu empfinden.

ICH: Liebe zum Leben, Punkt. Ich meine, es gibt alle Arten von Liebe. Nun, wo wir auf dieser kleinen Bühne stehen und dieses kleine Schultheaterstück mit dem Titel »Menschliche Erfahrung« zur Aufführung bringen, sagst du, wir sollten uns auf das Spiel selbst konzentrieren und die Rollen, die wir darin spielen. Wir müssten die Dinge begrenzen und uns auf die anstehenden Aufgaben konzentrieren, oder?

ERIK: Ja. Das ist die einfache Herrlichkeit des Lebens.

ICH: Okay, also noch einmal zurück zu dem, was »Raum« dort ist, wo du jetzt bist. Ich weiß, es ist nicht genau dasselbe wie der Raum, in dem wir hier leben, im 3-D-Bereich, aber …

ERIK: Nun, dort [also hier bei uns] gibt es das auch. Es findet sich von beidem etwas, und ich weiß, das ist schwer zu verstehen. Viel davon besteht aus Licht und Energie, aber es gibt auch einen 3-D-Aspekt. Wir haben Häuser hier, wie du weißt, außerdem kennen wir Schönheit und Natur und so. Es ist wie die Liebe, und die hat ihre eigene Energie. Man fühlt sich, wie sich jemand im Weltraum fühlen würde. Es gibt keine Schwerkraft hier, und daher herrscht ein Gefühl der reinen Leichtigkeit – ohne jede Schwere. Und wenn du Engel anschaust, kannst du direkt durch sie hindurchsehen. Alles ist nur Licht, nur Licht.

[Die nächste Frage scheint das Thema ein wenig zu verlassen, aber eigentlich hat sie mit dem Wesen der Zeit zu tun.]

ICH: Wow, okay. Mal sehen … hier ist eine Frage, die ich dir schon früher auf anderem Wege gestellt habe, Erik, aber so viele Menschen haben diese Frage. Wie kommt es, dass wir manchmal unterschiedliche Antworten auf ein und dieselbe Frage von verschiedenen Medien bekommen oder sogar unterschiedliche Antworten auf dieselbe Frage von demselben Medium?

JAMIE: Unterschiedliche Antworten auf dieselbe Frage von ein und demselben Medium?

ICH: Du weißt schon, beispielsweise hast du eine Frage nach deinem Schicksal oder deinem letzten Leben. Und dann kann es sein, dass du unterschiedliche Antworten von verschiedenen Medien erhältst und manchmal sogar unterschiedliche Antworten von ein und demselben Medium in zwei verschiedenen Sitzungen.

ERIK: Du musst bedenken, dass wir nicht determiniert sind, Mama. Menschen sehen sich gern als festgelegt an, weil sie auf das Lineare fokussiert sind. Aber nein, wir verändern uns ständig. Dein eigener freier Wille – oder der freie Wille eines Fremden zweitausend Meilen weit weg – kann dich in eine ganz neue Richtung lenken.

ICH: Wir können also die Zukunft ändern. Können wir auch die Vergangenheit verändern?

ERIK: Ja. Und jedes Mal, wenn du ein anderes Medium fragst oder selbst wenn du zu ein und demselben gehst, ist es jeweils ein anderer Umstand.

ICH: Oh, okay!

ERIK: Die Antworten enthalten also Variablen [veränderliche Größen], selbst wenn Menschen auf der Erde gern glauben wollen, diese seien festgelegt oder endgültig.

ICH: Okay.

ERIK: Und manchmal kannst du zu irgendeinem Medium irgendwo hingehen und bekommst immer die gleiche Antwort!

ICH: Aha, weil sich deine Absicht auf diese mögliche Vergangenheit oder Zukunft richtet.

ERIK: Genau. Und da alle Medien Menschen sind und Menschen Filter haben, die durch ihren analytischen Verstand erzeugt werden, liegen sie manchmal falsch.

ICH: Und Jamie hat null Filter.

ERIK: So etwa! Außerdem lässt sie mich fluchen und so sein, wie ich bin. Das liebe ich an ihr.

Was habe ich über Eriks Einblicke in Zeit und Raum erfahren? Wir Menschen entwerfen Konstrukte für beides, um das Beste aus unseren Erfahrungen auf der Erde zu machen. Wir sollten uns auf jeden Satz, auf jede Seite im Buch des Lebens konzentrieren, statt uns auf die zahllosen Bücher in unserem Regal zu fixieren.

12. MATERIE UND REALITÄT

Während wir weiter die Geheimnisse erkunden, die das Leben und unsere Existenz bestimmen, tauchen wir in das Wesen der Wirklichkeit selbst ein. Man könnte sagen, dieser Wegpunkt ist in der Tat der Heilige Gral auf unserer Suche, weil die Materie, an die wir uns in unserer 3-D-Realität gewöhnt haben, möglicherweise nichts anderes ist als »gefrorenes Licht«. Und die Realität ist alles – umfasst alles, jedoch auf elegant einfache Weise.

Alles über Materie

ICH: Ich habe viel darüber gelesen, wie Materie entsteht, wie Realität erschaffen wird, und eine Reihe von Theorien zu diesem Thema habe ich mir ebenfalls angeeignet. Eine davon ist die Theorie von der Wellenstruktur der Materie, die etwas mit interagierenden sphärischen Wellen zu tun hat. Eine andere ist die sogenannte Vortextheorie, die davon ausgeht, dass Elektronen, Protonen und Neutronen Löcher im Raum sind, die durch Wirbel (Vortices) im 3-D- und 4-D-Raum miteinander verbunden werden. Argh! Das ist zu kompliziert, als dass ich es begreifen könnte. Wie viel Wahres ist dran an diesen beiden Theorien?

JAMIE: Wenn Sie von der Vortextheorie sprechen, schürzt Erik die Lippen, als wolle er pfeifen, macht aber nur ein prustendes Geräusch.

ICH: Okay.

ERIK: Das mache ich nur, um ein bisschen Wind unter deinen Rock zu pusten.

[Jamie und ich lachen.]

ERIK: Es ist eine geniale Idee, aber sie kann niemals bewiesen werden.

ICH: Oh, wirklich?

ERIK: Ja, und du wirst sehen, dass die Wissenschaft in den nächsten fünf oder sechs Jahren in der Lage sein wird, eine Menge von dem zu identifizieren, was wir erleben. Die Theorie von der Wellenstruktur der Materie hat mehr Gültigkeit, aber keine Theorie fängt das Gesamtbild exakt ein.

ICH: Ja.

ERIK: Mir kommt da ein Gedanke: Es geht vielleicht so wild durcheinander, weil die Menschen Wissenschaft »spielen« oder weil sie Dinge machen oder zusammensetzen und dann denken, sie hätten sie erschaffen!

ICH: Ja!

ERIK (mit gespielter Wichtigtuerei und pompöser Geste): MENSCH, der SCHÖPFER! Je länger ich dasitze und mir den Menschen als SCHÖPFER anschaue, desto mehr haut es mich um – weil ich [einst] dachte: »Ich kann das eine zerstören und das andere erschaffen.« Aber das ist absolut nicht wahr. Das ist ein Irrtum, der schlimmer ist, als eine rosarote Brille zu tragen. Menschen halten sich irgendwie für die Krone der Schöpfung, aber Energie kann weder erschaffen noch zerstört werden, erinnerst du dich?

ICH: Ja, Physik. Es sind also in Wirklichkeit unsere Wahrnehmungen, die erschaffen und zerstören.

ERIK: Du kannst auch deine Wahrnehmungen erschaffen und zerstören.

ICH: Ah!

ERIK: Die einzige Macht, die ihr als Menschen habt, ist die Macht zu manipulieren, zu bewegen, zu formen.

ICH: Und das bringen unser Bewusstsein, unsere Gedanken und unser freier Wille zustande?

ERIK: Ja. Die Absicht, die wir [als Menschen] in Bezug auf etwas haben, manipuliert es. Sie erschafft oder zerstört es nicht wirklich; sie formt es einfach nur. Die Wirklichkeit formt unsere Absichten, und unsere Absichten formen unsere Wahrnehmung dieser Wirklichkeit. Es ist ein ständiges Hin und Her. Da findet eine Kommunikation statt zwischen Natur und Mensch sowie zwischen Wirklichkeit und Mensch.

ICH: Oh!

ERIK: Denk mal daran, Mama: Unternimmst du einen Spaziergang durch einen Wald, schaust nach oben und siehst diese herrlichen Bäume, dann verschlägt es dir den Atem. Allein dieser Anblick, dieser Geruch, dieses Gefühl, diese ganze Erfahrung verändert dich. Sie verändert die Art und Weise, wie du den Ort respektierst. Sie verändert die Art, wie du anderen davon erzählst. Gleichzeitig spürt die Erde diese Ehrfurcht und diese Erfahrung, die du machst – mit den Bäumen, den anderen Pflanzen und dem Boden –, und nimmt sie auf. Die Pflanzen und die ganze Natur sind die besten Energieerneuerer. Man denke nur an all die Negativität, all die Kriege und an die ganze Umweltverschmutzung – siehst du, wie gut die Natur das alles wieder aufbereitet?

ICH (düster): Ja, was für eine Schande. Ein Leser stellte diese Fragen: »Basiert das Wesen der Wirklichkeit also im Grunde auf so etwas wie Wellen? Sie rollen in einer bestimmten Reihenfolge heran und ziehen sich wieder zurück. Ist die Wirklichkeit wie ein Fluss, der fließt und Biegungen macht, der sich in seinem Bett dreht und wendet? Reagieren Energiewellen auf Input?« Wir wissen, dass Wellen auf Input reagieren, dass unsere Gedanken, unsere Absicht und unsere Aufmerksamkeit sie beeinflussen, oder?

ERIK: Richtig.

ICH: Also, was für ein »Ding« manipulieren wir da eigentlich?

ERIK: Wellen. Energiewellen. Energieschwingungen. Wellen mit hoher und niedriger Frequenz – wir gestalten sie wie den Ton, aus dem ein Bildhauer eine Statue formt. Diese Wellen sind unsere Nahrung. Sie können das Wachstum, das Leben, die Luft beeinflussen. Sie können die Gefühle einer Person bestimmen. Schon ein Gedanke – also das, was sich in unserem Kopf abspielt, die einfachste Sache, die wir ausführen – setzt eine Veränderung in Gang und manipuliert die Energieschwingungen um uns herum.

ICH: Faszinierend!

ERIK: Das Einzige, was uns gefangen hält, ist das System unserer festen Überzeugungen.

ICH: Ja, die Art, wie wir Dinge wahrnehmen.

ERIK: Genau. Wahrnehmungen. Man bringt uns bei, den Tisch als etwas Festes wahrzunehmen. Du stellst das Glas hin; das Glas bleibt auf dem Tisch stehen. Das ist eine feste Vorstellung, die wir als Menschen haben, und es ist sehr schwer für Eltern, das einem Kind nicht so beizubringen.

ICH: Oh Gott, ja! Und das kollektive Bewusstsein trägt vermutlich das Seine zur Ausbildung dieser Wahrnehmungen und Überzeugungen bei.

ERIK: Ja!

ICH: Wir wissen also, dass Gedanken Wirklichkeit erschaffen, und dies [der Prozess] findet in deiner Dimension unmittelbar statt. Gedanken erschaffen Dinge augenblicklich.

ERIK: Aha.

ICH: Musst du dort sitzen und dich permanent konzentrieren, um die Manifestation etwa eines Hauses oder einer Wiese mit lilafarbenem Gras aufrechtzuerhalten? Wie kann das Haus beispielsweise so lange wirklich bleiben? Es wäre doch sehr ermüdend, ständig »ein Haus, ein Haus, ein Haus« denken zu müssen, um seine Existenz zu erhalten. Musst du das tun, damit es manifestiert bleibt?

ERIK: Also, betrachte es mal andersherum: Sobald ich aufhöre, über das Haus nachzudenken, hört es dann auf zu existieren? Meinst du das?

ICH: Ja. Das ist genau meine Frage. Das erfordert doch ganz viel Konzentration.

ERIK: Nein, man denkt vielleicht, so wäre es, weil es auf der irdischen Ebene so viel schwieriger ist, etwas zu manifestieren. Also denkst du, es wäre viel Zeit und Konzentration erforderlich, das ist jedoch nicht der Fall. Solange wir das Haus verwenden und darüber nachdenken, bleibt es existent.

ICH: Okay.

ERIK: Aber wenn wir nicht daran denken oder es benötigen – wenn sich niemand Gedanken darüber macht oder es benutzt, dann wird es nicht gebraucht und bleibt nicht in der Existenz. Doch sobald sich jemand daran erinnert, ist es wieder da. Es erscheint erneut. Wenn es nicht existent ist, heißt das nicht, dass es zerstört ist, es nimmt einfach keinen Platz ein. Denken erschafft Realität durch Energie. Eins plus eins macht zwei. Also auch: Gedanken plus Energie macht eine neue Wirklichkeit.

ICH: Kannst das näher erklären?

ERIK: Gedanken sind Projektionen deiner elektrischen Energie, sodass du, wenn du denkst, auch kommunizierst. Du legst dir einen Vorrat an elektrischer Energie zu und bestimmst, wie viel du davon durch deinen Körper bewegen kannst.

[Jetzt wird mir klar, was er meint, nämlich dass Gedanken, als Absichten projiziert, Energieformen sind, die Materie und damit Realität schaffen, und zwar in Übereinstimmung mit Einsteins Formel $E = mc^2$.]

ICH: Okay, sagen wir, ich gehe einen Weg entlang. Das ist eine Illusion, nicht wahr? Manifestiere ich den Weg vor mir, während ich ihn gehe? Manifestiere ich ständig und unmittelbar in jedem Moment, in dem ich einen Schritt mache?

[Lange Pause]

JAMIE (kichernd): Er macht einen auf »Ich reibe mir das Kinn und denke nach«.

ICH: Okay, sagen wir mal, der Weg ist mehrere Kilometer lang, aber den letzten halben Kilometer sehe ich in der Ferne nicht, weil ich ihn für mich nicht wirklich erschaffen habe. Existiert dieser letzte halbe Kilometer dann nicht, bis ich ihn mit meinen künftigen Schritten in den folgenden Momenten erschaffe? Aktualisiere ich die Länge des Weges ständig, indem ich ihn gehe?

ERIK: Ja, du aktualisierst den Weg ständig, aber wenn du den Raum mit anderen teilst, die dieselbe Vision haben, dann machen diese denselben kilometerlangen Spaziergang. Vielleicht geht jemand fünf Meter vor dir. Das ist dann etwas, das derjenige erschaffen hat. Da ihr beide in derselben Dimension seid, kannst du sehen, was der andere geschaffen hat. Es ist also ein universeller – ein allgemeingültiger Punkt. Es ist nicht nur ein einzelner Lichtstrahl.

ICH: Wie erschaffst du Wirklichkeiten zusammen mit anderen Seelen? Da muss es doch eine Art von Zusammenarbeit geben – um zum Beispiel viele Seelen in derselben durch Gedanken erschaffenen Umwelt zu haben.

ERIK: Wir einigen uns, telepathisch zu kooperieren, allerdings mit einer Einschränkung. Du kannst nur Wirklichkeit werden lassen, was zu deinem Schicksal passt. Wenn es nicht in Übereinstimmung mit deinem Schicksal steht, kannst du es nicht erschaffen.

ICH: Ich kann mir nicht vorstellen, dass Leute etwas erschaffen wollen, das nicht Teil ihres Schicksals ist.

ERIK: Oh, viele Leute wollen das!

ICH: Und warum sollte das nicht funktionieren? Warum kann man seine Wirklichkeit nicht unabhängig vom Schicksal erschaffen?

ERIK: Wir kommen mit einem Seelenplan auf die irdische Ebene. Unsere Gedanken und unser Handeln müssen darauf ausgerichtet sein, das zu erreichen, was dieser Plan für uns vorsieht. Wenn wir damit fertig sind, können wir noch mehr erreichen. Nehmen wir beispielsweise an, eine Frau ist mit einem reichen Typen verheiratet und kreuzunglücklich. Sie will raus aus dieser Ehe, aber sie weiß, dass sie Vollzeit arbeiten muss, wenn sie sich scheiden lässt. Jetzt denkt sie vielleicht: »Das will ich nicht. Kann ich nicht einfach in der Lotterie gewinnen?« Das wird aber nicht passieren, denn egal, wie viel Zeit, Energie und Leidenschaft sie auch in den Gedanken investiert, im Lotto zu gewinnen, sie wird diesen Gewinn nicht machen, damit wäre ihre seelische Entwicklung zum Scheitern verurteilt, zu der nun einmal gehört, dass sie unabhängig und stark wird, indem sie sich einen Vollzeitjob sucht und sich von »Mr. Sugar Daddy« verabschiedet.

ICH: Okay, verstehe. Aber sicher sind die Regeln des Spiels im Jenseits anders. Was ist mit Menschen, die auf der anderen Seite sind – wie du, Erik? Du kannst doch so ziemlich jede Wirklichkeit erschaffen, die du willst, oder?

ERIK: Yep, keine Einschränkung.

ICH: Wie praktisch. Okay, was ist dunkle Materie?

JAMIE: Er möchte etwas klären – sprechen Sie von dunkler Materie oder von grauer Substanz?

ICH: Von dunkler Materie. Du weißt schon, es gibt dunkle Energie und dunkle Materie. Das ist etwas Physikalisches.

JAMIE: Nun, er sagt, er versucht herauszufinden, in welchem Zusammenhang Sie die Antwort haben möchten, denn man kann dunkle Materie als etwas betrachten, das ein Wesen ausmacht, etwa ein Geistwesen – oder als dunkle Materie, die nichts mit einem Wesen zu tun hat.

ICH: Nicht ein Wesen, sondern etwas im Universum – etwas, das einen großen Teil des Universums, wie wir es kennen, ausmacht.

ERIK: Es handelt sich um eine verdichtete Kraft, fast wie ein Vakuumfeld.

JAMIE: Er stellt es so dar: Es gibt so viel Energie im Universum, dass es uns leer oder dunkel erscheint.

ICH: Aha.

[Ich bin sprachlos, wie genau diese Vorstellung von einem unendlich dichten Vakuum zu der Einheitsfeldtheorie des Physikers Nassim Haramein passt, von der ich erst Monate nach dieser Sitzung erfahren habe.[4]]

JAMIE (zu Erik): Was meinst du damit? Wie Pfund pro … Die Dichte davon, ja. Schwere, schwere Dichte.

[Lange Pause]

ERIK: Dunkle Materie ist wie eine magnetische Kraft. Sie wird von sich selbst angezogen und vermehrt sich irgendwie. Sie zieht Dinge an – saugt sie auf und hält sie fest.

---

4 Nassim Haramein: *The Origin of Spin. A Consideration of Torque and Coriolis Forces in Einstein's Field Equations and Grand Unification Theory.* unter: hiup.org/wp-content/uploads/2013/05/torque_paper.pdf [Stand: 23. Januar 2014].

ICH: Okay, ich habe irgendwo gelesen, dass es in Wirklichkeit gar kein »Gottesteilchen« gibt und dass wir aufhören sollten, nach der kleinsten Einheit zu suchen. Stattdessen sollten wir erkennen, dass es ein Muster der unendlichen Teilung gibt – unendlich groß und unendlich klein. Der größte Teil der Wirklichkeit ist Raum. Nicht die Materie definiert den Raum, der Raum definiert die Materie. Ist das wahr?

ERIK: Absolut. Stimmt haargenau.

ICH: Weißt du, es heißt, alle Universen seien unterschiedliche Membrane, die wie Blätter, Donuts oder Zylinder geformt seien – und so weiter. Manchmal soll es vorkommen, dass diese Membrane kollidieren und dass an den Kollisionspunkten Materie entsteht. Ist das möglich?

JAMIE (lacht sich kaputt): Erik lacht.

ERIK: Absolut möglich, Mama, aber zu wissen, wie Dinge gebaut sind, erhöht dein Verständnis für das Ding, in dem du dich befindest, keineswegs.

ICH: Oh ja, ich weiß. Aber ich finde das interessant.

ERIK: Warum verwenden Menschen all ihre Energie darauf, Geheimnisse wie diese entschlüsseln zu wollen, statt zu verstehen, warum sie in ihm sind? Das müssen wir uns anschauen.

ICH: Oh, na gut. Du möchtest also, dass ich das den Physikern überlasse?

ERIK: Ja, perfekt.

ICH: Okay, hier ist noch eine Frage: Erschafft auch nicht empfindendes Bewusstsein – also nicht denkendes, einschließlich Elektronen – Materie und Realität? Ich meine, es ist immerhin Bewusstsein, auch wenn es sich nicht bewusst ist.

ERIK: Gegenfrage: Wie kommst du darauf, dass es kein bewusstes, denkendes …

ICH: Nun, vielleicht ist es das … Ich habe keine Ahnung! Können Elektronen denken?

ERIK: Das Traurige ist ja, dass wir [als Menschen] versuchen, alles dazu zu bringen, so zu denken wie wir.

ICH (schmunzelnd): Verflixt, können wir Menschen überhaupt irgendetwas richtig machen?

ERIK: Versuch's noch einmal. Sie [die Elektronen] denken, sie verstehen, sie handeln und reagieren und …

ICH: Nun, sind sie sich selbst bewusst oder sind sie eher so, wie du Steine beschreibst: Wesen mit »einem primitiven, unbewussten Bewusstsein«?

ERIK: Sie sind sich nur dann selbst bewusst, wenn sie um etwas anderes herum sind, aber nicht so, wie du denkst. Es fällt mir schwer, es so zu erklären, dass du es verstehst.

ICH: Ist das der Grund, warum [Quanten-]Verschränkung funktioniert?

JAMIE: Davon habe ich noch nie etwas gehört. Was ist das?

ICH: Wenn zwei Elektronen[Teilchen] so miteinander verknüpft sind, dass die Eigenschaft des einen durch die Manipulation am anderen festgelegt wird, auch wenn sie Lichtjahre voneinander entfernt sind. Jedenfalls verstehe ich es so.

JAMIE (erstaunt): Wirklich?

ICH: Ja. Ich glaube, Einstein nannte es »spukhafte Fernwirkung«.[5] Er hat nicht ganz verstanden, warum sie sich so verhalten. Also, können sie Probleme lösen?

ERIK: Ja.

ICH: Wirklich? Aber können sie Materie erschaffen wie wir mit unseren Gedanken? Können Elektronen und andere Teilchen ihre eigene Realität kreieren?

ERIK: Äh, sie können bewusst Probleme lösen. Und wenn sie ein Problem lösen, dann ja, dann kreieren sie auch Materie. Aber das für Materie zu halten, die man mit der Hand berühren kann …

ICH: Aha.

ERIK: Es ist keine solche Materie, Mama, und ihre Problemlösungsfähigkeiten sind nicht die gleichen wie die von menschlichen Wesen.

ICH: Wow. Ich wette, es fällt dir schwer, mir das näher zu erklären.

ERIK: Ja, weil ihr nicht wirklich die Sprache dafür habt.

ICH: Okay, sagen wir, ein Glas steht auf einem Tisch und wird von drei Beobachtern gesehen. Schafft sich nun jeder Betrachter seinen

---

5 Max Born und Albert Einstein: Brief von Albert Einstein an Max Born. 3. März 1947. in: *The Born-Einstein Letters. Correspondence between Albert Einstein and Max and Hedwig Born from 1916 to 1955*. New York, NY: Macmillan 1971. S. 158.

eigenen 3-D-Raum mit einem völlig anderen Glas? Schafft sich jedes fühlende und nicht fühlende Bewusstsein, einschließlich der Atome oder Elektronen des Tischs, der Stühle und so weiter, auch so einen Raum – sodass die Realität des Glases in Wirklichkeit im mehrdimensionalen Raum existiert, also in einer unendlichen Anzahl von Dimensionen, die sich aus jedem Raum und jedem Bewusstsein jedes Beobachters zusammensetzen?

JAMIE: Er lacht.

ICH: Oh Gott, ich bin so verwirrt. Und wird es als ein Glas auf einem Tisch nur im gegenseitigen Einvernehmen definiert, weil wir das so untereinander kommunizieren?

ERIK: Okay, das könnte deine Illusionen zerstören. Der Fokus und die Bewusstheit müssen auf dem Glas liegen, wenn es gefertigt wird wie in einer Fabrik. Dann ist es tatsächlich erschaffen und wird auf die dreidimensionale Ebene gebracht. Und nur dass ein Glas auf einem Tresen, einem Tisch oder in einem Schrank hinter verschlossenen Türen steht, bedeutet übrigens nicht, dass es verschwindet, denn es wurde ja bereits geschaffen. Es muss nicht im Zentrum der Aufmerksamkeit stehen, um zu existieren.

ICH: Oh, okay. Man muss also nicht ständig über etwas nachdenken, damit es bestehen bleibt.

ERIK: Richtig. Es genügt zu wissen, dass es existiert.

ICH: Okay. Junge, Junge, das wäre ja auch viel mehr, als ich leisten könnte.

ERIK: Nun, geh einen Schritt zurück und betrachte es mal so: Ich denke, wer immer diese ganze Sache mit dem »Glas auf dem Tisch« aufgebracht hat, wollte sich eigentlich nicht auf die kleinen

Dinge wie Vorhänge, Wände und Böden konzentrieren, sondern eher auf die gesamte Illusion der Wirklichkeit.

ICH: Oh, verstehe.

ERIK: Nun, dieser Umstand lässt jeden an diesem Spiel teilnehmen, in dem es darum geht, sich zu konzentrieren und die Wirklichkeit mit zu erschaffen, die man als irdische Ebene kennt. Und sobald du da mit dabei bist, musst du einen Teil der Kontrolle übernehmen. Und wenn wir diese Kontrolle übernommen haben, können wir erschaffen und zerstören, bewegen und verändern. Wir erschaffen eine Bank aus Beton und können eine Bank aus Beton zerstören. Aber für die Betonbank selbst bedarf es keiner bewussten Denkleistung, um wirklich zu existieren. Das haben wir ja schon getan, indem wir an das ganze formatierte System geglaubt haben. Verstehst du das?

ICH: Nein, ich bin so verwirrt.

ERIK: Ich weiß nicht, wie ich es sonst erklären soll. Alles hat Bewusstsein. Deswegen heilen Menschen mit Kristallen und bestimmten Energie tragenden Steinen. Auch mit Pflanzen. Alles auf der Erde hat Bewusstsein. Wenn du in ein Haus gehst, spürst du dessen einzigartige Energie, denn das Haus saugt die Energie aller auf, die dort gelebt haben. Also haben sogar Häuser ein Bewusstsein. Okay, jetzt zu Elektronen und Atomen. Ja, sie können Materie erschaffen, aber es braucht die Seele des Menschen dazu, um sie darin zu unterstützen.

ICH: Sie können also Materie erschaffen, aber sie brauchen das Bewusstsein einer Seele, das ihnen dabei hilft?

ERIK: Ja.

ICH: Das ist wie die Theorie in der Physik, dass man einen Beobachter braucht – ich denke, das ist in diesem Fall das Bewusstsein –, um eine Welle in ein Teilchen zu verwandeln. Das entspricht der Veränderung, die einen Gedanken Realität werden lässt. Masse und Energie. $E = mc^2$. Wow. Es passt alles zusammen.

ERIK: Und jeder Betrachter sieht es anders. Denk daran, alles ist im Fluss. Alles ist Energie, und die fließt und verlangsamt sich, um Materie zu schaffen. Und Materie wabert in die Existenz und aus der Existenz hinaus wie ein Kräuseln oder eine Welle im Ozean. Sie ist da, sie ist nicht da, sie ist immer im Wandel. Das Glas ist in dem einen Moment nie genau gleich wie in dem nächsten.

ICH: Also, schauen wir mal, ob du noch etwas anderes zu dieser Frage erfahren hast, seit ich sie dir vor einer Weile gestellt habe. Was ist unsere »wahre Wirklichkeit« – die unsrige hier oder die deinige, wo du bist? Wo sind wir lebendig und wo träumen wir?

ERIK: Da gibt es keine Differenzierung, Mama. Du bist auf der Erde lebendig, du bist im Jenseits lebendig. Wohin die Seele auch reist und wo immer sie auch ist, sie ist lebendig, und es geht ihr gut. Die Seele kann zu verschiedenen Planeten reisen, sie kommt nicht unbedingt nur auf die Erde. Verdammt, wir können durch das ganze Universum reisen, Aliens, wenn wir wollen.

ICH: Die »wahre Wirklichkeit« ist also …

ERIK: Überall, wo die Seele gerade ist. Und wenn eine Seele hier im Jenseits ist, dann bedeutet das nicht, dass die irdische Ebene nicht mehr existiert. Sie ist immer noch eine Realität einer anderen Dimension. Es ist nur eine Frage der Perspektive. Unsere »wahre Wirklichkeit« ist immer dort, wo wir gerade sind.

ICH: Aber wo ist dann unsere wahre Heimat?

[Ich wollte nur bestätigen, was er vorher gesagt hatte.]

ERIK: Hier. Wir begeben uns auf die irdische Ebene, wenn wir Urlaub machen.

ICH: Verdammt, Erik. Urlaub! Ich will mein Geld zurück! Ich brauche ein neues Reisebüro!

ERIK: Weißt du was, Mama: Du bist dein eigenes Reisebüro! Wir sind unsere eigenen Reiseveranstalter. Wir entscheiden, was wir erleben!

ICH: Nun, das war's dann. Ich bin gefeuert!

ERIK (lachend): Also keine Geschenke am Feiertag von »Boss's Day« [nichtstaatlicher Feiertag in den USA/in Kanada, an dem sich Angestellte bei ihren Vorgesetzten für eine faire Zusammenarbeit bedanken]?

ICH: Nein, nicht für mich!

ERIK (lacht immer noch): Ich glaube, viele andere würden sich genauso fühlen!

Das Wesen des Todes

Sobald ich den Prozess verstanden hatte, der vor und nach dem Tod abläuft, wollte ich unbedingt mehr darüber wissen, und zwar vom wissenschaftlichen Standpunkt aus – sowohl die Makro- als auch die Mikroansicht.

ICH: Nassim Haramein, der Physiker, der die Einheitsfeldtheorie entwickelt hat, definiert Wirklichkeit in einer Weise, die für mich wirklich einen Sinn ergibt. Er sagte etwas, das mein Interesse ganz besonders geweckt hat, nämlich, dass es schwarze Löcher in Atomen gebe und in so ziemlich allem – vom unendlich Kleinen bis zum unendlich Großen. Das heißt, wir leben im Wesentlichen in einem schwarzen Loch, und deswegen ist alles, was wir im Weltraum sehen, schwarz. Doch würden wir auf die andere Seite des Ereignishorizonts gehen, würden wir dieses schöne weiße Licht sehen.[6] Also frage ich mich, ob der Tod nur ein Überqueren des Ereignishorizonts von einem schwarzen zu einem weißen Loch ist.

ERIK: Ich verfüge über Erfahrungen aus erster Hand, Mama. Es ist genau so. Man bleibt noch eine Zeit lang im physischen Körper. Es gibt so etwas wie eine Anpassungszeit. Du wirst nicht sofort »aufgesaugt« – und genau das ist es: eine Art Sog. Aber du kannst sehen. Du kannst sehen. Du bist immer noch auf der irdischen Ebene und kannst Familienmitglieder und Freunde sehen. Du kannst deinen Körper betrachten, und dann stellt sich ein Gefühl von Freiheit ein. Keine Schwerkraft. Es ist eine Leichtigkeit, die schwer zu erklären ist. Es kommt dir so vor, als würdest du in diesen Tunnel zu einem hellen Licht gesaugt, durch die Dichte der Erde. Und du kommst auf der anderen Seite heraus – die andere Seite. Es ist schön dort. Es ist Licht.

ICH: Also, ich denke, dieser Typ ist auf der richtigen Spur. Du überquerst einen Ereignishorizont.

ERIK: Ja, genau. Und es ist das, wovon gesagt wird, man »gehe durch den Schleier«. Es ist ein sehr dünner Schleier. Es ist nur ein dünner Schleier, der diese Seiten trennt, aber er ist dicht, besonders in Richtung Erde.

---

6 Nassim Haramein: *The Origin of Spin.*

Die Physik des Todes

ICH: Was geschieht energetisch zum Zeitpunkt des Todes? Passiert etwas mit dem Wellenmuster oder der Frequenz unserer Energie? Geht unsere Energie in ein weißes Loch über? Was passiert, aus physikalischer Sicht?

[Pause]

JAMIE (zu sich selbst): Aus physikalischer Sicht.

ERIK: Nun, äh …

ICH: Mit ganz einfachen Worten. Du musst nicht ins Detail gehen, weil du es vielleicht nicht mal selbst weißt und wir es nicht verstehen würden, wenn du es zu detailliert erklären würdest. Aber was passiert beim Tod energetisch?

JAMIE: Das Bild, das mitkommt, stellt ihn dar, der mir einen gerade gestorbenen Körper zeigt und wie sich die Energie von der Materie trennt.

ERIK: Die Energie trennt sich von der Materie, die sie erschaffen hat.

JAMIE: Wie ich es in meinem Kopf sehe, findet es irgendwie auf einer Zellebene statt, und es gibt diese Funken – es sieht fast aus, als ob du deine Füße auf dem Teppich reiben würdest, und dann tippst du jemanden an und zack!

ICH: Aha. Okay. Die Funken sind an jeder Zelle? Gehen von jeder Zelle aus?

JAMIE: Ja. Funk, funk, funk, funk. So kann die Energie aus der Materie entfliehen, die sie geschaffen hat, und so wird die Materie zurückgelassen. Das ist nicht wie dieser spontane Massenexodus von, ähm, wie …

ERIK (zu Jamie): Was machst du?

JAMIE (zu Erik): Keine Ahnung! Ich versuche nur zuzuschauen! Ich weiß nicht, aber ich fühle mich heute extrem beeinträchtigt, wenn du mir Bilder zeigst und gleichzeitig sprichst!

JAMIE (zu mir): Was er sagt, ist … ähm, er wirft fast eine Frage auf. Wenn die Energie den Körper verlässt, wenn die Seele den Körper verlässt, warum verschwindet der Körper dann nicht einfach vollständig?

ICH: Oh, mein Gott! Ja!

JAMIE: Richtig! Weil es die Energie der Seele war.

ERIK: Nun, das ist der Unterschied! Genau das will ich dir sagen. Es gibt diese Funken – diese Art der Trennung –, und die Energie, die den Körper, die Zellen, die Muskeln, die Knochen geschaffen hat, verlässt ihn wieder. Das ist die ganze Wirkung und das Wesen des Todes – die kreative Energie will den Körper, den sie zusammengesetzt hat und aufblühen ließ, nicht mehr. Deswegen wird er zu einer leeren Hülle.

ICH: Ah, die Häutung!

ERIK: Denn ist der Körper am Leben, dann ist er auf jeder Ebene sehr stark mit der Energie verbunden. Das ist so ziemlich das Erste, was stattfindet: die sofortige Trennung. Pa-pa-pa-pa-pau! Ich denke, das steckt hinter der Selbstentzündung. Das geschieht bei Menschen, deren Energie ihre materiellen Schöpfungen nicht loslassen kann und die deshalb Funken erzeugt, die so heftig und stark sind, dass tatsächlich alles – peng! – in Flammen aufgeht.

Das passiert bei Menschen, die Schwierigkeiten mit dem Loslassen von allem haben. Auch mit dem Loslassen des Körpers. Danach sammelt sich die Energie, nämlich die Seelenenergie. Und wenn die Seelenenergie in der Lage ist, sich vollständig vom Körper zu lösen, kann sie als Geistwesen identifiziert werden. Dann verfügt sie immer noch über die Erinnerungen und die gesamten Eigenschaften, die sie während dieses letzten Lebens erschaffen hat, um nach Hause zurückzukehren. Wenn sie also an den Tunnel glaubt, an das Geistige, an Dämonen oder was auch immer, dann muss sie das auf ihrem Weg nach Hause durchlaufen. Sie wird von sich selbst angetrieben, bis sie zu Hause ankommt. Dann kann ihr eine bestimmte Art von Wahrheit übermittelt werden.

ICH: Was meinst du mit »eine bestimmte Art von Wahrheit übermitteln«?

ERIK: Es wäre eine Wahrheit, die der Auffassungsgabe der Seele entsprechen würde. Mit anderen Worten, wenn die Seele ankommt, ist sie immer noch stark an das menschliche Verständnis gebunden, mit dem wir Ideen in einer bestimmten Weise darstellen, sodass sie verstanden werden können. Aber sobald die Seele begreift, wo sie ist, und ein breiteres Wissen akzeptiert, können wir sie mit tiefer gehenden Wahrheiten versorgen und mit Ideen, die größer sind als der Körper. Deswegen sagen wir immer, wenn man stirbt, werden einem nicht sogleich sämtliche Türen und Tore geöffnet. Du weißt nicht sofort alles, denn die Geschwindigkeit [mit der dir Wissen vermittelt wird] hängt von deiner Bereitschaft ab. Von deinem freien Willen. In irdischen Zeitbegriffen ausgedrückt, dauert es bei einigen Menschen Jahre und bei anderen nur drei Minuten. Also, es gibt hier kein Richtig oder Falsch.

ICH: Wenn du sagst: »Wir können sie mit tiefer gehenden Wahrheiten versorgen«, wer sind dann »wir«?

ERIK: Wir sind es! Das meine ich ganz allgemein: die »Geistführer«, die auftauchen und helfen. Das können die persönlichen Führer oder Schutzengel dieser Person sein oder, wenn es spirituelle Berater gab, die dieser Person zugeteilt waren, dann würden sie kommen. Das können beispielsweise auch verstorbene Familienmitglieder sein.

Was Erik aus energetischer und wissenschaftlicher Sicht über das Wesen des Todes mitteilte, fand ich zunächst schwer zu begreifen. Kurz gesagt, es war knifflig, aber ich spürte auch, dass etwas Wahres dran war. Seine Erklärung für den »Mythos« der Selbstentzündung war wie ein Bonus – eine ganz besondere Erkenntnis!

13. LIEBE UND ANGST

Alles wird durch zwei grundlegende Emotionen beherrscht: durch Liebe und Angst. Sie stellen die Essenz der Dualität dar, welche die Erfahrung als menschliches Wesen definiert und unser spirituelles Wachstum antreibt. Beide erfüllen einen wichtigen Zweck. Beide sind unausweichlich. Aber am Ende stellen wir die Liebe über die Angst, da wir Liebe sind und danach streben, bedingungslose Liebe zu werden. Im Folgenden erforschen wir diese beiden polaren Emotionen unter Eriks Anleitung.

Das Wesen der Angst

ICH: Warum gibt es Angst, und wie wurde diese Energie erschaffen? Woher kommt sie? Planen wir die Angst in unser Leben ein, als Teil unserer Persönlichkeit, sodass wir sie überwinden können, wenn wir auf die Erde kommen? Ist es das Umfeld auf diesem Planeten, das uns Angst einflößt, oder entwickeln wir sie einfach im Laufe der Zeit aufgrund der Erfahrungen, die wir hier machen müssen?

ERIK: Angst hat sich durch die Umgebung entwickelt und ist einfach da. Alle Menschen haben irgendeine Art von Angst. Sie tritt auf, wenn wir in einer Situation oder angesichts eines Problems keine Verbindung mehr zur Liebe eingehen. Angst ist das Fehlen einer spirituellen Verbindung, was die relative Abwesenheit von Liebe bedeutet – und die relative Abwesenheit von Licht. Sie ist ein Teil jener Dualität, die für die menschliche Erfahrung so wichtig ist. Wenn wir die Angst überwinden, entdecken wir die Liebe wieder und mit ihr unsere Göttlichkeit. Und diesen Zyklus von Angst, Überwinden der Angst, Finden der Liebe durchlaufen wir immer wieder bei jedem Problem, das wir bewältigen müssen. Nun, das ist der Punkt, um den es auch bei der spirituellen Erleuchtung geht, nicht wahr?

ICH: Ja, ich schätze, wenn man die Angst abwirft, kommt die Liebe zum Vorschein und unsere Verbindung zum Geistigen, nicht wahr?

ERIK: Yep. Und als menschliches Wesen bist du nicht in der Lage, diese Verbindung zum Geistigen ohne eine gewisse Angstkomponente zu sehen. Es ist, als müsstest du die Angst haben, um diese Schicht ablegen zu können, und – ta-da! – da ist die Liebe; da ist meine Verbindung zum Geistigen. Fast so, als wedele ein Zauberer mit seinem Taschentuch – und schon steht da eine Vase mit Blumen.

ICH: Ja, ich denke, wir müssen diesen zusätzlichen Schritt einbauen, damit wir den Gegensatz erleben, aber manchmal geht einem das mit der Dualität wirklich auf die Nerven.

ERIK: Ich weiß. Sie kann das Leben manchmal zu einem »Topf voll Scheiße« machen, aber sie ist ein wirklich mächtiges Werkzeug.

ICH: Ich wünschte, wir hätten einfach eine Spezialwahrheitsbrille, mit der wir sehen können, was wir sehen müssen. Das wäre so verdammt viel einfacher.

[Erik lacht.]

ERIK: Angst kommt vom Ego; sie hat nichts mit der Seelenebene zu tun. Und es gibt eine Menge Gründe, warum Menschen Angst haben: Angst, nicht gut genug zu sein, Angst, etwas nicht gut genug machen zu können. Angst hilft, das Ego zu entwickeln, und das Ego hilft, Angst zu entwickeln. Sie bewegen sich im Kreis. Die Angst basiert in der Regel auf der fehlenden Verbindung zum Geistigen – nicht auf dem völligen Fehlen natürlich, jedoch auf dem relativen Fehlen hinsichtlich eines bestimmten Themas. Aber das mit dem Ego hat ja zwei Aspekte: Wir brauchen ein Element des Egos für unser physisches Überleben. Auch um Liebe zu bekommen, muss unser Ego manchmal bis zu dem Punkt wachsen, an dem es sich selbst zerstört. So erreichen wir den Tiefpunkt. Unser Ego gerät außer Kontrolle, zerstört sich selbst und schafft Raum für das Innere: bewusste Wahrnehmung – das wahre Selbst. Ist diese ganze Ego-Scheiße weg, ist der Weg frei für die Liebe.

Während ich mich auf meinem täglichen Spaziergang durch den Wald mit Erik unterhielt, bat er mich, folgende Übung zum Ausprobieren weiterzugeben:

Nehmen Sie ein Blatt Papier und teilen Sie es in zwei Spalten. Über die eine schreiben Sie »Angst«, über die andere »Liebe«. In die Angstspalte schreiben Sie so viele auf Angst basierende Gefühle, wie Ihnen einfallen, etwa:

Verlassenheit	Neid	Paranoia
Verärgerung	falscher Stolz	Pessimismus
Empörung	Frustration	Rassismus
Zorn	Maßlosigkeit	Wut
Verdruss	Gier	Ablehnung
innere Unruhe	Trauer	Gewissensbisse
Apathie	Schuldgefühle	Verbitterung
Arroganz	Ungeduld	Resignation
Konkurrenzdenken	Gleichgültigkeit	Rachegefühle

Herablassung	Unsicherheit	Selbstmitleid
Verwirrung	Verzagtheit	Egoismus
Verachtung	Eifersucht	Scham
Verweigerung	verurteilende Haltung	Schüchternheit
Niedergeschlagenheit	Mangel an Glauben	Sturheit
Verzweiflung	Faulheit	Überlegenheitsgefühl
Enttäuschung	Einsamkeit	Misstrauen
Mutlosigkeit	manipulierende Haltung	Gefühllosigkeit
Abscheu	Negativität	Unwilligkeit
Zweifel	Obsession	Sorge
Scheu	Unterlegenheitsgefühl	Wertlosigkeitsgefühl
Verlegenheit	Panik	

Für mich gehört der Begriff Trauer in beide Spalten, denn Sie haben Angst, ohne das zu leben, was Sie verloren haben, empfinden aber auch Liebe für das, was Sie verloren haben.

In der Spalte mit der Überschrift »Liebe« listen Sie alle Gefühle auf, die Ihrer Ansicht nach auf Liebe basieren.

Akzeptanz	Großzügigkeit	Geduld
Erregung	Dankbarkeit	Friedfertigkeit
Ehrfurcht	Trauer	Verspieltheit
Schönheit	Fröhlichkeit	Positivität
Gelassenheit	Harmonie	Kraft
Fürsorge	Ehrlichkeit	Stolz (kein Hochmut)
Gewissenhaftigkeit	Hoffnung	Entspanntheit
Heiterkeit	Demut	Erleichterung
Geborgenheit	Humor	Respekt
Mitgefühl	innere Stärke	Befriedigung
Zuversicht	Inspiration	Selbstliebe
Zufriedenheit	Interesse	Freigebigkeit
Mut	Freude	Stabilität
Entschlossenheit	Freundlichkeit	Widerstandskraft
Empathie	Sehnsucht	Erstaunen

Begeisterung	Loyalität	Sympathie
Glaube	Aufmerksamkeit	Vertrauen
Faszination	Offenheit	Verständnis
Vergebung	Optimismus	Einigkeit

Erik möchte natürlich, dass Sie Ihre eigenen Listen aufstellen. Wenn Sie damit fertig sind, kreisen Sie die auf Angst basierenden Wörter ein, von denen Sie sich am meisten beeinflusst glauben, und denken über die verschiedenen Instanzen nach, die in Ihrem Leben, in der Vergangenheit oder in der Gegenwart eine Rolle gespielt haben. Wo sind/waren diese Gefühle im Spiel? Wenn Sie möchten, können Sie sich auch zuerst diese Fälle vornehmen und ihre Liebe- und Angstliste dann darauf basierend zusammenstellen.

Schauen Sie nun, wie Sie Ihre Gefühle aus der Angstliste durch jeweils eine aus der Liebesliste ersetzen können. Wenn Sie beispielsweise wütend auf jemanden sind, der Ihre Gefühle verletzt hat (dies ist übrigens ein Beispiel von Erik), können Sie beschließen, Freundlichkeit auf diese Person zu projizieren. Sie können sich entscheiden, ihm oder ihr zu vergeben. Ich tue das, indem ich mir vorstelle, rosafarbenes Licht in das Herz dieser Person zu senden, und dann sehe ich vor meinem inneren Auge, wie sich ihr finsterer Blick in ein liebevolles Lächeln verwandelt. Es ist auch hilfreich, täglich die folgende Affirmation zu sprechen: »Alles, was ich brauche, um mein höchstes Ziel zu erreichen, steht mir in Hülle und Fülle zur Verfügung.« Das umfasst so ziemlich alles: Liebe, Freude, Chancen, Wohlstand und so weiter. Denken Sie also daran: Wenn Sie wissen, dass Sie sich mit einem auf Angst basierenden Gefühl herumschlagen, versuchen Sie, es durch eines zu ersetzen, das auf Liebe basiert. Wenn Sie an einem Scheideweg stehen, wählen Sie den Weg der Liebe und nicht den der Angst. Das erfordert ein wenig Übung, aber letztendlich sind wir dafür hier. Wir sind darauf ausgelegt, bedingungslose Liebe zu werden. Oder noch besser: Wir sind hier, um uns daran zu erinnern, dass wir bereits bedingungslose Liebe sind.

14. HÖHERE MÄCHTE

Der Glaube an eine Gottheit – oder an Gottheiten, Plural – gehört zu einer wesentlichen Grundlage der meisten Religionen in der Welt. Vor einer Weile fragte ich Erik, ob er solch einem Wesen begegnet sei. Er sagte, seit seiner Ankunft im Jenseits habe er sich eher unauffällig verhalten. Er wollte unbemerkt bleiben, weil er fürchtete, dafür bestraft zu werden, dass er sich das Leben genommen hatte. Nachdem er gemerkt hatte, dass es auf der anderen Seite kein Gericht und auch keine Strafe gibt, versprach er mir, mehr in Erfahrung zu bringen. Da die Existenz Gottes (wir verwenden im folgenden Gespräch den Begriff »Gott«, doch »Gott« ist nur einer von vielen Begriffen für die Vorstellung von einer höheren Macht) so eine wichtige Rolle im Leben vieler spielt, wollte ich wissen, ob Erik wie versprochen seine Hausaufgaben gemacht hatte. Das heißt, Gott stand ganz oben auf meiner Liste von Fragen für diese Sitzung. Jamie und ich waren überrascht, was Erik herausgefunden hatte.

Sitzung zum Thema Gott

ICH: Also, sag mir, Erik, hattest du schon Gelegenheit, Gott zu begegnen?

JAMIE: Er zeigt sie [Begegnungen mit Gott] mir vor meinem geistigen Auge. Erik nennt sie »Zusammenkünfte«, an denen Geistwesen teilnehmen können, um Vorträge oder Vorlesungen zu hören, die von Gott gehalten werden. Hm, so etwas habe ich noch nie gesehen. Das ist interessant.

ICH: Ich schätze, er macht sich gut als Vortragsredner, was?

JAMIE: Es ist faszinierend.

[Erik kichert.]

JAMIE: Du hältst mich nicht zum Narren, oder, Erik?

ERIK (mit Nachdruck): NEIN! NEIN! Das geschieht wirklich. Ich mache keine Scherze!

ICH: Also, wie siehst du Gott, Erik? Siehst du Gott als Licht? Siehst du Gott als Wesen, das männliche oder weibliche Energie hat?

ERIK: Als Licht. Als ein helles, weißes, silbernes Licht.

ICH: Woher weißt du, dass es Gott ist? Um eine grundlegende Frage zu stellen, was macht dich so sicher, dass es sich um Gott handelt?

ERIK: Wenn man sich im Geistigen befindet, gibt es Dinge, die man einfach spürt und weiß. Man stellt nicht alles infrage, wie ihr es auf der irdischen Ebene tut, mit eurem Gehirn.

ICH: Oh, okay!

ERIK: Wir fühlen und kennen die Wahrheit.

ICH: Du besitzt dieses Wissen also auch schon?

ERIK: Ja. Ich erlebte noch keine persönliche Audienz, aber ich war schon in Gottes Gegenwart – nicht nur in der Energie des Himmels. Ich habe auch schon Botschaften von Gott bekommen, die für uns alle als Ganzes gedacht sind. Ich glaube, die Geistwesen, für die sie am aufschlussreichsten sind, sind diejenigen, die sich darauf vorbereiten, auf die irdische Ebene zurückzukehren.

ICH: Interessant. Ein bisschen, als ob er die Botschaften über eine Schaltfläche »Allen antworten« sendet?

ERIK (schmunzelnd): Ja, genau.

ICH: Nun, hat Gott eine männliche oder eine weibliche Energie, Erik?

ERIK: Androgyn. Sowohl männliche als auch weibliche, aber man würde es nicht als das eine oder andere bezeichnen.

[In einer späteren Sitzung]

ICH: Also, hast du Gott schon persönlich getroffen, Erik? Oder hast du Gottes wahre Repräsentation getroffen?

ERIK: Nun, wir sind alle eine wahre Repräsentation Gottes. Also du fragst, ob ich die reine Quelle getroffen habe?

ICH: Aha.

ERIK: Unbedingt. Würdest du das nicht auch gern?

ICH: Oh ja!

ERIK: Ich meine, nicht jeder möchte das und nicht jeder bekommt es. Aber ja, ich wollte mich bemühen. Ich wollte Antworten.

ICH (schmunzelnd): Sitzt er auf einem Thron und hat er einen langen weißen Bart?

[Jamie und ich lachen.]

ERIK: Nein, kein Thron. Und noch einmal, Gott hat nichts typisch Männliches oder Weibliches an sich.

ICH: Okay.

ERIK: Aber es stellt sich irgendwie das Gefühl ein, man habe all diese Fragen und möchte Dinge unbedingt geklärt haben. Weißt du, ich bin dort hineingegangen mit Anspannung und Wissbegierde. Doch sobald ich Gott von Angesicht zu Angesicht gegenüberstand, vor einem – es war ein Licht – einem – weit ausstrahlenden Licht. Keine Form, die ich beschreiben könnte, vielleicht die Form eines Herzens oder einer Person. Ich könnte allerdings sagen, dass es viel größer war als ich.

ICH: Okay.

ERIK: Und sobald ich in die Gegenwart Gottes kam, wollte ich näher und näher kommen. Alle meine Gefühle wurden umgekrempelt, und das war mir nur recht. Ich wollte nichts mehr vertuschen, ich wollte mich nicht mehr schützen. Ich wollte nur näher dorthin gehen. Und alles, was ich hatte wissen wollen, kam mir einfach nur noch kindisch vor. Es schien einfach irrelevant zu sein, denn je näher man der Quelle kommt, desto mehr weiß man, dass es das ist, worauf es ankommt. Und doch, wenn du dich davon entfernst – wenn du dich nur ein wenig davon trennst –, kehren deine Fragen zurück. Meine sind zurückgekommen.

ICH: Oh! Interessant!

ERIK: Und du überlegst: »Warum habe ich das nicht gefragt?« Doch dann erinnerst du dich. Nun, ich musste es gar nicht wissen, denn als ich dort war, erschien alles vollkommen im Einklang zu sein. Du erinnerst dich, dass sich das Leben einfach nur als das Leben ausgibt und dass es da dieses Sicherheitsnetz gibt, über das Menschen nicht sprechen wollen – selbst angesichts all dieser negativen Dinge, die passieren. Alles ist in Ordnung. Alles wird gut.

ICH: Ja, ich denke, es gibt für uns alle ein Happy End, nachdem alles gesagt und getan ist. Das ist es also, wonach wir uns alle sehnen: irgendwann zurückzukehren zum Ursprung, zur Quelle? Das ist das Endziel?

ERIK: Ja, darüber haben wir schon gesprochen, und ja, du kannst das. Du kannst dich vollkommen hingeben, kannst verschmelzen, aber das geschieht aus deinem freien Willen heraus. Wenn das dein Erleuchtungsziel ist, dann wirst du es auch erreichen.

ICH: Aber kannst du dich auch wieder davon trennen? Ich meine, nachdem du dort eingegangen bist, nachdem du …

[Nach dieser Frage wurde mir klar, dass ich sie auch schon früher gestellt hatte. Ich hoffte immer noch auf eine Bestätigung und auf Details.]

ERIK: Gott lässt dich auch wieder los. Das hat er schon früher getan. Gott kontrolliert dich nicht.

ICH: Gott ist also kein Kontrollfreak, was?

JAMIE: Erik schmeißt sich weg.

ICH: Also, woraus ist Gott gemacht, und was ist Gott wirklich?

ERIK: Diese Frage kann ich nicht beantworten, außer so: Es ist, als schaue man direkt in die Sonne – nur Licht. Du kannst nicht dort hinschauen, ohne totale, umfassende Liebe zu empfinden, als könne dir nichts etwas anhaben, was immer auch passiert. Das ist die einzige Erklärung, die ich dir geben kann und die du vielleicht verstehst.

ICH: Ja, aber kannst du dich ein wenig verständlicher ausdrücken! Gott hat ein fühlendes Bewusstsein, oder? Kann die Gottesquelle mit dir kommunizieren und du mit ihr?

ERIK: Oh ja, und zwar sehr, sehr klar, Mama. Die Information kommt wie ein wunderbares Pulsieren unglaublicher Energie, die ein Bewusstsein hat. Du fühlst dich zu ihr hingezogen, und je näher du ihr kommst, desto mehr spürst du nichts als Liebe. In mehr Worte als diese kann ich es nicht fassen. Gott ist Energie. Energie ist eine lebendige, sprudelnde Quelle, die sich aufteilt und verbreitet wie eine ansteckende …

JAMIE (in gespielter Frustration): Er verwendet das Wort Krankheit.

ICH: Oh! Pass mal lieber auf, Erik, nicht dass Gott dich schlägt – was immer das heißen mag.

ERIK: Du belegst das Wort mit einem Urteil, Mama. Du denkst, Krankheit sei etwas Negatives.

ICH: Oh ja, stimmt!

ERIK: Krankheit kann sehr positiv sein! Sie dient sehr vielen Menschen als Katalysator. Aber ich wollte einfach nur das Wort »ansteckend« verwenden, weil sich die Energie überall ausbreitet! Wäre sie nicht existent, wären wir nicht erschaffen worden. Wir hätten uns nicht selbst erschaffen. Ich sage das, weil Gott in uns allen ist.

ICH: Ja, genau.

ERIK: Es liegt so ein Stigma auf dem Wort »Gott«. Ich wünschte wirklich, wir könnten es einfach löschen und uns etwas anderes einfallen lassen.

ICH: Ja. Ich denke, es impliziert, dass wir es mit etwas zu tun haben, das von uns getrennt ist, aber das ist es nicht.

ERIK: Stimmt, ist es nicht! Die Frage könnte also genauso gut lauten: »Woraus bin ich gemacht?«

ICH: Ja, ja. Du hast mir schon einiges von dem erzählt, was du mit Gott gesprochen hast. Sonst noch etwas?

ERIK: Ja.

ICH: Okay, worüber habt ihr gesprochen? Hast du einfach Small Talk über den Super Bowl gemacht oder gesagt: »Was ist eigentlich mit den Yankees los?«

ERIK (schmunzelnd): Nein, nein. Wir sitzen einfach alle auf einer roten Samtcouch und rauchen Zigarren. Das machen wir.

[Jamie und ich lachen.]

ERIK: Ja, Jesus, Gott, Krishna – wir alle.

ICH: Wow, das klingt nach einer verdammt guten Party!

ERIK: Vielleicht spielen wir eine Runde Poker. Aber ernsthaft, die Gespräche, die du mit Gott führst, sind nicht wie ein Telefongespräch, bei dem du weißt, welche Nummer du gewählt hast und die Stimme des Angerufenen kennst. Wenn du dich mit der Quelle der reinen Energie verbindest, dann kommuniziert sie mit dir in einer Weise, die du verstehst. Sie kann sich verändern und in alles verwandeln, was nötig ist, um dich in einen sicheren Raum zu befördern, sodass du im Frieden mit ihr sein kannst. Also, wenn du dich mit Gott verbindest und mit Gott sprichst, dann brauchst du am einen Tag womöglich diesen starken Gott – den, der nur »Ja« oder »Nein« sagt. Und ein paar Tage später brauchst du den Gott, der dir etwas vorsingen und mit dir kuscheln will – was weiß ich, nur bei dir sein will.

ICH: Hat das etwas mit den passenden Schwingungsfrequenzen zu tun? Gibt es eine Physik hinter den Veränderungen Gottes? Ich meine, wenn du einen dieser Tage hast, an dem du denkst, du könntest jemanden brauchen, der dich auf den richtigen Weg führt, hat dann deine Schwingungsenergie irgendetwas damit zu tun, wie …

ERIK: Ja. Ändert sich deine Gefühlslage, ändern sich auch deine Gedanken und deine Schwingungsenergie.

ICH: Aha.

ERIK: Und wenn du dich auf die reine Quelle einstimmst, wenn du … Erinnern wir uns, dass die reine Energie oder Gott nicht urteilt oder wertet. Also egal, womit du kommst, diese Quelle schaut dich nicht an und sagt: »Nein, du wirst nicht verstehen, was ich dir zu sagen habe, weil du wütend bist oder eine niedrigere Schwingung hast oder die Dinge nicht so siehst, wie ich sie sehe.« Das wird es nicht geben. Verabschiede dich einfach von dieser ganzen Sichtweise. Womit auch immer du kommst – mit welcher Bereitschaft, dich mit der reinen Quelle, mit Gott zu verbinden –, Gott wird sich an die Stufe anpassen, auf der du stehst, aber die Information nicht verringern.

ICH: Oh, okay. Wow.

ERIK: Noch einmal zurück zu meinen Gesprächen mit Gott. Nachdem ich hier angekommen war und Mut gefasst hatte, sprach ich mit Gott. Mir wurde gesagt, ich hätte die Wahl, jetzt ein Geschenk für die Erde zu sein, und ich könne vielen helfen. Ich war ganz ehrfürchtig. Man sagte mir, ich könne mich immer frei entscheiden und wie sehr ich geliebt werde. Das Gefühl war anders als alles, was irgendjemand jemals auf Erden erfahren kann. Mir wurde gezeigt, wie großartig ich wirklich bin – ohne jegliche Arroganz und Ego. So ist es einfach. Gleichzeitig empfand ich Demut.

ICH: Kannst du mir mehr darüber erzählen, wie Gott mit den Massen dort kommuniziert?

ERIK: Es werden normalerweise keine allgemeinen Mitteilungen für die Massen verkündet, etwa: »Blaulicht spezial auf die Harfen, Gang drei.« Die Kommunikation ist für jedes einzelne Individuum gedacht. Das ist ja das Unglaubliche daran.

ICH: Wow, Gott ist also so etwas wie ein Multitasker!

ERIK (schmunzelnd): Ja!

ICH: Und welche Rolle spielt Gott in unserem Leben als Menschen?

ERIK: Wenn du anerkennst, was ich dir sage, und an das Bewusstsein Gottes glaubst, verändert sich dein ganzes Leben. Gott wacht über die Welt – wacht über das Bewusstsein der ganzen Welt – und kann sie mit einem Schnipsen seines Fingers zerstören oder erhalten. Die Welt selbst hat ein Bewusstsein. Es ist ganz hoch oben und wird von den Menschen akzeptiert, die in der Welt leben.

ICH: Hier ist eine Frage von einem der Blogmitglieder: »Ich habe gerade den Blogeintrag gelesen, in dem Erik über eine andere Art von Energie neben Gott spricht. Können Sie Erik bitten, mehr darüber zu sagen? Ich dachte, Gott sei die einzige Energie. Diese dunklen Wesen, über die Erik spricht, wo kommen die her? Von einer anderen Ebene? Kann Erik mehr über diese Energiequelle sagen, die nicht die Gottesquelle ist? Muss diesen anderen Wesen das Licht Gottes gezeigt werden? Müssen wir diese anderen Wesen um jeden Preis meiden?«

ERIK: Nun, entschuldige dich bei ihm. Es war nämlich nicht meine Absicht, es so klingen zu lassen, als seien die dunkleren Energien von Gott getrennt.

[Ich finde es ziemlich cool, dass er mitbekommen hat, dass das Blogmitglied, das diese Frage gestellt hat, ein Mann war.]

ICH: Okay.

ERIK: Was ich zum Ausdruck bringen wollte, ist, dass sie am weitesten von Gott entfernt sind. Das heißt nicht, dass sie von Gott getrennt sind.

ICH: Ah! Okay! Sie sind also auch ein Teil des Spektrums?

ERIK: Ja. Alles ist Energie aus der Gottesquelle. Man kann sich nicht ganz von ihr abtrennen.

ICH: Wenn Gott also immer mit Liebe und allem gleichgesetzt wird, wie kann dann ein Teil der Energie aus dieser Quelle böse sein? Ist sie wirklich böse? Würdest du sie böse nennen oder …

ERIK: Das Problem ist, wenn man sich die von Menschen gemachte Definition von »böse« anschaut, dann denkt man, das sei so vollkommen von Gott getrennt – und habe eine eigene Identität.

ICH: Ah! Okay.

ERIK (ganz aufgeregt): Okay, schau mal, Gott ist das Zimmer, ob das Licht aus ist oder an. Wenn das Licht aus ist, ist das Zimmer dann nicht immer noch da?

ICH: Ja. Verstehe.

ERIK: Gott ist das Zimmer. Es gibt nur verschiedene Variationen zwischen Licht und Dunkelheit. Stell es den Leuten so dar, Mama. Ich denke, dann werden sie es verstehen.

ICH: Das ist sehr interessant, Erik! Großartige Analogie! Du erklärst die Dinge so gut.

ERIK: Die meisten Leute sind gern in dem Zimmer, wenn das Licht an ist. Manche Menschen haben es lieber, wenn es ganz dunkel ist – aber sie sind immer noch in dem Zimmer.

ICH: Ja, und sie denken an die Einsparungen bei der Stromrechnung! In der Dunkelheit herumzulaufen kann aber bedeuten, dass man sich an dem einen oder anderen Sessel den Zeh stößt.

ERIK (amüsiert): Ja, richtig! Sie sehen weniger vom Zimmer und denken demgemäß, Gott sei nicht da.

JAMIE (zu Erik): Oh! So ist es … Respekt, Erik!

ICH: Ja! Das war richtig toll, Erik! Ich mag es ganz besonders, wenn du »demgemäß« sagst. Das ist so süß.

ERIK: Ach verflixt.

ICH: Okay. Jetzt bin ich neugierig auf Jesus.

ERIK: Jesus war ein Kerl.

ICH: Erik! Nun, davon geh ich mal aus.

JAMIE (lachend): Nein, die Art, wie er das gesagt hat: »Jesus war ein Kerl.«

ICH: Aha! Das Geheimnis ist gelüftet!

[Jamie lacht.]

ICH: Und was war seine Aufgabe?

ERIK: Stell dir vor … Okay, wir verwenden jetzt mal wieder das Wort »Gott« mangels eines besseren Begriffs.

ICH: Okay.

ERIK: Wie du weißt, trennt Gott Stücke von seiner eigenen Energie ab. Einige dieser Stücke wandern in Pflanzen und Insekten, um die Erde, die Seele der Erde zu ernähren. Andere gehen in die Menschen, wenn wir in einem Körper wiedergeboren werden. Und einige bleiben zurück, kommen nicht auf die Erde. Diese nennen wir entweder engelhaft oder heilig oder rein, weil sie ihre Energie nicht dadurch verderben, dass sie sich für viele verschiedene Leben auf der Erde entscheiden.

ICH: Oh, okay. Das sind also die Engel und die anderen himmlischen Wesen?

ERIK: Ja. Und dann haben wir Stücke, die es herunterzieht, weil sie mit dieser Leidenschaft begabt sind oder sich verpflichtet haben, über die Quelle, Gott, die reine Energie zu sprechen. Jesus war einer von vielen derartigen Stücken.

ICH: Wow, ich hätte nie gedacht, dass ich mal hören würde, wie jemand Jesus ein Stück nennt.

ERIK (schmunzelnd): Ja, und Buddha, Gandhi, der Dalai Lama, Sai Baba. Es gibt viele dieser Geistwesen, und ich glaube, deshalb haben wir diese unterschiedlichen Religionen – weil wir manche Menschen so angenehm und allwissend finden, dass wir eine Struktur um sie herum aufbauen möchten, um sie besser zu verstehen.

ICH: Ah, ja!

ERIK: Das machen Menschen so – sie entwerfen Strukturen. Sie versuchen zu messen und zu vergleichen, zu kontrastieren und zu etikettieren, und mit Jesus haben wir als Menschen das auch so gemacht. Mit Krishna, Buddha und einigen anderen übrigens auch. Der Punkt ist, sie kommen auf die Erde, aber sie gehen nicht endlos durch ein Leben nach dem anderen. Aber sie machen das auch nicht nur einmal. Jesus ist wieder zurückgekommen, er war schon einmal hier. Denk mal darüber nach: Jesus ist nicht derjenige, der verurteilt und der nur diejenigen annimmt, die an ihn glauben, und den Rest verdammt!

ICH: Oh nein, natürlich nicht! Du sagst also, dass Jesus schon vorher hier verkörpert war, mehr als einmal?

ERIK: Yep.

ICH: Aber ich dachte, du hättest gesagt, es handelte sich hier um Seelen, die diesen Kreislauf nicht immer und immer wieder durchlaufen.

ERIK: Richtig. Sie suchen sich wichtige oder entscheidende Zeiten aus, um auf die Erde zurückzukommen und als Durchschnittsmensch den Menschen wachsen zu helfen. Sie kommen nicht Hunderte oder Tausende Male zurück, wie es die gewöhnlichen Seelen tun.

ICH: Aber sie erinnern sich, wer sie sind. Sie erinnern sich anders als andere Menschen, dass sie sowohl ein Teil der Gottesquelle sind als auch die ganze Gottesquelle.

ERIK: Meine Mama hat's kapiert! Jesus war also wirklich der physische Sohn Gottes beziehungsweise ein Teil von Gott.

ICH: Aber sind wir das nicht alle?

ERIK: Ja, das sind wir. Aber noch einmal, er ist mit dem Bewusstsein auf die Erde geschickt worden, dass er der Sohn Gottes ist. Wir kommen ohne dieses Bewusstsein hierher. Wir erwerben es erst im Laufe der Zeit, wenn wir uns entwickeln und wachsen, zumindest manche von uns.

ICH: Er hat also die Cliff's Notes [Lektürehilfen] bekommen! Das ist nicht fair!

JAMIE (lachend): Ja, hat er!

ICH: Hatten Buddha, Mohammed und solche wie sie hier dieselbe Aufgabe zu erfüllen wie Jesus?

ERIK: Eine ähnliche wie Jesus. Sie sind alle Meister. Meister, die hierhergekommen sind, um zu lehren.

ICH: Erik, hast du Heilige oder Gurus getroffen, und habt ihr dort Orte der Verehrung wie Kirchen, Tempel und so weiter?

ERIK: Ja, um deine letzte Frage nach Orten der Verehrung zu beantworten, ja. Es handelt sich allerdings nicht wirklich um einen Ort zum Abhalten von Gottesdiensten. Vielmehr ist es ein Ort zum Lernen und zur Bewusstseinserweiterung. Es gilt da nicht der Satz: »Setz dich hin, und ich bringe dir was aus diesem Buch bei.«

ICH: Betet ihr Geistwesen zu irgendeinem Gott oder Propheten?

[Lange Pause]

ERIK: Nun, ich denke, man könnte es Gebet nennen. Ja, wir haben Momente, in denen wir singen und auch dieselben Sätze wiederholen, aber das gilt für alle. Es ist nicht für den einen Gott; es ist für uns alle.

ICH: Ja, das ergibt einen Sinn für mich, weil wir ohnehin alle ein untrennbares Kollektiv sind.

ERIK: Ja.

ICH: Indem wir irgendein anderes Wesen verehren, verehren wir in Wirklichkeit uns selbst.

ERIK: Ja, du hast es erfasst, Mama.

Das war alles, was uns Erik in einer Sitzung nach seinem Tod über religiöse Themen mitteilen konnte. Aber angesichts seines erst kürzlich erfolgten Abschieds war – und bin – ich beeindruckt von seinen Einsichten und davon, wie genau sie mit den neuesten Ansichten vieler Quantenphysiker übereinstimmen. Einige Wissenschaftler glauben, Gott sei ein gewaltiges Bewusstseinsfeld und wir seien sowohl ein Teil dieses Feldes als auch das ganze Feld. Erik beschreibt unsere Beziehung zu Gott zum Beispiel folgendermaßen: Ein Bild von Erik stellt seine Seele oder sein Bewusstsein dar.

Gott ist ein gewaltiges Bild von Erik (wie von uns allen), und jedes Pixel in diesem gewaltigen »Gottesbild« von Erik ergibt ein kleines individuelles Bild von Erik.

Viele organisierte Religionen lehren, eine Gottheit habe uns nach ihrem Ebenbild geschaffen. Das ergibt also einen gewissen Sinn. Vielleicht ist Gott das kollektive Bewusstsein all unserer Seelen – die oberste Energiequelle –, und vielleicht sind wir nicht nur das ganze, sondern auch ein Teil dieses Bewusstseins, das sich verhält wie ein Arm, der ausgestreckt wird, um zu forschen und sich zu entwickeln. Wenn wir auf die irdische Ebene reisen und Mensch werden, benutzen wir diese Ebene als Labor und verwenden Kämpfe, Widrigkeiten, menschliche Gefühle und Ähnliches als Mittel, um uns auf ein gewisses Endziel hin zu entwickeln – und möglicherweise die Liebe selbst zu werden.

Einstein versuchte, die Liebe mit mathematischen Gleichungen zu definieren. Also hat er wohl auch verstanden, dass die Liebe eine Form von Energie ist, auf die sich alles Bewusstsein hin entwickelt. Ich finde dies tröstlich, weil wir nicht nur mit einem höheren universellen Bewusstsein verbunden sind, sondern auch miteinander, und zwar unabhängig von Zeit, Raum und Dimension. Das heißt, ich bin Erik jetzt genauso nah wie jemals zuvor.

15. WER SIND WIR UND WARUM SIND WIR HIER?

Die Erfahrung, als Mensch zu leben, kann manchmal, nun ja, die Hölle auf Erden sein, nicht wahr? Meine nächsten Fragen an Erik geben wieder, wie intensiv ich mich mit den Grundlagen des Lebens als Mensch beschäftigte, um sie besser zu verstehen. Wer sind wir? Warum sind wir hier? Wie funktionieren wir? Was bewegt uns? Ich tastete mich an diese Fragen heran und möchte hier mit einem wenig subtilen Einstieg beginnen:

Unser Entwicklungsziel

ICH: Erik, was sind wir wirklich?

ERIK: Wir sind Teil eines riesigen Energiefeldes – eines Bewusstseinsfeldes aus Energie. Wir sind individuelle Segmente dieses Bewusstseins, aber wir sind auch das Ganze – eine Art Hologramm, das zur selben Zeit das Ganze und Teile des Ganzen sein kann. Ganz einfach ausgedrückt, sind wir fühlende Energie.

[Er hat diese Einsichten bereits mitgeteilt, aber an dieser Stelle sind sie eine willkommene Auffrischung meines Wissens.]

ICH: Was ist unsere Aufgabe [als Menschen] als Teile dieses Bewusstseinsfeldes und als das ganze Feld?

ERIK: Wir streben quasi eine »höhere Ordnung« an sowohl als separate Einheiten als auch als Teil des Ganzen. Wir projizieren auf das Ganze, was wir als Individuen tun. Wir sind hier, um uns auf eine höhere Ebene zu entwickeln.

ICH: Was bedeutet eigentlich höhere Ordnung, was heißt das in der Praxis? Was ist der Zielpunkt?

ERIK: Zum einen versuchen wir, den Zielpunkt zu erreichen, um im Himmel zu bleiben und mit denen zu arbeiten, die immer noch auf der irdischen Ebene weilen und danach streben, sich selbst weiterzuentwickeln.

ICH: Okay, das kann ich als Zielpunkt für uns als Einzelseelen sehen, aber wie verhält es sich mit dem Ganzen? Was ist letztlich unser Ziel als ganzes Feld des Bewusstseins, alle Seelen zusammengenommen?

ERIK: Wir streben danach, Liebe zu werden – bedingungslose Liebe – als Individuen und für das Universum als Ganzes, für jede Seele, die es umfasst. Das ist das Ziel.

[Wow, ich brauche ein bisschen Zeit, um das zu verdauen. Ich finde dieses ganze Liebe-gleich-Energie-Thema faszinierend, denn wenn ich jemanden bedingungslos liebe, spüre ich diese seltsame Schwingung, ein Gefühl, als ob sich meine Seele über alle Grenzen hinweg ausdehnt. Das ist elektrisierend und bewegend, als sei ich an eine enorme, wohlwollende Energiequelle angeschlossen.]

ICH: Ich habe gehört, dass uns jemand als Bewusstsein beschrieben hat, das sich durch verschiedene Perspektiven bewegt und dabei selbst erlebt.

ERIK: Verdammt! Wer hat das geschrieben?

ICH: Ich weiß nicht mehr.

ERIK: Ja, Mama, das sind wir. Das trifft den Nagel so ziemlich auf den Kopf.

ICH: Nun, Erik, warum sind Probleme im Jenseits so viel schwerer zu bewältigen? Warum ist es besser, sie hier zu lösen? Ich frage das, um denen zu helfen, die über Selbstmord nachdenken, damit sie erkennen, dass sie ihre Probleme nicht nur mitnehmen, wenn sie sterben, sondern dass es sogar noch viel schwerer ist, damit klarzukommen.

ERIK: Mama, wir bewältigen Probleme auf der irdischen Ebene, nicht im Himmel. Falls du also etwas nicht in deiner irdischen Lebenszeit erledigt hast, musst du dich damit beschäftigen, wenn du dich neu verkörperst.

ICH: Oh, in Ordnung. Aber in deinem Fall …

ERIK: Warte, ich bin noch nicht fertig. Wenn wir eine Menge [irdischer] Dinge unerledigt lassen und ins Jenseits zurückkehren, ist es möglich, dass wir Reue empfinden. Wir sind vielleicht sehr enttäuscht und unglücklich mit uns selbst, können die Dinge aber so lange nicht bearbeiten, bis wir wieder auf die irdische Ebene zurückkehren.

ICH: Warum?

ERIK: Wegen der Dualität, Mama. Im Jenseits handeln alle auf der höchsten Ebene der Erleuchtung. Die Seelen hier sind alle sehr zuvorkommend zueinander, gehen sehr liebevoll und fürsorglich miteinander um und wollen einander zu Diensten sein. Hier auf der irdischen Ebene vergessen wir, wer wir sind, wer wir waren und was unsere eigentliche Aufgabe ist aufgrund der spirituellen Amnesie. Wir kommen also auf die Erde und haben keine Erinnerung daran, wer und was wir sind und worin unser Seelenplan besteht, doch sobald wir da sind, fangen wir in der Regel an, diese Themen zu bearbeiten. Das macht das Leben dort, wo du bist, zu einer großen Herausforderung.

ICH: Erzähl mir davon!

ERIK: Manche gehen direkt auf ihre Themen zu und machen sich an die Arbeit. Aber die meisten Menschen kümmern sich, sobald sie sich auf der irdischen Ebene eingewöhnt haben, nur noch darum, was andere denken. Sie streben nach Anerkennung und danach, akzeptiert zu werden. Niemand will abgelehnt werden. Wir fangen also an, Teile von uns wegzugeben, bis wir keinen Plan mehr haben, wer wir sind und was unsere eigentliche Aufgabe hier ist. In diesem Ringen um Antworten auf unsere Fragen werden uns die Herausforderungen geboten, die wir für unser Wachstum brauchen. Diese Wiederentdeckung unserer selbst ist unsere Aufgabe auf der irdischen Ebene, und sie besteht mehr im Erinnern als im Lernen.

ICH: Ohne Fleiß, kein Preis – verstehe. Aber Erik, du entwickelst dich doch auch im Jenseits weiter, oder?

ERIK: Ja, aber da geht es mehr darum, therapiert zu werden und sich mit neuen Ideen vertraut zu machen. Nach meiner Behandlung war ich in der Lage, die Probleme, die ich in meinem letzten Leben hatte, mit Ereignissen aus früheren Leben in Verbindung zu bringen. Aber wenn ich auf die irdische Ebene zurückkehre, habe ich diese spirituelle Amnesie und muss mich wieder um die Überwindung dieser Probleme kümmern. Es ist dir vielleicht nicht klar, Mama, aber es ist sehr schmerzlich zu sterben und festzustellen, dass man noch Probleme zu lösen hat. Das ist eine große Sache. Du verstehst deine Probleme – du siehst sie hier im Himmel aus einem konzeptionellen Blickwinkel – aber du brauchst die Erfahrungskomponente, um sie wirklich lösen zu können und dich voll und ganz zu erinnern, wer und was du wirklich bist. Es ist wie in der organischen Chemie; man braucht ein Labor, um sie wirklich zu verstehen.

ICH: Ja, und selbst dann …

[Erik lacht.]

ERIK: Okay, stell dir vor, du möchtest etwas über Brownies wissen – Karamellbrownies. Also liest du das Rezept und denkst, du hast es kapiert. Hast du aber nicht. Du musst die Brownies backen und dabei das Risiko eingehen, dass du dir die Finger am Backofen verbrennst, aber dann probierst du sie und weißt wirklich, was ein Brownie ist! Nur so kannst du die Brownie-Idee tatsächlich verstehen.

ICH: Oh, super. Jetzt habe ich Hunger. Nun, es wäre sicher schön, wir könnten einen Weg finden, um an diese Erfahrungskomponente zu kommen, solange wir uns im Geistigen befinden. Ich hätte gern einfach die Lösungskarten, statt in den Actionszenen des Spiels womöglich verletzt zu werden.

ERIK: Das wäre nett, nicht wahr? Ja, scheiß auf das alles. Das machen wir hier!

ICH: Ja, ich bin dafür.

ERIK: Aber Mama, darum geht es gar nicht. Der entscheidende Punkt beim wirklichen Lernen – der Zweck des Ganzen – ist, einen Ort zu haben, an dem man lernen kann. Denk mal darüber nach: Geistwesen lernen nicht – sie erinnern sich. Sie erinnern sich, wie man Zugang zur Information bekommt, und absorbieren sie.

ICH: Ja.

ERIK: Vergangenheit, Gegenwart und Zukunft sind eine Einheit. Es gibt kein Bemühen und keine Herausforderung, etwas zu lernen, nur die Herausforderung, sich zu erinnern. Auf der Erde aber – bingo! Wir können Teile dessen ausradieren, woran wir uns bereits erinnert haben. Wir können uns erneut auf der irdischen Ebene verkörpern und aus dem Kampf zwischen Gut und Böse lernen.

JAMIE: Wow! Er spricht so schnell, dass ich kaum mitkomme!

ERIK: Es ist etwas Wahres an der Aussage: »Du weißt nicht, was du hast, bis du es nicht mehr hast.«

ICH: Ja, sicher!

ERIK: Wenn du im Geistigen bist, kannst du verdammt noch mal nicht weg! Du kannst dich von nichts loseisen! Und, ehrlich gesagt, du willst auch gar nicht weg. Genau das ist es, was du bist. Es umschließt dich, es fühlt sich großartig an. Es geht also auch ein wenig darum, mit Respekt zu lernen, woher man kommt und was man am Reich des Geistigen besitzt. Außerdem ist die Erde ein Ort ...

[Pause, während Jamie zuhört.]

JAMIE: Oh, das ist so cool! Das habe ich noch nie gehört!

[Während sie übermittelt, was er sagt, stolpert sie über die Worte, kichert und sagt: »Oh, mein Gott, jetzt stottere ich auch noch!« Erik lächelt gewinnend.]

ERIK: Die Erde ist ein Ort, der einer niederen Dimension angehört, und obwohl der Himmel multidimensional ist, gibt es da draußen endlos viele Dimensionen. Es gibt also andere Kreaturen und äh, also Gruppen von Menschen oder Wesen auf eigenen Dimensionsebenen, zu denen wir keinen Zugang haben, während wir im Geistigen sind.

ICH: Wirklich?

ERIK: Ja! Aber wenn wir uns erneut auf der Erde verkörpern, landen wir auf einer fixen Dimensionsebene. Deswegen gibt es Menschen von der Erde, aus den Himmeln und von den Sternen – und sie können alle an einem Ort sein, nämlich hier auf der Erde. Es ist eine wirklich gemischte Gesellschaft.

ICH: Juhu, Vielfalt!

JAMIE: Ah, so habe ich es noch nie gesehen!

ICH: So was wie ein Versammlungsort.

JAMIE: Ja, da mag ich diesen Ort gleich ein bisschen lieber!

ERIK: Wir kommen also hierher, und andere Wesen machen dasselbe nach dem Motto: »Oh, wir tun uns zusammen und treffen uns auf der Erde! Wie wär's mit Paris? Wir können alle in derselben Dimension sein!« Und die anderen sagen: »Okay. Treffen wir uns und machen Party.«

ICH: Das ist wirklich faszinierend! Möchtest du noch was ergänzen, Baby?

JAMIE: Er sagt, er habe sich mit der Katze angelegt.

ICH: Ja, Ringo (eine unserer Katzen) ist wieder an der Tür und miaut. Ich wette, es ist leicht, mit Katzen zu flachsen.

ERIK: Ja, sie sind so sensibel für Geistwesen. Es macht so viel Spaß, mit ihnen zu spielen.

ICH (werde laut): Oh, sei still, Ringo! Er heult. Er ist einfach ein Riesenbaby, ein echter Hasenfuß. Okay, wir sind ein bisschen abgeschweift.

ERIK: Ein weiterer Grund, warum man sich im Jenseits nicht wirklich groß entwickeln kann, ist, dass man sich erinnert, wie man auf Informationen zugreifen und sie absorbieren kann. Das ist wie ein Schüler, der sämtliche Antworten für ein Quiz kennt. Wie kann man auf diese Weise was lernen? Überhaupt nicht.

ICH: Ja.

ERIK: Hier herrscht außerdem die Einheit von Vergangenheit, Gegenwart und Zukunft, Ursache und Wirkung, die etwas mit der linearen Existenz zu tun haben, gibt es also nicht. Wie kannst du aber aus einem Fehler lernen, wenn er keine Wirkung hat? Das ist, als hätte nichts, was du tust, irgendwelche Folgen.

ICH: Interessant. Nun, entwickeln sich die Menschen immer noch körperlich und emotional weiter? Was wird in Tausenden oder in Zehntausenden von Jahren sein?

ERIK: Sie entwickeln sich zunächst emotional und energetisch weiter, und das veranlasst dann auch den Körper, sich zu verändern. Als Erstes wandeln sich die Organsysteme, etwa das Verdauungssystem. Wir werden immer noch – und hier werde ich grundlegend – über die Lunge Luft einatmen. Wir werden immer noch ein Herz, Augen und Sinnesorgane haben, aber besonders die außersinnliche Wahrnehmung werden wir weiterentwickeln. Und wir werden noch alle unsere Finger haben. Ähm, wir werden im Laufe der Zeit mehr telepathische Fähigkeiten erlangen.

ICH: Wow.

ERIK: Wir werden weniger essen, weil wir Energie konsumieren anstelle von Speisen.

ICH: Oh, das ist faszinierend!

[Mein Freund Robert Burke sagt, er habe von einem 77 Jahre alten Mann gelesen, der seit ein paar Jahrzehnten weder gegessen noch getrunken habe. Er nehme nur Energie zu sich. Offenbar wurden Versuche mit ihm in einem kontrollierten Raum durchgeführt, und er hat wirklich 28 Tage lang nichts gegessen und getrunken.]

ERIK: Ja, ich kann mir denken, dass viele Leute so etwas mögen. Aber verdammt, ich liebe Schokoladenkuchen [immer noch].

ICH: Nun, mir gefällt die Vorstellung, weiterhin eine Menge zu essen, eigentlich auch, nur meine Oberschenkel sind da nicht so einverstanden.

ERIK: Die DNA wird auch anders sein, mehr auf Licht basierend. Das ist alles, was ich im Moment weiß.

ICH: Das klingt, als könnten wir uns auf ein paar wunderbare Veränderungen gefasst machen.

Nun, da ich jetzt fast am Ende meiner Reise angelangt bin, während der ich Eriks und meine Geschichte in die Welt geschickt habe, schaue ich zurück und denke darüber nach, wie weit ich gekommen bin. Ich habe mich verändert als Mensch, als Mutter und als Teil des kollektiven Gewebes, das uns alle zusammenhält. Dank Erik weiß ich nun, wer ich in einem weiteren Sinne bin, und habe ein umfassenderes Verständnis dafür gewonnen, wie ich in das Gesamtbild des Universums passe, und zu den Regeln, nach denen es spielt. Und was noch entscheidender ist, ich weiß jetzt, warum ich hier bin. Was kann eine Mutter, ein Mensch mehr verlangen? Ich hätte diese Reise nicht überlebt ohne Erik – den Jungen, den ich in diese Welt gesetzt hatte, dessen Schnitte und Blutergüsse ich weggeküsst, dessen Tränen ich weggewischt, dessen Herz ich umarmt und gegen dessen Dunkelheit ich um seinetwillen so heftig gekämpft habe. Ich hätte nicht stolzer sein können auf den, der er geworden ist, und auf all das Gute, das er trotz scheinbar unüberwindlicher Schwierigkeiten in die Welt gebracht hat.

ABSCHLIESSENDE GEDANKEN

Ich will nicht behaupten, meine Reise von der Skepsis zum Glauben sei mir leichtgefallen. Es graute mir davor, mich falschen Hoffnungen hinzugeben, um sie anschließend wieder zu verwerfen. Ich wollte Erik nicht zum zweiten Mal verlieren. Und keine okkulte Kommunikation aus dem Jenseits hat mich einfach über Nacht überzeugt. In der Tat habe ich mich auf dem ganzen Weg heftig gewehrt und geschrien: »Das kann nicht sein! Es steht vollkommen im Widerspruch zu dem, was mir beigebracht wurde!«

Neben meinem inneren Konflikt hatte ich noch einen weiteren zu bewältigen: die Auseinandersetzung mit anderen Menschen. Sobald ich Freunden, Nachbarn oder auch Fremden von meinen »Begegnungen mit Erik« erzählte, stieß ich oft auf Verwirrung, Verlegenheit, Zweifel, Mitleid und Kritik. Manche schienen sogar ziemlich besorgt um mich zu sein und wichen zurück, als wollten sie sofort in der Psychiatrie anrufen. Einige waren geradezu grausam und meinten: »Elisa, du musst darüber hinwegkommen und weitermachen. Das sind alles nur Wahnvorstellungen.«

Auf der anderen Seite habe ich auch viele aufgeschlossene Menschen kennengelernt, die bereit waren, mit mir über spirituelle Dinge zu sprechen, die ich unbedingt verstehen möchte. Manche sprudelten über vor eigenen Geschichten über Besuche von ihren verstorbenen Lieben oder ihren Schutzengeln, und andere innern und zu werden, was sie sind – die Verkörperung der bedingungslosen Liebe. Sie erinnern sich nur zu gut an diesen Kampf. Und aus dem neuen Blickwinkel, den sie durch ihren Tod gewonnen haben, wird ihre Beziehung zu uns reicher, intensiver und noch liebevoller.

Ich habe auch erfahren, wir können immer noch mit unseren Lieben kommunizieren, ja, sie wünschen sich das sogar. Sie wollen nicht vergessen werden. Sie wollen nicht, dass wir über ihren Tod »hinwegkommen« und »weitermachen«. Wenn es um die Liebe geht, kann der Tod nicht mithalten. Erik und ich hoffen, dass Sie es genossen haben, den Bericht über diese Reise zu lesen, die wir zusammen unternommen haben. Zu wissen, dass das Leben nicht mit dem Tod endet, dass der Tod nur so etwas wie ein Spaziergang durch einen hauchdünnen Schleier ist, kann viel Trost schenken. Obwohl das Leben voller Schwierigkeiten, Herausforderungen und Tragödien sein kann, hält jeder Kampf auch eine schöne Lektion bereit, die wir um unseres spirituellen Wachstums willen annehmen können. Manchmal muss man eine Menge Austern essen, bevor man diese Perle findet.

Wenn Sie uns weiter auf diesem abenteuerlichen (und manchmal auch mit Schlaglöchern gespickten) Weg durch den Tod, das Überleben des Bewusstseins und das Jenseits begleiten möchten, dann beteiligen Sie sich bitte an unseren Gesprächen auf www.channelingerik.com. Seit seiner Gründung hat sich der *Channeling-Erik*-Blog zu einer riesigen Gemeinschaft aus Lehrern und Schülern entwickelt, die diesen spirituellen Weg unter Eriks unehrfürchtiger Führung gemeinsam gehen. Unterwegs werden wir weiterhin nach Antworten suchen und dabei vermutlich sogar noch weitere Fragen entdecken.

DANKSAGUNG

Von Herzen dankbar bin ich meinem Mann Rune; meinen Kindern Kristina Braly, Michelle Watts und ihrem Mann Shane, Lukas Medhus und Annika Medhus; meinen Eltern José und Jacqueline und meiner Schwester Laura White sowie ihrem Mann Jim dafür, dass sie Teil dieser kollektiven Reise von der Trauer zum Trost und vom Rätsel zum Verstehen waren. Wegen euch allen kamen wir uns viel näher – was man in Familien, die ein Kind verloren haben, nur sehr selten sieht.

Ich danke Kim O'Neill, weil sie geholfen hat, den ersten Kontakt zu Erik herzustellen, der so dringend gebraucht wurde. Kim, Ihre Fähigkeiten werde ich stets bewundern.

Jamie, Sie sind etwas ganz Besonderes, und die Chemie zwischen Ihnen und meinem Sohn ist sowohl berührend als auch amüsant. Ich bin froh, dass er Sie zur Freundin hat, obwohl er so ein Quälgeist sein kann. Und was kann ich über Ihre Gabe sagen? Ich könnte mir keine bessere Stimme für meinen Sohn vorstellen. Sie haben ihm Leben eingehaucht. Dafür bin ich dankbar.

Lobend erwähnen möchte ich auch meine Literaturagentin Rita Rosenkranz sowie die Cheflektorin bei Beyond Words Publishing, Cynthia Black. Beide glaubten an meine Arbeit – und an mich –, als es andere nicht taten. An dieses Buch zu glauben heißt, an meinen Sohn zu glauben, und dieser Glaube gibt seinem Tod einen Sinn.

Lindsay S. Brown (Lektorat), Sheila Ashdown (Schlusslektorat) und Jennifer Weaver-Neist (Korrektorat) danke ich für ihre Geduld. Es muss schwierig sein, mit einer Anfängerin zu arbeiten, die auch noch ein wenig angeschlagen ist.

Devon Smith (Design) danke ich für die künstlerische Schönheit, mit der er dieses Buch ausgestattet hat – wirklich herrlich. Diese Danksagungen wären nicht vollständig, wenn ich meine ehrliche Dankbarkeit nicht auch denen gegenüber zum Ausdruck bringen würde, die dem Buch eine Stimme verliehen haben, die von der Öffentlichkeit wahrgenommen wird: Kim Dower, Ausnahme-Presseagent, zusammen mit dem Team für Marketing und Öffentlichkeitsarbeit bei Beyond Words: Whitney Quon, Leah Brown und Jackie Hooper.

Schließlich danke ich meinen Herausgeberinnen Sylvia Spratt und Emily Han dafür, dass sie einen Rohdiamanten derart unermüdlich bearbeitet haben. Ich bin dankbar für alles, was Sie mir beigebracht haben.

Erik, mein Sohn, ich bin so stolz auf das, was aus dir geworden ist, und darauf, wie deine gute Sache das Leben so vieler Menschen verändert. Du öffnest Augen und Herzen, und das machst du auf so spielerische und authentische Weise. Hinzu kommt, dass du erfüllt und glücklich bist. Keine Mutter könnte mehr verlangen. Ich liebe dich.

Niemand lebt im leeren Raum. Niemand sitzt untätig auf einer einsamen Insel und wartet darauf, dass ein Schiff vorbeikommt und ihn oder sie in den Schoß der Menschheit zurückbringt. Dieses Buch ist das Produkt eines Teams, reich an Hingabe und Glauben, zusammengeschmiedet durch Integrität und Leidenschaft. Jamie, Erik und ich sind sehr stolz, ein kleines Stück in diesem großen Puzzle geworden zu sein.

FRAGEN UND ANREGUNGEN FÜR DISKUSSIONSRUNDEN UND LESEGRUPPEN

1. Welche Gedanken oder Vorstellungen kannten Sie über das Jenseits, bevor Sie dieses Buch gelesen haben? Gehörten Sie zu den Glaubenden oder zu den Skeptikern?
2. Wenn Sie dem Jenseits gegenüber eher skeptisch eingestellt sind, was stellt die größte Herausforderung für Sie dar?
3. Wenn Sie an ein Leben nach dem Tod glauben, was könnten Sie einem Skeptiker sagen, um ihn vielleicht zu überzeugen?
4. Hatten Sie selbst ein Nahtoderlebnis, oder kennen Sie jemanden, der eines hinter sich hat? Wenn ja, wie haben Sie darauf reagiert? Wie hat Sie das beeinflusst oder verändert?
5. Erinnern Sie sich an eine Zeit in Ihrem Leben, in der Sie vielleicht mit einem geliebten Menschen auf der anderen Seite kommuniziert haben?
6. Was denken Sie über Jamies Rolle als Medium?
7. Wie verbinden Sie sich mit Elisas Geschichte und Erfahrung?
8. Welche Erfahrungen haben Sie nach dem Verlust eines geliebten Menschen gemacht? Wie sind Sie mit dem Verlust umgegangen? Wie lässt sich das mit Elisas Reise durch die Trauer vergleichen?
9. Was halten Sie von Eriks Streichen und Botschaften, wie sie in Teil eins geschildert werden?

10. Wie beurteilen Sie Eriks Beschreibung des Jenseits in Kapitel acht?
11. Haben Sie Angst vor dem Tod? Hat sich diese Angst durch das Lesen des Buches verringert oder ist sie verschwunden?
12. Wie haben sich Ihre Vorstellungen vom Leben nach dem Tod oder Ihre Meinung dazu nach der Lektüre dieses Buches verändert? Sind sie dieselben geblieben? Sind Sie immer noch ein Skeptiker oder ein Glaubender?
13. Wurden Sie nach der Lektüre des Buches dazu inspiriert, mit Ihren verstorbenen Lieben zu kommunizieren?
14. Haben Sie irgendwelche anderen Bücher zum gleichen Thema gelesen? Wenn ja, worin unterscheiden sie sich von dem vorliegenden?